얼음장 밑에서도 늘 물은 흐른다

홍승표 지음

도서출판 위

얼음장 밑에서도

늘 물은 흐른다

글쓴이 홍승표는…

경기도 광주에서 태어났다. 어릴 때부터 아름다움과 싱그러움 속에서 살다 보니 심성이 따뜻하고 넉넉하다. 자연 친화는 감성을 자극해 펜을 들게 했다. '경인일보 신춘문예'(1988년) 당선, '한국시조 신인상'을 수상했고 그동안 6권의 책을 펴냈는데 시집《꽃비》는 '현대시조 100인선', 수필집《꽃길에 서다》는 '세종도서'에 선정됐다. 현재 '한국문인협회'와 '한국 시조시인협회' 회원이다. 또, 언론사 객원논설위원이자 자유기고가로서도 활발하게 활동하고 있다.

공무원이 평생 직업이었고 40년을 공직자로 살았다. 공직사회의 본보기, 공무원들의 맏형 같은 도우미이자 전설로 정평이 나있다. '2010 다산청렴봉사대상', '2013 경기도를 빛낸 영웅', '2014 홍조근정훈장' 등 수상 경력도 화려하다. 인사행정전문가로도 유명했다. 2년6개월간 전국지방공무원을 대표해 '공무원 직종개편 6인 소위원회 위원'으로 활약했고 이 공로를 인정받아 '전국광역자치단체공무원 노동조합 연맹'으로부터 감사패를 받았다.

이웃돕기에도 앞장섰다. 2019년 '어린이재단 초록우산 명예의 전당'에 헌액(獻額)됐고, 2020년 '대한적십자사 회원 유공장(금장)' 등을 받았다. 공무원 명예퇴직 후, 3년간 경기관광공사 사장으로 일했다. 소통과 감성경영을 통해 적자였던 이 회사를 3년 연속 흑자로 바꿨다. 관광업계와 공동협의체 운영, 합동 국외 마케팅 활동 등의 '함께'가 이룬 성과였다. '2015 한국문화관광산업대전 관광부문 대상', '2016 국민권익위원회 공공기관 청렴도 평가 공사부문 내부만족도 전국 1위', '2017 코리아 혁신대상' 등이 뒤따랐다.

CONTENTS

CONTENTS

CONTENTS

책머리에

물 흐르듯 여여하게

'여여(如如)하다', 저는 이 말을 참 좋아합니다. 즐겨 쓰기도 하고요. 우리는 한순간도 멈추지 않고 생각하지만, 그 생각이란 것은 흔적이 없습니다. 끝없이 떠오르는 생각의 근본을 추적해 보면 실제로는 텅 비어 있지요. 성품이나 성질, 형상이나 현상이 수없이 변화를 거듭해도 근본은 늘 그대로입니다. 사상 · 사건 · 사실이라는 것도, 도리나 이치라는 것도 나뉘어 있는 게 아니라 본래는 하나. 근원을 이해하면 무엇에도 동요가 없다는 것, 그것을 여여(如如)라 할 수 있지요. 저는 이 말을 '한결같이', '흔들림 없이', 또는 '있는 그대로', '자연스럽게', '평온하게', '마음을 놓고' 정도로 쓰고 있습니다.

제가 너른 고을(廣州)에서 태어나 자란 것은 행운입니다. 산자락을 타고 조잘거리면서 내려오는 시내와 여여하게 흐르는 남한강이 어우러진 곳. 이를 바라보면 바라보는 이도 저절로 산이 되고, 물이 되고, 바람이 되고, 구름이 되는 곳. 아름다운 자연 속의 생활 자체가 한 폭의 그림이고 한 편의 시였지요.

넉넉하진 않았지만 크게 불편한 것도 몰랐습니다. 고등학교에 들어갈 무렵, 전기가 들어왔지요. 1970년 농어촌 전기 보급률이 20% 정도였으니

고교 입학 때인 1972년에는 조금 더 높았을 테지만, 사는 게 다 그런 건 줄로 알았습니다. 전봇대는 껍질을 벗긴 낙엽송에 콜타르를 잔뜩 칠한 것이었는데, 마땅히 즐길 거리가 없던 그때는 이것도 놀이 대상이었지요. 누가 더 빨리, 더 높이 올라가나 내기를 하다가 손바닥이나 허벅지를 찔리기도 했습니다. 산이나 들로 나가 나물을 캐거나 열매를 따고, 냇물에 들어가 천렵하는 게 고작이었던 농촌. 가끔 반딧불이 떼 지어 날아드는 원두막에서 은하수를 바라보다 잠이 들기도 했지요.

돌이켜보니 그때의 아련한 파스텔 톤 삶이 글을 쓰게 했습니다. 어떻게 써야 하는지도 잘 모르면서 생각한 것을 종이에 옮겼지요. 중학교 때는 교내 백일장에서 입상, 이를 계기로 더 열심히 썼습니다. 고교 시절 연세대학교가 주최한 '전국 고교생 문예작품 현상공모'에, 이후에는 1988년 경인일보 신춘문예에 당선됐지요. 자연과 함께한 삶이 가슴 한구석에 감성을 뿌리내리게 하지 않았나 싶습니다.

하지만 정작 등단 이후, 특히 나이가 들수록 글 쓰는 일이 조심스러웠지요. 사는 게 연륜을 더하면서 무르익듯 글도 그렇다는 걸 깨달았습니다. 뒤돌아 살펴보니 젊은 시절에 쓴 것은 말 그대로 내키는 대로 써 내려간 글이 많았지요. 생뚱맞은 문장이 적지 않았는데, 그때는 그게 부끄러운 줄 몰랐습니다. 불혹을 넘기면서 달라지더군요. 객기 부리지 말자, 넘치지 않게 쓰자, 많이 쓰기보다 제대로 쓰자 다짐했습니다. 말과는 달리 글은 벌거숭이로 세상을 만나는 것과 같다는 생각이 짙었으니까요.

피고 지는 순환의 흐름을 통해 스스로 옥토를 넓히는 자연은 삶을 경건하게 합니다. 그 경외감이 가슴속 깊이 뿌리를 내려 정신적 지주가 되고 스승이 되지요. 이를 명심하면 작위적으로 글을 쓰는 일이 줄어들 줄 알았는데 그게 쉽지 않더군요. 생각이라는 무형을 유추해 글이라는 실체로 옮긴다는 건 참 어려운 일입니다. 비우고 내려놓는 걸 우선으로 하는 삶도 지난한 일이거니와 이를 글로 옮긴다는 건 정말 겁나는 일이지요. 그나마 나이가 들면서 조금씩 글에 깊이와 넓이가 더해지는 듯해 다행이라는 생각입니다.

글에는 글쓴이의 의지나 철학이 드러나기 마련입니다. 하지만 지나치면 구호나 이론에 그치기 쉽지요. 뿌리가 밖으로 훤히 드러나면 모양도 흉하거니와 나무 자체가 죽게 되는 것과 같습니다. 뿌리만으로는 나무가 될 수 없지요. 어떻게 하면 뿌리를 튼실하게 하되 그 뿌리가 드러나지 않게 마음을 비울 수 있을까? 릴케가 '표면장력이 될 때까지 기다려 시를 쓴다.'고 했듯 어떻게 하면 비운 마음이 절로 무르익어 가지와 잎들이 무성하게 할 수 있을까? 글 쓰는 법을 제대로 배우지 못한 제가 안고 있는 화두이기도 합니다.

하지만 한편으로는 글 쓰는 법이 마음속에 각인돼 있지 않은 것이 다행이라고도 생각하지요. 문학을 전공하면 기초가 단단해질 수는 있지만, 자칫 틀에 얽매여 문장이 제대로 숨 쉬지 못하게 할 수도 있다고 봅니다. 서툴면 서투른 대로, 모자라면 모자란 대로 쓸 생각입니다. 물론, 어깨너머 살얼음이 깔리는 느낌을 지울 수는 없지요. 하지만 물 흐르듯 여여하게 옮겨 보려 합니다. 이 과정에서 때때로 부끄럽기도 하지만, 깨어있는 마음으로 저만의 색깔을 채색하고자 합니다. 귀한 사진으로 책을 빛나게 해주신 김양평 한국사진작가협회 이사장님께 진심으로 감사드립니다.

2021년 가을

글쓴이 홍승표

얼음장
밑에서도
늘 물은
흐른다

낯익은 얼굴도
낯선 얼굴도 바로 '나'

어둠이 사라지기 전, 여명의 빗장을 여는 숲길을 찾았습니다. 승천을 앞둔 용처럼 산자락을 휘저으며 지나가는 안개 한 무리를 만납니다. 어둠의 꼬리가 사라지는 숲의 여울목마다 새로운 생명의 불씨를 댕기는 운무가 순은의 알몸으로 깨어납니다. 이제 막 둥지를 나선 먼동, 어렴풋이 밝아오는 숲길에서 숨소리를 죽이며 발걸음을 옮깁니다. 나무에 바람이 찾아들고, 알 수 없는 떨림이 가지마다 물결치고, 겨우내 잠들었던 물소리가 아장아장 걸어옵니다. 힘겨웠던 시간이 치유되고 새로운 꿈이 설렘으로 다가오는 시간이지요.

새 소리, 바람 소리가 침묵보다 그리운 날, 그럴 때 아무 생각 없이 숲에 듭니다. 빈 가슴을 채우는 영롱한 물소리, 그 소리에 숲 밖의 일은 잊게 되지요. 저마다 다른 몸짓들로 어우러진 둘레마다 새 소리와 풀벌레 소리가 가득하고, 온 누리는 숨을 죽인 채 이들의 합창을 듣습니다. 산도, 숲도 고요합니다. 새도 날지 않습니다. 이럴 때면 안개가 대신 산을 오르지요. 그것들은 때때로 벌과 나비가 되어 산허리를 휘돌아 날고, 그 날갯짓이 둘레둘레 빛 부신 메아리가 되어 잠든 숲을 깨웁니다.

새벽 숲길에는 침묵이 있습니다. 그 고요함 속에 새로운 생명을 잉태

하는 소리가 가득합니다. 잠에서 깬 나무들이 닫힌 가슴 풀어헤치고 저마다 새살이 돋도록 호흡을 가다듬습니다. 청태(靑苔)낀 고목도 옷고름 풀어 헤치는 미려한 바람의 살가움에 나지막이 숨을 쉽니다. 막 깨어난 눈빛들로 빛나는 숲에 금촉 은촉 바람이 불어오고, 하늘은 결 고운 햇살을 골라 그 바람에 이우며 여백을 둘레둘레 물들입니다.

새로운 움이 트기 시작하면 이미 마음은 초록 물결로 넘실댑니다. 나무들 마디마디가 미처 옹골차지기도 전에 세상이 온통 풀꽃 바다로 출렁거리는 듯합니다. 잔잔한 바람의 선율, 그 바람의 연주에 귀를 기울이는 잎사귀들, 빛에 취한 아지랑이가 무지개로 춤추는 풍경을 보면 어느새 온몸이 물듭니다. 마음은 쪽빛 창이 되고 저절로 입술이 달싹거립니다. 그 달싹거림이 시어(詩語)가 되어 가슴에 젖기도 합니다.

잠에서 깬 나무들 이야기를 끝내기도 전 산자락 저 멀리에서는 물기 가득한 햇덩이가 솟구쳐 오릅니다. 젖빛 뽀얀 햇살 한 자락이 눈웃음을 날리는 숲길, 웃음소리가 넘쳐납니다. 술래잡기하며 뛰노는 물소리와 잠에서 깬 새들이 후드득 물기를 털고 숲에서 날아오릅니다. 바람의 빛과 향기에 맞춰 커다란 원을 그리며 날아다니는 나비 떼가 몽환적입니다. 산허리를 오르던 안개는 가쁜 숨을 몰아쉬며 계곡의 신명 난 물소리에 지난 밤 기억을 씻어냅니다.

새벽, 숲길에서 잠시 한 그루 나무로 서서 '나는 누구인가?' 화두를 던져봅니다. 다른 사람에게 비친 나는 어떤 사람이고, 내가 보는 나는 어떤 사람인가? 그 간격을 줄이기 위해 나는 얼마나 나를 곧추세워 보았는가? 숲에 들면 이렇게 자신을 돌아보게 됩니다. 아무것도 없는 시공 속에서 숲은 거울처럼 나를 보게 합니다. 낯익은 얼굴과 낯선 얼굴이 번갈아 다가옵니다. 두 얼굴 모두 '나'입니다.

이순(耳順)의 그림자가 돌부처로 앉아 있습니다. 불던 바람도 숨을 고르고, 부지런히 잎을 모으던 숲도 조용합니다. 모든 게 잠시 멈춘 듯합니다. 사실은 이런 인식조차 마음에서 비롯된 것이겠지요. 마음이 움직이면 모든 것이 다 다시 움직일 겁니다. '곧 햇덩이가 솟구쳐 오르면 힘껏 보듬어야지.' 새순이 돋고 꽃이 피고 열매가 맺고 잎이 떨어지고 다시 새싹이 움트는 순환을 생각하면서 올해도 숲 한가운데서 새날을 맞습니다.

동해 단상(斷想)

눈을 감아야
섬이 더 잘 보인다.

어둠이 먼 길을 떠난 후 순백의 날을 세운 바람이 큰 물결을 싣고 오면 밤새워 뒤척이던 동해도 꿈틀거리기 시작합니다. 곧이어 만삭의 굴레를 벗은 해가 물기를 머금은 채 솟구쳐 오릅니다. 숨죽이며 누워있던 파도도 이내 달궈진 용광로처럼 붉게 타며 출렁거립니다. 햇살 가득한 바다도, 푸른 하늘도 모두 한 몸으로 눈부신 웃음을 날리는데 가늠할 수 없는 설렘에 가슴이 벅차 눈물을 흘립니다. 문득 뜬금없는 질문 하나가 날아듭니다.

"그대는 햇덩이를 품어 본 일 있는가? 한 번쯤
사유를 불사른 일이 있는가?"
스스로 일갈한 화두에 깜짝 놀라 몸서리칩니다.

물 젖은 해가 몸을 털면 파도는 다시 하얀 이빨을 드러내며 용트림합니다. 그 빛 부신 비늘들이 먼 길 떠났다가 돌아오고, 다시 먼 곳으로 떠나곤 합니다. 햇볕 따가운 수평선 위에 그림처럼 떠 있는 고기잡이배 위로 구름이 뭐라고 속삭이는 듯합니다. 모든 소리는 바람이 조율하고, 햇살은 그 현(絃)을 따라 일렁입니다. 풍경을 파고드는 바람 소리, 파도 소리에 소라고둥 노래도 실려 옵니다. 가끔 바람을 가르며 날아드는 갈매기의 날갯짓이 파도를 벗 삼아 백사장에 서 있는 나를 어느새 물새가 되게 합니다. 때때로 파도는 은빛 춤추는 물보라로 가슴에 안겨듭니다. 귀를 막을수록 파도 소리가 더 크게 들립니다. 부표(浮標)도 없는 바다, 밀고 밀리는 파도만이 반복해 동해를 이룹니다. 바다는 기쁨이나 슬픔 같은 것 모두 파도 속에 삼키고 아무 일도 없다는 듯 출렁입니다. 어디에 부딪혀도 하얀 이 드러내며 웃습니다. 노래를 부르면 소리가 점점 커지고 뜨거워집니다. 피를 토하며 부르는 노래는 절규가 됐다가 절규는 어느새 포말로 부서져 다시 노래가 됩니다. 하늘로 증발하는 그 수증기의 여운이 꿈결 같아 돌아서서 다시 노래 부르면, 그 노래는 메아리조차 남기지 않고 이내 파도 소리에 휩싸여 사라지고 맙니다. 이따금 물기가 축축한 뱃고동 소리가 대신 메아리치지만, 파도는 끝없이 이를 지웁니다. 한없이 흔들리던 내 마음의 닻도 그저 바다에 맡겨진 채 정해지지 않은 어딘가로 떠나갑니다.

동해엔 섬이 잘 보이지 않습니다. 눈을 감아야 마음속 깊은 곳에서 섬이 하나둘씩 떠오릅니다. 그 섬에서 구름 한 점 베어 물고 사라진 바람, 여전히 여운으로 남아 있는 물 젖은 고동 소리…. 누구도 알지 못하는 사랑이나 이별 따위를 꿈결처럼 아득하게 하는 섬, 은비늘 낮게 엎드린 수평선으로 온갖 고백이 바다의 늪으로 사라집니다.

밤이 되면 동해에는 네 개의 달이 떠오릅니다. 하나는 하늘에 뜨고, 하나는 바다에 뜹니다. 또 하나는 경포호(湖)에 뜨고, 다른 하나는 마주 앉은 사람의 눈에 떠오릅니다. 어디에 뜨든 달은 부둥켜안습니다. 하늘이 바다를 안고, 경포를 안고, 마주한 사람을 안습니다. 바다도 하늘을 안고, 경포를 안고, 마주한 사람을 안습니다. 경포도, 마주 앉은 사람도 마찬가지입니다. 누가 누구를 어디에서 얼싸안든 달은 금빛 결을 빚어냅니다. 구름도 바람도 거듭니다. 이럴 때면 자연도 사람도 다 움직이는 정물화가 됩니다.

남해가 많은 섬이 옹기종기 그림처럼 떠 있고 잔잔해서 여성적이라면,

동해는 검푸르게 드센 파도가 힘차게 출렁대는 남성적인 느낌을 줍니다. 서로 다른 멋이 있지만, 동해가 주는 거대한 울림은 특별한 느낌을 안겨줍니다. 가뭇한 눈 끝을 세워 수평선을 바라보면 칼날 같은 바닷바람이 발톱을 세우며 잠들었던 세상을 한꺼번에 깨우곤 합니다. 순간, 저 멀리 독도에서부터 물 소용돌이를 일으킨 파도가 용트림하며 숨 가쁘게 달려옵니다. 이렇게 온 세상에 부활의 깃발이 펄럭이는 것 같을 때, 나는 수평선 한가운데에 푸른 빛 부이(Buoy)를 하나 띄우고 꿈 넘어 꿈을 꾸어 봅니다.

수확의 진정한 의미는 나눔

눈 시린 푸른 하늘 아래 산들이 저마다 다른 색동옷을 갈아입습니다. 싱그러운 바람결에 뒤뜰에선 후드득 알밤 떨어지는 소리가 요란합니다. 귀뚜리 노랫소리에 맞춰 고추잠자리 한 무리가 하늘을 뒤덮기 시작합니다. 옷깃을 세우고 낙엽 지는 벤치에 앉으면 곧 그림이 됩니다. 두 손을 호주머니에 찔러 넣고 아무 말 없이 낙엽 쌓인 길을 걷는 모습, 시인이나 철학자가 따로 있지 않아 보입니다. 가을살이의 한복판에 있는 사람은 누구나 잘 여문 곡식처럼 넉넉해 보이기도 합니다.

공자는《논어》에서 마흔 살을 일러 미혹되지 않는 불혹(不惑)이라 하고, 쉰 살은 하늘의 뜻을 아는 지천명(知天命), 예순 살은 이치에 통달해 듣는 대로 모두 이해할 수 있는 이순(耳順)이라 했습니다. 그런데 과연 그럴까요? 어림없어 보입니다. 공자 때보다 평균수명이 한 20년쯤 길어졌다고 하면 마흔이 아니라 예순이 불혹인데, 그 나이면 정말 어떤 유혹에도 흔들리지 않을까요? 천만의 말씀입니다. 귀가 커지고 마음이 열려 은은한 달빛처럼 세상을 관조(觀照)하듯 바라보는 이순은커녕 나이가 들면 오히려 사소한 일에도 쉽게 마음이 상하고 작은 사탕발림에도 잘 넘어가 불혹에도 못 이르지 않던가요?

하늘에 박속같은 구름이 떠 있습니다. 산다는 것, 삶이란 무엇일까? 내가 말없이 물었고, 구름도 어느새 말없이 사라졌습니다. 어디서 왔는지, 어디로 가는지 인생도 흘러가는 한조각 구름 같은 것일까?

가을은 매혹(魅惑)한 햇살과 하늘빛으로 깊어만 가는데 나도 너도, 우리의 삶은 그리 넉넉지 못한 듯합니다. 우리 조상은 달랐지요. 가을걷이가 끝나면 동네 사람들이 모여 돼지를 잡아놓고 한마당 큰 잔치를 벌였지요. 풍년을 이루게 해준 하늘과 조상께 감사드리고, 그동안 땀 흘린 노고를 서로 격려하고 자축했습니다. 더 가진 사람이나 덜 가진 사람이나 함께 어울려 넉넉하고 여유로운 가을을 만끽했지요. 곳곳에 술과 음식을 차려놓고 농악 소리 높여가며 동네 사람 모두 신명 나게 원을 그리며 덩실덩실 춤을 추었습니다. 잔치는 동산 위에 뜬 달마저 술에 취해 불그레해질 때까지 늦도록 이어지곤 했지요. 하지만 세상이 달라져 이런 풍경을 보기 어렵게 됐습니다. 더욱이 최근에는 '코로나 19'까지 닥쳐 엎친 데 덮친 격이 됐지요. 올해는 하늘을 누렇게 뒤덮던 황사 현상도 나타나지 않아 그야말로 전형적인 한국의 가을 하늘을 되찾았는데, 그 더없이 화사한 얼굴을 반갑게 맞이할 수만은 없는 무거운 마음인지라 참으로 안타깝습니다.

가을은 생각이 많아지는 계절이지요. 흔들리는 갈대처럼 삶에 대한 의문부호가 쉴 틈 없이 날아들어 몸부림치게 합니다. 그래서 생각이 깊어지고 고민도 깊어지는 것이지요. 가을은 사람이 그리워지는 계절이기도 합니다. 보고 싶은 사람이 더 절절하게 그리워지는 계절이지요. 지난 추석, 산소에 들어 부모님께 큰절을 올렸습니다. 예순둘 젊은 나이에 하늘나라로 가신 아버지와 홀로 지내시다 아버지 곁으로 가신 어머니는 지금 하늘나라에서 알콩달콩 지내시겠지요. 맑고 화사한 햇살과 시리도록 푸르른 하늘빛 때문에 산에서 내려오는 길이 오히려 무거웠습니다. 까닭 모를 처량함에 콧등이 시큰해지기도 했지요. 분명히 팔다리는 움직이고 있는데 마음은 산자락을 붙잡고는 한 걸음도 옮겨지지 않더군요. 뒷전에서 아버지의 노랫소리가 들려 더욱더 그러했을 겁니다.

"산 노을에 두둥실 흘러가는 저 구름아!"
아버지 애창곡이었지요. 한참 들었습니다.
그리운 사람이 있다는 건 행복한 일. 부모님을 만나니 모처럼
마음이 푸근했지요.

가을을 가을답게 보내려면 넉넉한 마음이 필요합니다. 하지만 여유가 그냥 생기는 것은 아니지요. 재산이든 지식이든 명예든 더 많이 가진 사람이 덜 가진 사람을 배려하고 베푸는 것이 필요합니다. 이런 것들이 많아져야 세상이 풍요로워지고, 그것이야말로 가을이 우리에게 주는 메시지가 아니겠는지요. 수확은 나눔에 진정한 의미가 있는 것. 휘영청 밝은 달빛 가득한 큰 마당에서 한바탕 신명 나는 동네잔치가 벌어지면 좋겠습니다.

가장 좋은 길은
내 마음속에 있다

살다가 가끔 정처 없이 길을 나설 때가 있습니다. 사는 일이 버거울 때나 마음이 갈피를 잡지 못할 때 뜬금없이 외출하는 것이지요. 특별히 정한 곳이 없으니 말 그대로 발길 닿는 대로입니다. 가다 보면 여러 갈래 길을 만납니다. 그때야 비로소 멈추어 서서 지금 가는 곳이 어디인지, 어느 길로 가야 할 것인지 망설이게 되지요. 하지만 이런저런 생각 끝에도 결정을 못 해 다시 무작정 발걸음을 옮기게 됩니다. 그 방황이 땅거미가 몰려올 때까지 이어지기도 하고 한밤 중 별을 만날 때까지 계속되기도 합니다. 이러다 보면 마음 갈피가 잡히곤 하지요.

세상에 길은 많습니다. 좁은 길도 있고 한없이 넓은 바닷길이나 하늘길도 있지요. 길이 좁다고 생각이 좁아지는 것은 아닙니다. 넓은 길을 간다고 생각의 폭이 커지는 것도 아닙니다. 오히려 고즈넉한 오솔길에서 생각이 깊어지고 마음이 넉넉해질 때가 많습니다. 그런 길에는 자연 그대로의 원형이 살아 있는 아기자기한 모습의 풍경이 많습니다. 물길을 걷는다고 생각이 물에 잠기는 게 아니고 하늘 길을 날아간다고 생각이 날아가는 게 아니듯 내 마음에 따라 길은 의미가 달라집니다. 궁극적으로 길의 속성은 그런 것이지요.

길 위에 길이 따로 없습니다. 그저 해와 달, 바람을 따라 오늘도 어제처럼 길을 나서는 것이 인생입니다. 계절에 따라 잎이 나고 꽃이 피고 열매를 맺고, 추운 겨울이 오면 또 다른 생명의 싹을 틔우기 위해 '눈(雪) 이불'을 덮고 숨을 쉬는 모든 것이 길에 있습니다. 내일 일은 누구도 알 수가 없습니다. 나서지 않으면 모르는 일이지요. 우리나라는 어디를 가든지 '제주올레길'만큼이나 아름다운 길이 많으니 얼마나 좋습니까.

저는 뉘엿뉘엿 해가 넘어갈 무렵이면 산길에 들고 싶은데, 그럴 때면 노을을 안주 삼아 술 한 잔 걸치고 싶은 마음이 불쑥 찾아듭니다. 그렇게 나선 길은 처음 가는 곳이어도 낯설지 않습니다. 새들이 환영의 인사로 떼 지어 날갯짓하는 어스름 저녁. 마음이 평온해지고 새삼스레 살아 있음이 얼마나 소중한지를 깨닫게 합니다. 길은 생각의 깊이와 넓이를 더해주는 넉넉한 여유로운 공간. 살다 보면 많은 길을 만나지만 세상에서 가장 좋고 넓고 큰 인생길은 내 마음속에 있지요. 그 길을 따라 정성을 다해 살면 되는 것. 아무리 세상이 변해가도 오롯이 내 마음의 길을 따라 사는 게 행복의 지름길입니다

한편으로, 길은 많지만 가야 할 길과 가지 말아야 할 길이 있습니다. 모든 사람은 저마다의 기준으로 제 갈 길을 찾지만, 가지 말아야 할 길을 가는 바람에 잘못되는 일이 생기기도 합니다.

자신의 길은 자신이 선택한 것이므로 그 책임도 자신에게 있다는 것, 맞는 말입니다. 하지만 만인에게 모두 적용할 수 있는 건 아니지요. 세상살이가 정말로 자신의 선택으로 갈 길을 정해 그 길로 갈 수 있게 가정이나 사회나 국가가 구조적으로 완벽하게 뒷받침된 것은 아니기 때문입니다. 그 틈바구니에서 악마적인 타인의 힘에 눌려 원치 않은 길로 가게 되는 일이 있으니까요. 그런데도 자신이 선택한 길로 걸어갈 수 있게 돕는 집단의

구성원 의식이나 시스템이 자꾸 무너지는 것 같아 가슴이 아픕니다. 이러한 일이 일어나지 않도록 올곧은 생각으로 올바른 길을 가도록 자기 관리를 철저히 하고 주변에서도 서로 돕는 수밖에 달리 뾰족한 방법이 없다는 것이 참으로 안타까울 뿐이지요.

길 끝머리에는
늘 곤지암이 있었네.

광주에서 이천으로 가는 길목에 '곤지암'이 있습니다. 이 마을 연못에 고양이처럼 생긴 바위가 있지요. 이 바위에 얽힌 설화가 있습니다. 신립은 임진왜란 때 충주 탄금대에서 왜군과 싸우다 장렬하게 전사한 장군이지요. 장군을 곤지암 마을 산자락에 모시려고 했을 때의 이야기입니다. 맞은편에 고양이 형상을 한 바위가 있어서 장군을 바로 모시지 못하고 하룻밤을 보내게 되었지요. 그날 밤, 비바람과 천둥벼락이 고양이 바위를 내리쳐 두 동강 내버렸다고 합니다. 이런 연유로 사람들은 그곳을 곤지암(昆池岩, 연못에 있는 바위)이라 부르기 시작한 것이지요. 신기하게도 벼락 맞은 바위틈에 향나무가 자라기 시작했고, 지금은 경기도 문화재자료로 지정돼 있습니다. 곤지암은 제 삶의 뿌리인 고향 마을이기도 합니다.

저는 곤지암에서 태어나 자랐고, 결혼 후에는 고향을 떠나 객지에서 산지가 벌써 40년이 넘었지요. 하지만 세상이 바뀌고 사람이 달라져도 고향 곤지암은 제 마음에 한결같은 그리움입니다. 너른 고을 광주(廣州)는 강과 산이 잘 어우러진 곳, 자연경관이 더없이 아름답지요. 곤지암은 이러한 광주에서 이천으로 가는 중간에 있습니다. 도척이나 초월에 사는 아이들은 곤지암에 있는 학교까지 걸어 다니곤 했지요, 봄이 되면 헐떡이며 넘던 '노루목 호랑바윗골 고개', 진달래 불타오르던 '굴우물 가래실', 올챙

이 좇던 아이들이 자빠지면 산천도 아우성치며 온 세상을 초록으로 물들이던 곤지암이었죠. 한여름이면 개울에서 벌거숭이로 고기잡이하다가 콩이나 참외를 서리해 배를 채우고, 밤이면 원두막에 누워 별을 세다 잠들었습니다. 가을걷이 끝자락엔 신명 난 춤사위가 한바탕 어우러지고, 휘영청 닭 밝은 밤에 눈 맞은 처녀 · 총각이 남몰래 속삭이면 귀뚜라미가 노래를 불렀지요. 한겨울 들판에 눈이 쌓이면 아이들은 뛰쳐나와 썰매를 타며 아우성치고, 청년들은 산토끼몰이를 했습니다. 밤이면 사랑방 화롯불에 밤이나 고구마를 구워 먹으며 밤새도록 옛이야기를 나눴습니다. 사는 게 어려워도 살갑고 훈훈한 정이 넘치는 마을이었지요.

명절이 되면 으레 윷놀이, 그네 타기에 풍악 소리가 드높았지요. 특히, 한가위를 전후해 열리는 씨름대회는 마을에서 가장 흥겨운 잔치였습니다. 1등을 한 씨름꾼에겐 상으로 소 한 마리를 주었는데, 곳곳에서 몰려든 장사들의 사흘간 경기는 흥미진진한 구경거리였습니다. 가끔 들어오는 가설극장도 인기였지요. 밤이 되면 너른 공터에 천막을 치고 상영하는데 닷새에서 일주일 동안 수백 명씩 찾아들었습니다. 그때 본 영화가 지금도 기억에 생생하지요. 오일장이 서면 각처에서 장사꾼이 오고, 이웃 마을 사람도 몰려들어 북새통을 이루곤 했습니다. 장날 구경하는 재미가 쏠쏠해서 닷새 동안 손꼽아 기다렸지요.

객지에 있어도 곤지암은 자주 찾는 곳입니다. 명절, 조부와 부모 기일(忌日), 벌초, 학교 동문회 등에 함께하러 갈 때면 마음이 설레곤 하지요. 이제는 풍경이 변했고 낯선 사람도 많아졌지만, 그럴수록 추억이 더 선명하게 다가오기도 합니다. 바람이 먼 곳을 떠났다가도 되돌아와 소리 없이 불 듯 고향의 향기는 어디에 있든 가슴에 흐르지요. 부모님이 하늘나라로 떠난 후 다소 허전하고 쓸쓸함이 내재해 있지만, 마음 한구석에는 늘 고향이 있었습니다. 부모님과 함께 살던 곳, 친구들과 뒹굴며 살던 곤지암은 언젠가는 반드시 돌아가야 할 안식처이기도 하지요. 나이를 먹어갈수록 고향 생각이 더 깊어집니다. 하늘을 보면 어느 하늘이고 다 고향 같지만, 곤지암 쪽의 하늘은 유난히 내 그림자를 짙게 드리우는 듯 합니다. 그 그림자 속에 숨바꼭질하던 곤지바위가 들어 있습니다. 이제 그 바위에 기대어 다시 술래로 남은 생을 찾아볼까 합니다.

법(法)은 물(水)이 잘 흘러가게(去) 하는 것

하늘을 떠돌던 구름이 찬 기운을 만나 비가 되어 내립니다. 비는 땅속으로 스며들었다가 샘물로 솟아오르지요. 샘물은 높은 곳에서 낮은 곳으로 흐르며 내(川)를 이룹니다. 냇물은 굽은 곳에서는 돌아가고, 절벽에서는 폭포수로 쏟아지지요. 너른 곳에서는 호수가 되어 잔잔한 모습으로 쉬어가기도 합니다. 냇물은 흐르고 흘러 강을 이루고, 그 강물이 모여 바다가 되지요.

넓은 바다는 맑은 물이나 흙탕물이나 가리지 않고 받아들입니다. 네 편 내 편 가르지 않고 품어주지요. 큰 인물을 두고 바다같이 넓은 마음을 가졌다고 말하는 것은 이 같은 포용력을 갖춘 인물이라는 뜻입니다.

물은 큰 그릇이나 작은 그릇이나 가리지 않지요. 나무 그릇이든 놋쇠 그릇이든 차별하지 않습니다. 사람도 있는 그대로가 중요합니다. 그가 누구든 선입견을 품어서는 안 될 일이지요. 저택에 사는 부자를 만나든 단칸방에 사글세로 사는 가난한 이를 만나든, 권세를 떨치는 벼슬아치를 만나든 깃털 빠진 병아리 같은 서민을 만나든, 명예가 드높은 유명인을 만나든 이력에 이름밖에 쓸 게 없는 이를 만나든, 어디에서 누구를 만나든 물처럼 낮은 몸짓으로 살아가려면 내가 그에게 물일뿐이어야지요. 언제나 부드럽고 유연한 물처럼, 물 흐르듯이 살아가는 게 참 인생이라는 말입니다. 물이 수증기가 되어 하늘로 올랐다가 다시 비로 내리지만, 얕은 물과 깊은 물은 그 흐름이 다르지요. 바닥 얕은 개울물은 소리 내며 흐르지만, 강물이나 바닷물은 소리 없이 흐릅니다. 이렇듯 물은 무엇을 만나느냐에 따라 그 모습이 바뀌기는 하지만, 물이라는 본래는 늘 여여(如如)하지요. 여울목을 만나기도 하고, 커다란 암초를 만나기도 하고, 굽이침이 없는 평탄한 수로를 만나기도 합니다. 그때마다 가던 길을 돌아가기도 하고 급히 흐르기도 하고 속도를 완전히 죽이기도 하지만, 그렇다고 물이 물 아닌 것은 아닙니다. 물은 그냥 물로서 흐를 뿐, 물의 본질이 없어지지는 않지요.

물은 사라진다고 해서 없어지는 것이 아니고, 새롭게 생겨나는 것도 아닙니다. 늘어나는 것도 아니고 줄어드는 것도 아니지요. 그 실체가 보이지는 않지만, 물은 다시 물로 돌아옵니다. 자연의 섭리지요. 높이면 낮아지고 낮추면 높아진다는 것이 만고의 진리입니다. 물은 낮은 곳으로 흐르지요. 인간이 분수를 만들어 높은 곳으로 솟구치게도 하지만, 분수도 결국 떨어지지요. 물이 몸을 가장 낮춘 것이 바다입니다. 그렇기에 높은 곳 어디에서든 발원된 샘물이 흘러 모이는 종착지가 되는 것이지요. 세상살이 또한 다르지 않습니다. 낮추면 높아지고 높이면 낮아지게 돼 있지요. 물이 자연의 순리라면 사람이 사는 이치는 철리(哲理)입니다.

물 흐르듯 살아가라는 덕담은 순리대로 살라는 말이지만, 이 말에는 한 결 같이 살라는 뜻도 포함돼 있다는 생각입니다. 산자락 샘물에서 속살이 들여다보이는 얕은 개울을 거쳐 강이 되고, 더없이 넓고 깊고 푸르른 바다에 닿기까지 흐르는 물, 끊임없이 흐르는 물은 썩지도 얼지도 않습니다. 사람이 이처럼 한 결 같이 살 수 있다면 얼마나 평온하고 넉넉하겠는지요. 물은 늘 겸손합니다. 끊임없이 낮은 몸짓으로 흐르고 또 흘러

가지요. 크고 깊은 곳이라도 서두르지 않고 가득 차오르면 그때서야 다시 길을 따라 떠납니다. 잠깐 흐름을 멈추면 더 큰 물결로 흐르게 된다는 것을 보여주는 방증이기도 합니다.

가끔 흐름을 역행하며 살아가려는 사람이 있지요. 위험한 일입니다. 법(法)은 물(水)이 흐르는(去) 것과 같아야 하는데, 누구보다 법을 지켜야 할 공직자가 이 같은 흐름을 거스르는 일이 생겨나 공분을 사기도 합니다. 완장을 찼거나 가진 게 많다고 기고만장, 안하무인으로 설치는 건 하늘의 뜻을 거역하는 일이고 돌이킬 수 없는 나락으로 떨어지는 일입니다. 사람답게 산다는 것, 가치 있고 품격 있게 산다는 것, 결코 간단한 일이 아니지만, 물 흐르듯 살고자 애를 쓰면 그에 좀 가까워지지 않겠는지요.

'비 오시는 날'

눈물도 웃음도 다 씻고,
다시 눈을 뜬다.

이른 아침, '소고기 등심 굽는 소리'에 잠이 깼습니다. 창밖을 보니 굵은 빗줄기가 쏟아지고 있었습니다. 누구는 창문에 부딪치는 빗소리를 실로폰에 비유하고, 또 누구는 작은북에 비유하기도 하는데, 왜 배가 고팠던 것도 아닌데 등심 굽는 소리로 들렸는지 저도 모르겠습니다. 그렇게 생각하니 빗소리가 호박전 부치는 소리로도 들립니다.

'비 오는 날은 공치는 날'이라는 말이 있지요. 눈 비비고 일어나 우두커니 앉아 있으니 너른 고을(廣州)에서 지내던 어린 시절 기억들이 무지개처럼 떠오릅니다. 비가 오면 동네 형들과 작은 어망을 둘러매고 개울로 나갔지요. 물살이 빨라지면 고기들이 얕은 물 가장자리로 나오기 때문에 잡기가 쉽거든요. 보통 때는 대부분 피라미 따위가 잡히는 것과 달리 물이 불어나면 미꾸라지, 붕어, 새우 등 다양한 고기를 잡을 수 있어서 비만 오면 신이 났습니다.

손질한 고기와 새우를 넣고 고추장을 풀어 끓인 매운탕 맛은 시원하고 달곰합니다. 밥을 말아 먹어도 좋고, 국수를 넣거나 수제비를 넣어 끓여내도 좋고, 매운탕은 시쳇말로 끝내줍니다. 장마철의 곤지암 마을에서는 이렇게 고기를 잡아 집집 돌아가며 매운탕을 끓여 먹었지요. 잡히는 어종이 그때그때 다르고 집안마다 양념도 달라 매운탕 맛이 차이가 있기는 하지만, 어느 집에서나 정성으로 끓이는 매운탕은 맛있습니다. 어렸던 나는 동네 형들과 함께 어울리고, 어른들과 식사를 같이하며 많은 이야기를 듣고 자랐지요. 세상 돌아가는 일이며 시시콜콜한 이야기까지, 학교에서는 배울 수 없는 인생 공부를 미리 한 셈이니 행복했습니다.

빗줄기 속에는 눈물도 들어 있습니다. 제 부모님은 장남이 잘돼야 집안이 제대로 선다고 늘 생각하셨지요. 그래서 형은 서울에 있는 고등학교에 들어갔는데, 그때의 상경은 지금의 유학 이상 어려운 것이었습니다. 형이 첫 번째 대입 시험에 떨어지고 재수를 시작할 무렵 저는 고교 진학을 앞두고 있었습니다. 그때나 지금이나 재수는 어려운 일, 부모로서는 한꺼번에 돈이 들 일이 걱정이지요. 제가 고교 입학보다 농사일을 도우면 좋겠다고 한 것도 그래서였겠지요. 하지만 저는 눈앞이 캄캄했습니다. 희뿌연 안개 속에 갇힌 것처럼 앞이 보이지 않는 것 같았지요. 그날따라 왜 그렇게 억수같이 비가 쏟아지는지, 저는 무작정 빗속을 정처 없이 헤매다 돌아왔습니다.

비가 오는데 집에 돌아오지 않는 아들, 돌아왔는데 온몸이 비에 흠뻑 젖은 아들, 어머니는 얼마나 가슴 아프셨을까요. 하지만 어머니는 걱정을 호통으로 대신하셨지요. 그러고는 부엌에 가 울고 계셨고, 저는 제가 보고 있는 걸, 아시면 어머니가 더 속상해하실까 봐 숨죽여 눈물 흘리던 기억이 납니다. 그래도 곡절 끝에 뒤늦게나마 고등학교에 들어갈 수 있었으니 다행이었지요. 중학교 교복에 배지만 바꿔 단 고교 생활 시작이었지만, 농사를 도우며 공부할 수 있었습니다.

"승표 형! 날궂이 합시다."

경기도청에서 일할 때, 비가 오면 전화하는 친구가 있었지요. 으레 수원시청 옆에 있는 '이모네 조개구이'에서 만났는데, 우리는 본 메뉴인 닭똥집이나 먹장어구이가 나오기도 전에 소주 한 병을 비우곤 했지요. 이 포장마차에서는 서비스 안주로 계란말이와 미역국을 먼저 주는데, 그걸로 술 마시기 시동을 거는 겁니다. 거나하게 술이 오르면 뜨끈한 홍합탕이 속을 달래줍니다. 어둠이 점점 짙어지고 빗줄기도 장단 맞춰 굵어지면 목소리도 커지면서 이야기보따리가 술술 풀려나오지요. 속칭 2차 역시 또 다른 포장마차 방문입니다.

불볕더위 속에서 요란하게 날아드는 새소리, 쓰르라미 소리는 더위에 지친 눈까풀을 내려앉게 합니다. 그러다가 비가 오면 눈이 번쩍 뜨입니다. 온갖 잠자고 있던 것이 한꺼번에 깨는 것 같기도 합니다. 찌든 삶의 더께가 씻기고 새로운 꿈이 나래를 펴기도 합니다.

비가 오는 날, 우두커니 창가에 앉아 있는 시간은 행복합니다. 일이 없어 '공치는 날'이지만, 생각의 깊이와 넓이를 더할 수 있는 보약 같은 날이기도 합니다. 살다 보면 지금의 나는 누구인가 의문부호가 떠오를 때가 있지요. 비 오는 날에는 살아가는 이유, 삶에 대한 철학과 가치관을 되돌아보게 됩니다. 그러기에 비 오는 날은 '비 오시는 날'입니다.

부모님 산소는 내 마음의 쉼터

처서(處暑)가 지나고 소슬바람이 제법 시원합니다. 하늘빛이 시리도록 맑은 날, 벌초하러 고향 곤지암에 다녀왔습니다. 연례행사처럼 해마다 하는 일이지만, 매년 느끼는 감정은 다릅니다. 뭐, 사실 벌초를 한다고 해서 조상이 알아주는 것은 아니지요. 사람마다 다르겠지만, 제가 벌초를 하는 것은 마음이 홀가분해지기 때문입니다. 추석 성묘를 할 때나 시제(時祭)를 지낼 때만이라도 조상을 잘 모셔 위안 삼으려는 심산일 수도 있겠지요.

어쨌거나 벌초에 비지땀을 엄청나게 흘립니다. 풀을 깎고 잡초를 뽑고 주변을 깨끗하게 정리하는 일은 힘도 들고 시간도 오래 걸립니다. 그래서인지 화장 · 납골이 대세를 형성한 것도 사실이고, 성묘와 벌초를 비판하는 이도 많아졌으나 저에게 산소는 남다른 의미가 있습니다. 돌아가신 분의 휴식처이지만, 오늘을 살아가는 저에게도 마음의 쉼터니까요.

명절이나 시제 때가 아니더라도 저는 부모님 산소를 찾습니다. 오래 공직자로 살면서 승진을 하거나 자리를 이동하게 되면 저는 으레 산소에 찾아가 인사를 올리곤 했지요. 일이 꼬이거나 잘 풀리지 않을 때도 산소에 갑니다. 넋두리를 늘어놓는 거지요. 그러면 막혔던 가슴이 후련해지고, 마음이 편해집니다. 어쩐지 돌아가신 부모님이 도와주실 것 같은 생각도 들지요. 제 부모님은 그리 많지 않은 땅에 농사를 지으면서 여섯 자식을 키웠습니다. 그러느라 눈물겨운 삶을 사셨고, 고생만 하다가 돌아가셨지요. 땅까지 팔아가며 자식들 공부를 뒷바라지했는데 결실을 보지 못하고 이승을 떠나셨습니다.

우리 여섯 남매는 공부를 꽤 잘했는데, 부모님께는 외려 그것이 걱정거리였습니다. 학교에 보내자니 돈이 드니까요. 그때만 해도 우리보다 훨씬 잘사는 집안에서조차 몇 집을 빼곤 중학교 정도까지만 보내는 것을 당연시하던 때였습니다. 그러니 우리 부모님은 공부 잘하는 자식들 때문에 남보다 더 고생하게 됐던 거지요. 자식들이 공부 잘하는 건 자랑스럽지만, 넉넉지 않은 살림살이에는 큰 부담이 될 수밖에 없으니 얼마나 힘겨우셨을까. 먹을 것, 입을 것 제대로 준비하지 못하고 그야말로 눈물겨운 질곡의 삶을 살아야 했지요. 훗날 저와 형과 둘째 여동생이 공무원으로 일하게 되면서 집안 형편이 좀 나아지자 아버지는 신작로 삼거리에 나가 오가는 사람 붙잡고 술을 사주고는 하셨습니다. 시골에서는 드물게 자식 셋이 공무원이니 자랑하고 싶었던 게지요.

아버지는 자식들 뒷바라지하느라 변변한 양복 한 벌이 없었습니다. 그랬으니 제가 수행비서일 때 모시던 임사빈 지사(재직 1987.12~1990.6)가 회갑 선물이라며 준 양복 티켓이 얼마나 기뻤을까요. 아버지는 그 티켓을 들고 서울에 올라가 양복을 맞췄으나 잘 입지 않으셨습니다. 명절 따위의 큰일 때나 꺼내고는 너무 귀하고 좋은 옷이라며 장롱에 모셔두곤 했지요. 그런데 몇 번 입어보지도 못하고 돌아가시고 말았습니다.

인정도 많고 남을 잘 배려하고, 아버지는 양복을 입지 않아도 멋쟁이셨습니다. 동네에서는 유명한 술꾼이기도 했지요. 한잔 걸치고 돼지고기 한 근을 사 집에 들어올 때면 이미자의 '황포돛대'나 현철의 '내 마음 별과 같이'를 즐겨 부르곤 하셨습니다. 벌초는 단순히 풀을 깎고 잡초를 뽑는 일이 아닙니다. 어르신들의 힘겨웠던 삶을 생각하며 마음을 곧추세우는 일입니다. 벌초를 마치고 돌아설 때면, 발걸음은 옮기는데 마음은 여전히 산자락을 붙잡고 있는 것도 그래서이지요. 부모님은 살아계실 때나 하늘나라로 가신 지금이나 가슴속에 늘 큰 자리를 차지한 불멸의 존재입니다. 벌초를 마치고 헛헛한 마음으로 '내 마음 별과 같이'를 흥얼거리니 더욱 더 절절해집니다. 갈수록 그리워지는 걸 보면 이제 저도 나이가 들어가나 봅니다.

산은 말없이 많은 말을 한다.

일 년간 장기교육을 받을 때 지리산에 갔었지요. 밤 10시경 수원에서 버스로 출발해 새벽 3시경 중산리 마을에 도착해 곧바로 산행을 시작했습니다. 법계사에서 잠시 김밥을 먹으며 쉰 후 다시 천왕봉으로 향하는 길은 참 험했습니다. 가파른 바윗길, 숨소리가 거칠어지고 땀이 비 오듯 쏟아졌으나 정상가는 길목에 '천왕 샘'이라는 약수터가 있어서 다행이었지요. 목을 축인 뒤 다시 오르다 보니 '천왕봉'이라는 글자가 새겨진 큰 바위가 보이더군요. 하지만 그보다는 뒷면의 '한국인의 기상, 여기서 발원되다'라는 글귀가 제게는 묵직하게 다가왔습니다. 정상에서 바라보는 세상은 모두 낮게 엎드려 있었지요.

사람들이 왜 지리산, 지리산 하는지 천왕봉에 서 보니 저절로 느껴졌습니다. 힘찬 기상이 가슴을 쿵쾅거리게 하더군요. '장터목산장'에서 잠시 멈춘 휴식은 꿀맛이었지요. 어머니 팔베개를 베고 누운 것 같은, 더는 바랄 게 없는 시간이었습니다. 벅찬 감동을 가슴에 담고 장터목을 지나 백무동까지 계곡을 따라 무념무상의 자세로 터벅터벅 발걸음을 옮겼습니다. 돌길이라 험한 데다 거리도 멀어 힘들고 지루했지요. 일행이 많아서인지 12시간도 더 걸려 백무동 식당에 도착했습니다. 지쳐서 아무 생각이 나지 않더군요. 만사 제쳐두고 샤워장으로 달려가 온몸에 물을 뒤집어쓰며 지리산 산행을 마무리했습니다.

산을 찾는 게 이제는 일상이 되었는데, 그 시작은 오래전입니다. 휴일도 없이 참 일에 바쁘게 매달렸지요. 그러다가 공직 20여 년 만의 사무관 승진으로 좀 여유가 생겨 산을 찾기 시작했습니다. 시골에서 공을 차고 땔나무 지게를 진 채 산을 오르내리던 기억이 있어 처음엔 가볍게 생각했지요. 그런데 예상과 달리 몸이 말을 듣지 않고 몹시 힘겨웠습니다. 오랫동안 운동을 하지 않았으면서 소싯적 생각만 하고 나섰던 게 불찰이었지요. 함께한 친구 녀석도 안쓰럽고 의외라는 표정을 짓더군요. 이때 이후 광교산을 시작으로 틈만 나면 전국의 산을 찾았습니다. 태백산에는 열 차례 넘게 갔지요. 한라산, 오대산, 설악산, 치악산도 몇 차례씩 찾았으니 웬만큼 유명하다는 산은 거의 만난 셈입니다. 중국의 태산, 화산, 황산도 올라가 봤으니 이만하면 산악인이라 할 만하지요.

사는 것 자체가 무거운 짐을 지고 가는 고행입니다. 사는 일이 힘겨울 때, 저는 그 무거운 짐을 지고 산에 들어갑니다. 산에 들면 지친 삶의 더께가 말끔히 씻어지기 때문이지요. 막상 산에 들면 산이 보이지 않지만, 힘겨움을 이겨내고 정상에 서면 세상이 정말 작아 보입니다. 저런 세상에서 나는 한없이 작고 초라한 존재라는 것, 저절로 겸손해지고 몸을 낮추게 되지요. 산에서 내려오면 언제 그랬느냐는 듯 다시 현실에 부딪히게 되지만, 그게 뭐 그리 큰 대수겠는지요. 산에 들어 그런 생각을 해보는 것 자체가 행복이고, 그런 마음이 쌓이면 내공도 깊어질 거라 믿습니다.

산에서 참 많은 것을 배웁니다. 말이 없지만, 많은 말을 하는 산. 어떤 이는 산꼭대기에 오르면 산을 정복했다고 하지만, 그건 오만이지요. 잠시 한 구석 자리를 빌려준 것뿐인데 정복이라니 어불성설입니다. 어느 산도 인간에게 정복당할 산은 없습니다. 또 어떤 이는 '산은 자연의 철학자이고 우주의 교육자'라고도 하는데, 누가 어떻게 말하든 산을 완벽하게 표현하기란 불가능하지요. 다만, 제 경우에는 살아가는 일이 버거워 힘들고 지쳤을 때 산에 들면 나무가 되고, 돌이 되고, 바람이 되고, 구름이 되어 세상의 근심 · 걱정을 잊어버리게 됩니다. 산에 들면 아무 바랄 것이 없어지지요. 없어서 걱정하고 있어서 걱정하는 게 아니라, 없어서 행복하고 있어서 행복하다는 걸 깨닫습니다. 산은 자연이 인간에게 준 가장 큰 선물이 아닐까, 저는 그저 그리 생각합니다.

자유와 평화,
화해와 통일 염원 상징

북녘 땅과 맞닿은 연천은 선사시대 우리나라에 처음으로 인류가 정착한 곳입니다. 연천 땅 임진강변 언덕에 자리 잡은 사람들은 이곳에서 농토를 일구고 사냥을 하면서 삶의 터전을 마련하고 살았지요. 이곳에 처음으로 보금자리를 만들고 지내온 사람들이 길을 만들었으니 우리나라의 모든 길은 이곳에서 시작됐다 볼 수 있지요. 지도에서 봐도 연천은 한반도의 중심입니다. 임진강 절경을 바라보면서 이 지역을 볼 수 있는 한 폭의 동양화 같은 길이 생겨났는데, 그곳이 '연강 나룻길'입니다.

연강(漣江)은 연천을 흐르는 임진강의 옛 이름입니다. 연강 나룻 길은 지난날 선사시대를 살았던 조상의 흔적을 고증을 통해 복원한 것이지요. 임진강변의 연강 나룻 길은 오랜 세월 사람들의 발길이 닿지 않아 생태환경이 잘 보존돼 있습니다. 경치가 빼어나게 아름다워서 눈이 먼 이도 눈을 떴다는 '개안(開眼)마루'는 겸재 정선의 그림으로 잘 알려진 곳입니다. 이곳은 희귀 동식물이 번식하는 생태계의 보고입니다. 두루미 서식지가 있고, 수많은 물고기가 은비늘을 번뜩입니다.

개안마루에서 가장 높은 곳이 옥녀봉이지요. 이곳에 명물이 탄생했습니다. 유영호 작가가 만든 인사하는 사람, '그리팅맨(Greeting Man)'입니다.

그리팅맨은 세계 곳곳에 세워져 있고 우리나라에도 몇 곳 설치돼 있는데, 연천 옥녀봉의 그리팅맨은 다른 곳보다 훨씬 큰 것이 특징이지요. 높이가 10m에 이릅니다. 옥녀봉 그리팅맨이 인사하는 방향은 북녘입니다. 단순한 조각품이 아니라 자유와 평화, 화해와 통일의 상징물이지요. 오랜 세월 평화통일을 열망해온 마음을 담은 것인데, 인사는 겸손, 화해, 평화를 뜻한다고 합니다.

연강 나룻 길과 이어진, '태풍전망대' 오르는 길목에 아담한 미술 전시장이 문을 열었습니다. '연강 갤러리'입니다. '횡산리 안보교육관'을 문화예술 공간으로 탈바꿈시킨 것인데, 정전 이후 DMZ 내에 건립한 최초의 문화공간입니다. 이곳에서는 연천의 빼어난 자연환경을 예술과 접목한 한성필 작가의 대형 파사드(Facade)와 전시된 사진을 감상할 수 있습니다. 임진강 물고기와 두루미를 미디어를 통해 체험할 수 있는 '가상현실 체험장'이 있고, 특산품 판매장과 휴게 공간인 '카페테리아'도 갖추고 있지요.

선사시대의 발자취가 살아 숨 쉬는 곳, 한반도 절단선의 경계이자 아름다운 물의 고장인 최북단 연천이 거듭나고 있습니다. 우리나라 길의 출발점이자 한반도의 중심인 곳에 '평화누리길'과 연강 나룻 길을 만들고, 그리팅맨과 연강 갤러리를 탄생하게 한 시도는 환영받아 마땅합니다. 단순한 문화 · 예술 · 관광 차원을 넘어 한반도의 인위적 경계가 무의미함을 일깨워주기 때문이죠. 변화하는 연천의 모습에서 새로운 꿈과 희망이 엿보입니다.

북한과 냉전 분위기가 계속되는 한 연천은 어려움 속에 지낼 수밖에 없다고 말하는 이가 꽤 많지요. 사실입니다. 수도권이라는 이유만으로 오랜 세월 역차별을 당했고, 주민보다 군인이 더 많은 곳이 바로 연천입니다. 그렇다고 그냥 손 놓고 있을 수만은 없는 일. 북한의 포격 도발로 곤혹을 치른 DMZ 안에 그리팅맨을 세우고 갤러리를 만든 것은 희망을 쏘아 올린 일입니다. 이러한 움직임이 안보와 통일의 길목인 연천에 새로운 활력소가 되기를 기대해 봅니다.

길을 만들면
또 다른 길이 생긴다.

파주 땅 DMZ 장단반도엔 '높은음자리'라는 애칭의 '해 마루 촌'이 있습니다. 장단반도에 살던 사람들이 6·25 이후 유랑 생활을 하다가 다시 이곳에 60세대의 마을을 만들어 사는 곳이지요. 원래 '동파(東坡)'라 했으나 순우리말로 '해 마루'라 하는데, 하늘에서 내려다보면 마치 높은음자리 형상과 같아 별칭이 붙은 것입니다. 마을 앞길은 옛날 중국을 오가는 사신이 지나던 곳이었고, 근대에도 평양으로 가는 지름길이었다고 합니다. 지금은 DMZ 내에 있고 출입이 통제돼 수풀이 무성합니다. 울창하게 우거진 나무가 터널을 이뤄 꼭 걸어보고 싶은 곳이지요.

'해 마루 촌'에서 시작되는 길을 따라가면 1·21 무장공비가 침투했던 철책 길을 만나볼 수 있습니다. 당시 경비를 섰던 초소 건물도 원형 그대로 잘 보존돼 있고《동의보감》으로 유명한 허준의 묘역도 돌아볼 수 있지요. 그래서인지 이곳은 한의사 국가고시에 합격한 사람들이 찾아드는 필수 코스로도 알려져 있습니다. '승전전망대'에선 눈앞에 펼쳐진 철책은 물론, 북한의 초소와 송악산 일원까지 곳곳을 살펴볼 수 있고, 철책 길 구간을 걷는 체험도 할 수가 있지요. 인근에는 신라의 마지막 임금인 경순왕의 왕릉이 자리 잡고 있어 묘역을 돌아보며 역사의 향기를 느껴보기에도 좋습니다. 임진강변 현무암 절벽 위에 축성한 '호로고루 성지(瓠蘆古壘 城址)'는 아름다운 정경으로 사람의 발길이 끊이지 않는 사적입니다.

이 성은 고구려의 군사적 요충지였지요. 신라의 침략을 막을 겸 남진을 위한 교두보로 삼기 위해 만들었는데, 오늘날에도 삼국시대를 대표하는 성지로 평가받고 있습니다. 고려 때의 왕과 공신 제사를 모신 '숭의전지(崇義殿址)'도 역사의 향기를 느껴볼 수 있는 의미 있는 사적이지요. 아늑한 숲 향기와 곳곳에 살아 숨 쉬는 조상의 발자취를 더듬어 볼 수 있는 유서 깊은 공간입니다.

얼마 전까지만 해도 '해 마루촌'엔 사람보다 고라니나 멧돼지, 철새가 더 많이 찾아드는 마을이었다고 합니다. 그런데 북한의 포격 도발 사건 때 총리가 이곳을 찾아오면서 제법 명성을 얻었지요. 지금은 마을회관에 식당을 마련하고, 적지 않게 사람을 맞으면서 사람 냄새가 나는 마을로 바뀌고 있습니다. 또 '해 마루촌' 주변에 길이 형성돼 지금은 이 길을 이웃 연천마을까지 연결하는 관광코스로도 추진 중입니다. 아름다운 길과 역사 유적이 있고 생태계도 잘 보전돼 있어 관광지로 손색이 없다고 판단한 것입니다.

DMZ는 아직도 6·25 상흔이 남아 있고, 여전히 남북이 대처하는 아픔을 간직한 곳입니다. 그러다 보니 오랜 세월 사람의 발길이 닿지 않았고, 그 덕분에 생태환경이 온전히 보전돼 있습니다. 해마다 잎이 나고, 꽃이 피고, 산짐승이 뛰어놀고, 철새가 끊이지 않고 찾아드는 곳이 DMZ이지요. 말 그대로 생태계의 보고입니다. DMZ는 자유와 평화를 위해 우리가 얼마나 오래 참고 견뎌야 하는지를 잘 말해주고 있는 공간이기도 하지요. 철책 길을 걸으면서 아름다운 자연과 호흡할 수 있는 이곳은 단순히 삶에 찌든 마음을 치유하는 차원을 넘어 안보도 생각하게 되는 곳입니다.

태초에 길은 없었지요. 사람이 다니면서 길이 만들어진 것입니다. 그

옛날 사신이 중국에 가고 오던 길, 근대에도 평양으로 향하던 가장 빠르고 편리했던 길, 이 길이 오랫동안 민간인 출입을 엄격히 통제하는 지역으로 묶였지만, 많은 사람이 군부대의 허가를 받아 이곳을 찾아들고 있습니다. 비로소 길이 열리기 시작한 것이지요. 길이 길을 만듭니다. 역사 유적에서 조상의 발자취를 엿볼 수 있는 곳, 그러면서 잘 보전된 생태환경과 자유 · 평화 · 안보를 다시 생각해 보게 하는 곳, 이곳을 찾는 많은 사람의 발길로 또 다른 길이 만들어지기를 기다려 봅니다.

슬픔 다독인
마지막 잔이 '인생 술잔'

꿈에서 깨어나 무심코 거울을 볼 때가 있습니다. 때때로 낯선 얼굴을 보며 놀라곤 하지요. 어느새 자잘한 주름이 눈꼬리에 달린 걸 보면 덧없는 세월을 새삼 확인하게 되곤 합니다. 지난 형상은 거울 속에 담겨있지 않지만, 추억은 그대로 살아 숨 쉬고 있지요. 나이를 먹으면 회상이 많아진다지만 가끔 의문부호가 담긴 화두를 던져볼 때가 있습니다. 그런 시간은 천금 같습니다. 자신을 돌아보는 시간, 좋은 보약이 되는 순간이지요. 이순을 넘기면서 세상을 보는 눈이 꽤 달라졌습니다. 삶에 대한 집착이나 두려움이 많이 사라졌지요. 스스로 의문부호를 던지고 스스로 답을 찾을 수 있는 내공이 쌓였기 때문일 것입니다. 생각이 깊고 넓어지고, 내려놓을 줄 알게 된 것은 행복한 일입니다.

'인생을 살아가다 보면 곳곳에 숨어 있는 고수들이 많다(人生到處有上手)'라는 말이 있지요. 고수는 말 그대로 출중한 솜씨나 실력을 갖춘 사람을 일컫는데, 그들을 만난다는 건 한수 배워야 한다는 뜻이지요. 정말 세상 곳곳에 숨은 고수가 많다는 걸 절감했습니다. 은퇴 후 이리저리 떠돌다 보니 여러 분야의 사람을 폭넓게 만나게 됐는데, 그들과 교류하다 보면 제가 하수이면서 고수라는 착각 속에 살았다는 생각이 들 때가 적지 않습니다. 완벽한 사람이 어디 있으랴만 고수 근처에는 가봐야겠다는 생각이지요. 물론, 배울 게 없는 사람도 있습니다. 특정 종교의 교리를 공부했다고 어깨에 힘을 주는 사람, 주역 공부 좀 했다고 해서 오만가지 다 아는 체하며 참견하는 사람 따위가 그렇지요. 한마디로 꼴불견입니다. 가진 게 조금 많다고 갑 질을 일삼거나 쥐꼬리만 한 권력으로 '완장 질'하는 사람도 마찬가지입니다. 그런데 나는? 하고 되물으면 저도 별로 나은 게 없었던 놈이라는 걸 절감합니다.

세상에는 꽃같이 사는 사람이 있습니다. 꽃은 활짝 피어있을 땐 아름답고 향기롭지만 오래가지 못합니다. 땅에 떨어지면 보기 흉하고 아무도 거들떠보지 않습니다. 썩으면 악취까지 풍기지요. 갈대같이 사는 사람도 있습니다. 자기의 이익만을 위해 눈치를 보면서 불어오는 바람결에 기대어 흔들리며 사는 사람들입니다. 자신의 확고한 주관이나 삶의 철학이 없다 보니 이리저리 눈치를 보게 되고 비굴해지는 마련입니다. 반면에 산처럼 사는 사람은 비바람이 불고 눈보라가 몰아쳐도 변함없이 한결같은 마음으로 묵묵히 제 자리를 지키면서 삽니다. 나무와 풀이 잘 자라도록 도와주고 동물의 안식처가 되어주듯 그렇게 살지요. 산 같은 사람은 흙처럼 살기도 합니다. 새로운 씨앗을 뿌리고 싹을 틔워서 꽃 피우고 좋은 열매를 맺게 한 다음 그 결실을 나누는 사람이지요.

살다 보면 잘한다고 한 일이 꼬이거나 왜곡돼서 난감해질 때가 있습니다. 사는 게 내 마음대로 되는 게 아니니까요. 인생은 늘 갈등과 반목의 연속이기도 합니다. 살면서 남몰래 울어보지 않은 사람이 어디 있겠는지요. 저도 마찬가지입니다. 그럴 때면 혼자 술을 찾곤 합니다. 이른바 '혼술'인데, 최근 국어사전에도 이 말이 등재됐으니 어지간히 일반화한 모양입니다. 낮에 마시는 혼 술도 있겠지만, 제 생각으로는 아무래도 어둠이 깔린 포장마차가 제격이지 않겠나 싶습니다. 그곳에 들어 못생긴 콧날 어루만지면서 마시는 술잔에는 달빛만 젖어드는 게 아닙니다. 제 눈물이 젖어들지요. 잔을 기울이면 뼈 마디마디에 깊고 그윽한 슬픔이 녹아듭니다. 하지만 취기가 오르면 그 슬픔도 잦아들지요. 그러면 잘할 수 있다고 스스로 다독이면서 남은 잔을 비우게 됩니다. 비로소 '인생 술잔'이 되지요.

많이 가졌다고 행복한 게 아닙니다. 가진 것이 적다고 불행한 것도 아닙니다. 중요한 것은 마음. 세상에서 가장 좋고, 넓고, 크고, 행복한 길은 마음에서 비롯됩니다. 아무리 세상이 변해가도 오롯이 내 마음속의 길을 가면 행복해지는 법. 그 길을 따라 지극정성을 다해 살면 되는 것이지요. 길 위에 길이 없고 내일 일은 알 수 없지만, 오늘도 마음의 길을 따라가렵니다.

광교산 형제봉의 고송

"그 소나무가 신선입니다"

아지랑이가 새록새록 피어오르는 봄날, 새순이 연초록 얼굴로 세상을 기웃거리는 산과 들은 참으로 아름답고 신비롭습니다. 모진 눈보라와 세찬 바람을 이겨낸 끈질긴 생명력의 원천을 느낄 수 있지요. 이러한 연유로 산에 드는 일은 행복하기만 합니다. 산은 어제 본 모습이 오늘 다르고, 내일은 또 다른 모습으로 우리를 깜짝 놀라게 하지요. 새 봄날, 산은 하루하루가 다른 얼굴로 변합니다. 오전이 다르고 오후가 다르다는 것을 실감하게 되지요. 며칠 만에 만나는 산의 모습은 변한 정도가 아니라 다른 산이 아닐까 하는 착각이 들 정도로 변화무쌍하게 바뀌곤 합니다.

산에 들면 마음이 그렇게 편할 수 없지요. 흐드러지게 웃고 있는 산수유나 진달래, 벚꽃, 또는 저마다 다투어 깨어나 기지개를 켜는 잎이나 가지 때문만은 아닙니다. 자지러지게 웃고 있는 새들의 노랫소리나 얼굴 어루만지며 지나가는 바람 때문도 아닙니다. 그런 것들이 드문 민둥산이라도 산은 산에 온 사람을 산이게 합니다. 나무가 되게 하고 돌이 되게 하고, 그들의 친구인 바람과 구름이 되게도 합니다. 저는 산에 드는 순간 세상 밖의 일이 안중에도 없게 되더군요. 저 좁은 세상에서 뭐가 그리 잘났다고 서로 아옹다옹 헐뜯고 다투며 살아가는지 한심하다는 생각마저 들지요. 산에 들면 무엇보다 산다는 것이 얼마나 큰 축복인지 모른다고 생각하게 됩니다. 생명력이 넘치는 산, 산은 세월이 바뀌고 세상이 변해도 늘 그 자리를 지키며 한 결 같이 우리를 반겨주지요.

수원의 광교산 정상에는 '형제봉'이 있습니다. 그곳에서 가부좌를 틀고 앉아 낮게 엎드린 세상을 바라보면 산다는 게 별것 아니라는 생각이 듭니다. 한편으로는 설렁설렁 살 게 아니라 정말 옹골차게 살아야겠다는 다짐도 하게 됩니다. 바위로 이루어진 형제봉엔 잘생긴 소나무 몇 그루가 살고 있는데, 그리 크진 않지만 두세 갈래로 솟은 모습이 그렇게 아름다울 수 없습니다. '어떻게 바위틈에서 온갖 풍파를 이겨내며 이리도 아름다운 모습으로 살아가고 있을까?' 하는 탄성이 저절로 나오지요. 좋은 흙에서 자란 소나무와는 달리 온갖 풍파를 이겨내면서 바위틈을 비집고 나온 형제봉 고송(孤松)은 어려운 환경에서 치열하게 살아낸 만큼 더욱더 아름다운 건지도 모르겠습니다. 간단치 않은 세상살이, 그래서 상대적으로 사는 일이 얼마나 숭고한 일인지 형제봉은 말없이 가르쳐 줍니다. 지난 삶을 관조해보며 더 나은 내일을 꿈꾸는 보약 같은 시간을 만끽할 수 있는데, 이는 산이 전하는 싱그러운 희망의 메시지이기도 합니다.

산에 드는 일은 건강만을 위한 일이 아닙니다. 삶의 더께를 씻어내는 일이 더 중요한 일일 수도 있습니다. 가끔 색안경을 쓰거나 이어폰을 꽂고 산에 드는 사람이 있습니다만, 참으로 우매한 사람들이라는 생각입니다. 색안경을 쓰고 시시각각 변하는 자연의 빛을 제대로 볼 수 있겠는지요. 이어폰을 끼고 새소리, 물소리, 바람 소리 같은 싱그러운 자연의 소리를 제대로 들을 수 있겠는지요. 더러 떼를 지어 장시간 큰 소리로 떠들거나 고래고래 노래를 부르는 무리도 눈에 띄는데 한심해 보입니다. 산을 산답게 보려면 산에 드는 사람의 몸짓과 마음가짐이 정갈해야지요. 산에 드는 일은 경건한 일입니다. 낮은 몸짓이어야지요. 형제봉의 소나무를 보면서 무엇이 잘 사는 일이고, 무엇이 잘 못 사는 일인지를 깨달을 수 있어야 합니다. 광교산은 고려 태조 왕건이 후백제의 견훤과 싸워 이기고 행궁에 머물 때 광채가 하늘로 솟아오르자 '부처님의 가르침을 주는 산'이라고 해 이름을 붙였다지요. 그만큼 신령스러운 산으로도 명성이 높기에 찾아오는 사람의 발길이 넘치는 것 아닌가 합니다. 세상살이가 버겁고 힘겨울 때, 광교산 형제봉에 사는 소나무를 만나보길 권합니다. 그 소나무가 신선입니다.

꽃으로 향기로 날아가고 싶어라

애벌갈이를 한다는 춘분을 넘긴 봄날이 더없이 싱그럽기만 합니다. 겨우내 얼어붙었던 산과 들이 봄 바람결에 옷고름을 풀고 함박웃음을 날립니다. 동토(凍土)를 지켜온 생명체가 저마다 봄을 기다렸기 때문이지요. 아른아른 피어오르는 아지랑이의 행렬이 영롱하기만 합니다. 밖을 나서면 보이는 모든 것이 새로운 모습으로 안겨듭니다. 두근거리는 가슴으로 걸음을 옮기게 됩니다. 이렇듯 봄은 꿈과 희망이 가득한 연초록빛 상큼한 얼굴로 다가옵니다.

팔달산과 화성 자락도 하루가 다르게 새로운 얼굴을 보여주고 있지요. 풋풋하게 변하는 모습을 보면 살아가는 맛과 향기가 새록새록 온몸으로 느껴집니다. 벌써 매화나 산수유가 흐드러지게 피었습니다. 목련과 진달래도 수줍은 꽃망울을 터트리며 웃음을 날리고 있지요. 벚꽃이 필 때면 봄은 온통 꽃으로 단장하고 빼어난 맵시를 뽐냅니다. 경기도청 자리는 명당이지요. 수원의 심장이자 허파인 팔달산 자락이 병풍처럼 둘러싸여 있고 정조의 효심이 서려 있는 곳이기도 합니다. 이곳에선 해마다 벚꽃축제가 열립니다. 관선 시절 도청은 도민이 찾기에는 어렵고 권위적이라는 일반적 관념이 있었습니다. 그때 도청을 개방하고 벚꽃축제를 시작한 것은 신선한 발상이었다는 생각입니다. 해마다 봄이 되면 수원은 물론, 인근

도민이 즐겨 찾는 봄나들이 공간으로 자리매김했지요. 무엇보다 수백여 그루의 벚나무가 저마다 다른 얼굴과 고혹한 자태를 뽐내기 때문에 방문객이 많았으리라 생각합니다. 도지사 집무실과 '굿모닝 하우스'로 새롭게 탈바꿈한 옛 도지사 공관도 볼 만합니다. 벚꽃 원산지를 두고 일본이라는 있고 우리나라라는 이도 있지만, 그냥 '벚꽃은 한국, 사쿠라는 일본'이면 어떨까 싶습니다.

봄빛이 완연한 팔달산 자락 잔디광장에 누워 물끄러미 하늘을 바라보며 삶을 저울질해 보는 일이 참으로 행복했습니다. 마음을 가다듬고 화성 성곽을 따라 걸음을 옮기면 산다는 게 얼마나 감사한 일인지를 깨닫게 됩니다. 도청뿐만이 아니지요. 용인 호암미술관으로 가는 '가실 벚꽃 길'에서도 해마다 벚꽃축제가 열립니다. 용인시와 3군 사령부, 에버랜드가 협업해 여는 잔치입니다. 이 일대 수천그루의 벚나무가 꽃을 피우면 둘레의 산자락 경관과 어우러져 그야말로 장관을 이룹니다. 가실벚꽃길이 용인 팔경의 하나인 이유입니다.

봄은 속절없이 나들이를 나서고 싶어지는 계절이지요. 겨우내 얼어붙었던 대지가 다시 숨을 몰아쉬며 아지랑일 떠올리고, 산야에서는 잎이 나고 꽃이 피니 어찌 밖으로 나가고 싶지 않겠는지요. 속살처럼 물이 다시 흐르고, 싱그러운 바람결에 온 누리가 풀꽃향기로 가득 차는 봄 구경 중의 제일은 단연 벚꽃 구경이지요. 바람에 흩날리는 꽃비를 맞으면 세상 부러운 것 없는 황홀경으로 빠져들게 됩니다. 봄날에는 에버랜드 주변이나 한국 민속촌, 일산 호수공원, 남한산성, 팔당 호반, 과천 국립현대미술관 등의 주변에서 벚꽃을 만나볼 수 있습니다.

벚꽃은 낮보다 밤에 만나면 더욱더 몽환적이지요. 은은한 빛을 받은 벚꽃은 보는 각도에 따라 다른데, 그 고혹한 자태가 가슴을 설레게 합니다.

순결, 절세의 미인이라는 꽃말이 있지만, 그 순결과 절세는 낮보다는 밤에 더 가까워집니다. 한편으로는 고운 햇살에 들떴던 마음이 밤 벚꽃을 만나면 차분해지고 넉넉해지기도 합니다. 홀로 나서는 것보다 연인이나 가족이 함께하면 여기에 따뜻함도 더해지겠지요. 벚꽃이 만개한 날에 꽃비를 맞으면서 나도 꽃이 되고, 나도 향기가 되어 바람에 실리는 일은 얼마나 아름답고 멋집니까. 벚꽃 피는 봄날에 걸맞게 사람의 향기가 가득했으면 좋겠습니다.

연천 임진강변이 한반도 길의 시작

세상에 길은 많습니다. 길은 언제 시작됐을까요? 인류 역사를 만든 구석기시대 사람들이 다니던 곳이 길의 시작이라 합니다. 우리나라에서는 중생대를 길의 시작점으로 삼습니다. 공룡이 살던 구석기 시절, 한반도의 서부 연천에 살던 사람들로부터 길이 생겼다고 합니다. 이후 지형과 환경의 변화로 구석기인들이 만든 길은 사라지고, 오랜 세월이 흐른 뒤에 새로운 사람들이 삶의 터전으로 삼으면서 다시 길을 만들었다지요. 한반도 모든 길의 원천인 연천, 연천에서 시작된 길이 실핏줄처럼 동서남북으로 연결된 것이지요. 그 자취가 지금도 살아 숨 쉬고 있는데, 바로 '연강 나룻 길'이 그곳입니다. 연강은 연천을 흐르던 임진강을 예전에 부르던 이름이지요.

군남 댐 '두루미공원'에서 삼곶리 돌무덤을 지나 '태풍전망대'에 이르는 길이 연강나룻길입니다. 16km에 이릅니다. 이 길 주변은 아주 오랜 세월 사람의 발길이 닿지 않아 태초의 신비를 간직한 천혜의 경관을 자랑하지요. 낮게 엎드린 산자락과 울창한 숲이 유유히 흐르는 연강과 어울려 한 폭의 산수화를 연상케 압니다. 이러한 절경은 조선시대 대화가인 겸재 정선이 그린 〈연강임술첩(漣江壬戌帖)〉에 고스란히 남아 있습니다. 정선도 아마 연강 주변 산자락과 너른 들판, 시나브로 피어나는 꽃과 새싹이 신비로웠을 것입니다. 이곳에는 요즘 보기 어려운 두루미를 비롯해 산양,

멧돼지, 고라니 등이 실제로 많이 서식합니다. 희귀한 꽃나무와 들풀도 수두룩하지요.

하구로 내려올수록 강은 폭이 넓어져 흐름이 느려지게 마련입니다. 연천을 흐르는 강은 폭이 좁아 유속이 빠른데 한탄강을 만나 물이 많아지면서 속도가 느려지지요. 연천이나 연강의 연(漣) 자는 '물결이 일다'라는 뜻인데, 땅속으로 스며든 강물이 곳곳에서 작은 물길로 솟아오르는 곳이라 해서 이러한 이름을 붙이게 된 것이지요. 유려한 강을 따라 이어진 비옥한 땅이 구석기 사람들에게 더없이 좋은 삶의 터전이었을 겁니다. 완만한 산자락, 적당한 경사의 언덕이 주거지를 마련하고 곡식을 기르기 알맞은 환경이었을 테고, 그래서 자연스럽게 길도 형성됐을 겁니다. 연천에서 구석기 유물이 상당량 출토되는데, 이곳에서 해마다 구석기 축제를 여는 건 이런 바탕이 있기 때문입니다.

선사시대 사람들의 발자취가 남아 있는 작은 언덕이나 평야는, 지금은 대부분 율무 밭으로 바뀌었습니다. 우리나라 율무 생산량의 60% 이상이 연천에서 생산될 정도이지요. 봄이 되면 끝없이 펼쳐진 초록빛 율무 밭에서 특유의 냄새가 온 누리에 가득해집니다. 율무가 하얗게 꽃을 피우는 삼복더위를 지나 가을이 되면 수확하는 이들이 행렬을 이루는데 울긋불긋 색동옷으로 갈아입는 산자락과 어우러져 한 폭의 아름다운 그림이 됩니다. 특히, 율무를 수확할 때면 연강변의 기암절벽이 그야말로 환상적이지요. 일찌감치 찾아드는 노을이 나룻배를 띄우고 고기를 잡는 어부의 콧노래가 미처 닿기도 전에 붉어져서 시공(時空)을 잊게 합니다. 이러니 여유와 풍류를 사랑하던 옛날 선비들이 연강을 즐겨 찾았겠지요. 50만 년 전, 인간이 처음 길을 낸 그 길을 복원한 것은 기적 같은 일입니다. 더욱이 6·25 한국 전쟁 이후 60년 이상 사람의 발길이 닿을 수 없던 길, 그래서 천혜의 보고일 수 있었던 이 지역을 '연강 나룻 길' 조성과 함께 다시 볼 수 있게 한 것은 이 시대를 사는 사람들에게 축복입니다. 비록 태풍전망대에서 길을 더는 잇지는 못했지만, 더 가까이에서 북한을 바라보며 통일의 꿈을 키우는 것은 연강나룻길이 주는 또 다른 의미입니다. 세상에 길은 많지만, 연강나룻 길은 한반도에 사람이 살기 시작한 첫 보금자리이자 우리나라 모든 길의 출발점이라는 점에서 특별한 가치가 있다는 생각입니다. 뿌리를 찾는 일은 중요하지요. 하늘빛 고운 날 '연강 나룻 길'을 만나면 아득한 옛날 우리나라에 첫 둥지를 틀었던 조상의 발자취를 더듬으며 삶의 향기를 새록새록 피울 수 있을 것입니다.

아무리 추워도 얼음 아래 물 흐른다.

임진강을 걸었습니다. 명절 연휴였지만, 구제역 방역 상황근무 때문에 파주를 떠날 수가 없었지요. 겨울이 유난히 추워 얼음 두께가 40㎝ 정도나 된다고 해서 설 다음 날 임진강을 걸어보기로 했습니다. 아침 일찍 아홉 명의 용사(?)들이 임진강을 도보로 건너기 시작했는데, 아무도 밟지 않은 눈길을 걷는 기분이 더없이 상쾌했습니다. 밖에서만 바라보던 기암괴석의 절벽을 강 한가운데서 보니 또 다른 운치가 있었습니다. 잘 왔다는 생각이 들었지요.

외로움에 지쳤을까, 몸서리치며 울어대던 강바람도 우리가 들어서자 일순 조용해졌습니다. 사람이 그리워 저린 가슴을 부둥켜안고 남모르게 가슴앓이를 했을 임진강도 안색이 환해진 듯했습니다. 봄부터 초겨울까지는 강을 오르내리는 어부들이 있어 덜했겠으나 그들의 노랫소리마저 끊긴 겨울이니 더욱더 적적했을 테지요. 가끔 이름 모를 새들이 날아들어 여울목에서 잠시 목을 축이기는 했겠지만, 말 그대로 잠깐 머물다가 이내 돌아가는 것은 차라리 안 오니만 못 했겠지요. 하지만 조용하기만 한 강, 겨울 임진강이 이렇게 의젓하고 품위가 있는지 미처 몰랐습니다. 얼핏 보면 온통 눈밭 같지만, 유리알 같은 얼음장 아래에서는 물이 용트림하며 흐르고 있었지요. 신기했습니다. 특히, 물길이 휘어져 돌아 흐르는 여울목에서는 얼음이 채 얼지 않아 더욱더 맑아 보이더군요. 사람들이 속절없이 길을 나서고 싶을 때가 있다고 흔히 말하는데, 오랜 방역상황근무로 심신이 지칠 대로 지쳐 있던 우리 아홉 사람이 한겨울에 강을 찾아 나선 이유도 그래서였기 때문이지요.

'어라! 이게 뭐지?' 상황을 점검하는 회의에 참석하려고 차에 오르는 순간, 갑자기 세상이 핑 도는 듯 어지러웠습니다. 간신히 몸을 추슬러 걷는 중에도 콘크리트 바닥이 마치 스펀지를 밟는 것처럼 쑥쑥 들어가는 것 같았습니다. '아, 이러다가 쓰러지는 거구나' 하는 생각이 불현듯 스쳤습니다. 겨우 회의를 마치고 보건소장에게 영양주사 한 대를 맞을 수 있도록 준비해달라고 조심스레 부탁했습니다. 현장 자원봉사로 다친 직원이 많은데 부시장이 별것 아닌 거로 엄살떤다고 할까 봐 무척 경계하면서 말이지요.

사실, 업무 자체가 시간을 다투는 일이 많은데다가 사람이 오면 현장을 안내하는 일, 방역초소를 찾아 고생하는 근무자를 격려하는 일도 해야 하니 지칠 만도 했습니다. 그때는 정말 하루하루가 어떻게 지나는지 모를 지경이었으니까요. 당시 저는 부시장 실을 아예 닫아 버리고 농업기술센터에 임시 사무실을 마련해 상주하며 상황을 지휘했습니다.

구제역 현장은 정말 비장했지요. 공무원과 자원봉사자가 다치는 일이 벌어지고, 살(殺)처분에 참여했던 이들 중에는 역겨움 때문에 밥을 못 먹는 이, 악몽에 시달리는 이도 있었습니다. 현장에 함께 있던 어느 면장이 눈물이 난다는 글을 올렸는데, 많은 사람이 그와 같았을 겁니다. 현장을 조사하고 관리하고 수습하는 우리도 우리지만, 공들여 기른 가축을 없애야 하는 농민의 심정은 말로 표현할 수 없는 거의 초주검상태였지요. 실신해 병원으로 실려 가는 이, 가축과 함께 자기도 묻어 달라며 구덩이로 뛰어들어 울부짖는 이…. 상황이 이러한데 방역의 총책임을 맡은 제가 멀쩡하면 그게 이상한 일이지요.

임진강을 걸으면서 많은 생각이 들었습니다. 말로는 내려놓는다면서 내려놓지 못하는 것들이 얼마나 많았던가. 끊임없이 내려놓고 더 낮춰야겠다고 다짐했습니다.

비바람이 불고 눈보라가 몰아치고, 꽃이 피고 지고, 새와 물고기가 오고 가도 변함없이 제 갈 길을 흐르고 또 흐르는 강. 강은 사계절 다른 모습을 보이지만 한 결 같이 넉넉한 마음으로 흐르지요. 임진강을 흐르는 물이 한강과 만나서 바다로 흘러가듯 저 역시 그렇게 흘러 다른 흐름과 만나 큰 바다를 이루고 싶습니다. 설 연휴에 고향에 가지는 못했지만, 임진강 걷기가 제게는 또 다른 삶의 활력소가 되었습니다. 추운 겨울이 준 특혜, 임진강 한가운데를 가로질러 걸었던 그 기억은 힘들 때마다 스스로 곧추세우는 힘이 되었지요.

민심은 천심,
대다수 국민 뜻 따르라

"올려다보니 이리 다르구나! 하늘이 너무 좋다."
"저는 고개를 숙이고 살아야 합니다. 위를 함부로 봤다간 따귀를 맞습지요."
"저 하늘의 별 중에 내 별은 어디 있을까?"
"가장 빛나는 별, 북극성이 전하의 별입니다."
"너의 별은 어디 있느냐?"
"없습니다. 천출은 죽어서도 별이 될 수 없는데, 저 같은 미천한 것이 별은 무슨 별입니까?"
"신분이 무슨 상관이냐, 이렇게 같은 하늘을 보면서 같은 꿈을 꾸는 것이 중요한 것이지. 늘 내 곁에 있으라."

세종은 북극성 옆에 별 하나를 그려 장영실에게 줍니다. 세종과 장영실의 삶을 그린 영화《천문, 하늘에 묻는다.》에서는 둘을 군주와 신하, 왕과 백성의 관계라기보다는 인간으로서 서로 존중하는 관계로 그립니다.

세종은 즉위 후의 초기부터 토지 분배와 공평한 세금 징수라는 개혁과 맞닥뜨렸습니다. 그런데 목적 달성을 위해서는 농업 생산성 향상이 중요했고, 그러기 위해서는 농업 발전을 위한 과학기기 개발이 필요했지요.

장영실은 알다시피 뛰어난 과학자로 역사에 이름을 남긴 인물입니다. 그 바탕에는 세종이 있었지요. 관노(官奴)였던 장영실은 어릴 때부터 병장기를 잘 고치는 등 천재성을 발휘해 궁중에서 일하게 됐고, 세종을 만나게 되지요.

장영실의 재능을 알아본 세종은 그에게 관직을 내립니다. 이 과정에서 반대 의견도 있었지요. 사실, 세종은 다른 대신을 통해 임명 찬성을 유도했는데, 영화에서는 "도대체 그대들이 꿈꾸는 정치란 게 뭐요? 그저 백성들 위에 군림하면서 권세나 누리려는 거 아니요?"라고 꾸짖는 모습으로 묘사됩니다. 세종은 장영실이 뇌물 수수 혐의로 태형을 받는 사건이 있었지만 계속 그를 아낍니다. 각종 기기 제작에 전념토록 지원하고, 성과를 내면 이를 이유로 승진시키기도 하지요. 장영실 역시 세종의 배려로 직무에 매진하는 것은 물론, 사신을 따라 명나라를 오가며 우수 과학기술을 도입해 과학 발전에 크게 이바지합니다.

지도자가 갖춰야 할 덕목을 말하는 다른 영화로
《광해, 왕이 된 남자》도 있지요.
"대체 이 나라가 누구의 나라요? 나는 명나라에 조공을 얼마나
바치느냐 하는 것보다 우리 백성 목숨이 열 곱절 백 곱절 소중하오."

정조를 주인공으로 한 영화나 드라마는 꽤 많은데, 정조는 아버지 사도세자를 모신 화성으로 행차할 때 특별히 접근을 차단하지 않았습니다. 백성의 목소리를 듣기 위해서였지요. 바로 격쟁(擊錚), 상언(上言)입니다. 격쟁은 시끄럽게 징을 울려 왕의 이목을 끈 다음 억울함을 호소하는 것이고, 상언은 왕 앞에 나아가 글을 올려 호소(글을 알아야 하므로 주로 양반층 이용)하는 것이지요.

"백성이 아니면 누구와 나라를 다스리는가. 훌륭한 군주는 백성을

하늘로 삼는다고 하듯 임금은 하늘의 명(天命)이 영원하길 빌어야 한다. 임금은 솔선수범을 중요한 덕목으로 여기고 그 덕을 백성에게 오롯이 전해야 한다. 임금이 백성을 자식처럼 사랑해야 백성도 임금을 우러러 따르게 된다."

우리 시대에 이런 지도자가 있을까요? 불행히도 잘 보이지 않습니다. 반만년 역사를 통틀어 가장 잘살고 있다지만, 자신을 반성하기보다는 남의 잘못을 들추는 데에 혈안이 돼 있는 듯합니다. 민심이 천심 하늘이 뜻이 무엇인지 살피는 지도자가 나타났으면 좋겠습니다.

퇴직 후까지 이어진 동호회 인연

"혼자 빨리 가기보다 함께 멀리 갑시다."

경기도청에서 일할 때 축구동호회와 인문학 동아리 '다산사랑' 회원으로 참여했습니다. 시골에서 자랄 때는 마땅히 즐길 거리가 없어 공차는 게 유일한 낙이었지요. 집에서 도청 운동장까지 걸어서 20분이면 충분하다는 것도 축구동호회에 가입하는 계기가 되었습니다. 말단 직원일 때는 워낙 바빠서 엄두를 못 내다가 과장이 되고 나니 조금 여유가 생겨 매주 토요일 아침 7시부터 회원들과 함께 공 차는 시간을 가졌지요. 산에는 자주 다녔지만, 축구는 해본 지 오래돼 처음에는 헤맸지만, 차츰 나아지기 시작했습니다. 3년 정도 지났을 때는 '전국 시 · 도 공무원 체육대회'에 출전하기도 했지요.

행정자치부가 주관하는 공무원 체육대회는 축구, 탁구, 테니스 등이 있었습니다. 축구의 경우에는 직급별로 선수가 정해졌는데, 서기관 급이나 도의회 상임위원장급 1명 이상 출전하는 게 대회 규정이었지요. 당시 도의회가 열리던 회기 중이라 관광과장이었던 제가 얼떨결에 단장 겸 선수로 참여했던 겁니다. 환경노동위원회 위원장과 전 · 후반 나누어 출전했는데, 그 짧은 시간도 입에서 단내가 나고 땀이 비 오듯 쏟아졌지요. 후배들에게 실망을 줄 수 없다는 생각에 이를 악물고 뛰었는데 운 좋게도 우승컵을 안았습니다. 수원에 도착해 축배를 들며 땀 흘린 보람을 실감했지요. 이후 용인에서 일할 때는 경기도지사 배 공무원 축구대회가 열렸는데, 8년 전 기억이 떠올라 시청 축구동호회 모임에 나가기 시작했습니다. 함께 공을 차고 난 후 두부김치에 막걸리를 곁들이면서 우승 한번 해보자는 의지를 다졌지요. 이때는 출전 대신 응원단장을 맡았고, 우리 팀은 결승에 올랐습니다.

"야! 이놈들아, 정신 차리고 집중해!"

결승전 후반이 끝나갈 무렵, 선수 중에 나이가 제일 많은 최희학 과장이 지친 선수들을 향해 소리쳤지요. 그러고는 보란 듯이 그 자신이 빨랫줄 같은 멋진 슛으로 결승 골을 넣었습니다. 그가 울먹여 저도 울컥했습니다.

도청에서도 그랬고, 용인시를 비롯해 과천시, 파주시에서 일할 때도 직원들과 어울려 공을 찼지요. 한편으로는 산악회원과 함께 전국의 산을 찾기도 했습니다. 이렇게 사무실 바깥에서 격의 없이 이야기를 나누다 보면 미처 몰랐던 일도 자연스럽게 알게 됩니다. 평소에는 듣기 어려웠던 고충은 행정을 펼치고 조직을 운영해나가는 데 큰 도움이 되었지요.

각종 재해가 발생해서 봉사활동을 나갈 때, 어려운 이웃을 돕거나 사회복지시설을 찾아갈 때는 이들이 앞장섰습니다. 평소에 함께했기 때문인지 서로 다투어 나서곤 했지요. 이것이 조직의 힘이 되고 개인의 정서에도 좋은 기운을 주는 원동력이 되었습니다. 이 무렵 공무원이 많이 달라지고 좋아졌다는 호평이 쏟아지기 시작했는데, 동호회 활동이 밑바탕이었다 싶습니다. 창의적인 시책이 많이 나오고 행정 수준도 높아져 상도 꽤 많이 받았지요. 정기 감사에서는 지적사항이 크게 줄어들어 우리 스스로 놀랐던 기억이 납니다. 이 모두 한마음으로 함께한 덕분이지요.

퇴직 후에도 이런 인연을 맺고 있는데, 모셨던 지사가 절 더러 이미 퇴직했는데 왜 도청 일에 관심이 많으냐고 물었습니다. 30년 넘게 일한 사람이니 도청 직원의 잘한 점은 칭찬해주고 잘하지 못한 건 꾸짖어 바로잡아주고 싶어서라고 대답했지요.

공직사회에 대한 애정은 지금도 변함이 없지만, 조직에 폐를 끼칠 생각은 추호도 없습니다. 그저 한결같은 마음으로 도민을 위해 함께 슬기와 지혜를 더하는 것도 좋지 않을까 하는 생각이지요. 혼자 가면 더 빨리 갈 수 있겠지만, 함께하면 더 멀리 갈 수 있으니까요.

'혼 술'은 포장마차가 제격

1970년대, 고향 면서기로 일한 적이 있습니다. 가끔 회식했는데 두부를 곁들인 돼지고기 김치찌개가 최고의 안주였지요. 어느 날 저녁, 의외로 닭볶음탕이 술안주로 나왔습니다. 여느 술자리에서는 보기 어려운 특식이었으니 눈이 번쩍 뜨였지요. 그런데 회식이 무르익을 즈음 좌장 격인 계장이 갑자기 닭똥집을 누가 먹었느냐고 소리쳤습니다. 일순간 분위기가 싸늘해졌지요. 제가 먹었다고 말하니 그 계장은 물어보고 먹어야지, 그걸 날름 먹어버리면 어떡하느냐며 언짢아했지요. '그걸 물어보고 먹어야 하는 건지….' 나중에야 계장이 가장 좋아하는 안주라는 걸 알고 아차 싶었습니다.

이후 닭볶음탕을 먹을 때 닭똥집은 입에 대지 않았지만, 아무리 계급사회라도 심하다는 생각을 지울 수는 없었지요. 그러다가 입대했고, 전역 후에는 군청에서 병사업무를 맡았습니다. 입대를 앞둔 장정들의 신체검사와 입영 관련 업무인지라 병무청이 있는 수원에 자주 가야 했는데, 당시만 해도 교통편이 좋지 않아 당일 되돌아오기가 쉽지 않았지요.

첫 출장이었을 때의 일입니다. 수원역 인근에 숙소를 정하고 저녁에 소주 한잔하러 포장마차에 들어갔다가 깜짝 놀랐지요. 닭똥집이 수북하게 쌓여 있었습니다. 알고 보니 내가 들어간 그곳뿐 아니라 수원역 부근의 포장마차에는 닭똥집이 지천이었지요. 소주 안주로 제격인 데다가 생각보다 비싸지도 않고 입대 전의'닭똥집 사건'도 떠올라 배 터지도록 먹었습니다. 그날 이후 병무청 출장을 손꼽아 기다렸고, 물론 그때마다 포장마차를 제 집 드나들 듯했지요.

살다 보면 홀로 있고 싶을 때가 있습니다. 그럴 때면 조용히 책을 읽거나 무작정 길을 걷곤 하지요. 그러나 저녁 무렵, 특히 어둠이 내리는 시간엔 포장마차에 들어 술잔을 기울이는 게 홀로 지낼 수 있는 최고의 순간입니다. 낭만이 깃들어 있는 포장마차를 찾는 건 당연한 일인지도 모릅니다.

혼자 마시는 술을 '혼 술'이라고 줄여 말하는데, 포장마차가 제격입니다. 북적거리다 식당에서 혼자 술 마시는 건 처량해 보일 수도 있고, 주인도 반가워하지 않을 것이기 때문이지요. 아무래도 포장마차는 일반 음식점처럼 환경이나 먹을거리가 정갈한 편은 아닙니다. 하지만 그걸 뛰어넘는 색다른 매력이 있지요. 어둠이 짙어질수록 깊이 스며드는 달빛을 등에 지고, 더러는 추적추적 내리는 빗소리를 들으며 술잔을 기울이는 운치는 세상 최고입니다. 특히, 한겨울 눈 내리는 날, 어둠이 젖어드는 포장마차는 구름 위 천상에 있는 듯 느껴지지요.

일상의 고락을 술잔에 담아 뜨거운 눈물 한 방울 섞어 마시는 시간, 혼술의 멋을 아는 이라면 인생의 맛을 아는 사람이지요. 어둠이 스며들 무렵, 상대적으로 백열등이 밝아지면 붉어진 얼굴 위로 달빛이 함께 젖어듭니다. 비우고 비워도 비워지지 않는 것 같아 끝없이 이어지는 술잔 위로 허허한 삶의 굴레가 돌고 또 돌아가지요. 별빛도 졸음을 쏟아내면 뼛속 깊이 박혔던 상처가 하얗게 아물기도 합니다.

비틀거리는 그림자가 골목길을 돌아 집으로 향하는 길, 포장마차에서 달게 마신 술이 가끔 쓰게 느껴져도 그것마저 내 것이 되고. 다시 살맛나는 살가운 세상이 되곤 합니다.

'K-반도체 벨트' 조성, 더 적극적으로!

'반도체 산업은 시급을 다투는 것이라서 시기를 놓치면 안 된다. 하이닉스 문제를 해결하지 못하면 팔당호에 빠져 죽을 각오를 하고 일을 추진하라.'

12년 전, 경기도 수질본부장으로 일할 때 김문수 지사 (재직 2006.7~2014.6) 의 엄중한 지시였습니다. 당시 '하이닉스반도체'는 세계적인 반도체 기업으로 도약하기 위해 50나노 이하의 고집적도 반도체를 생산하기 위해 공장 증설을 추진했는데 걸림돌이 생겼지요. 생산 공정을 알루미늄에서 구리로 바꿔야 하는데 팔당상수원 특별구역에서는 구리를 배출하는 시설의 입지를 규제하고 있었기 때문이었지요. 구리 공정으로 허용돼 4개 라인의 생산설비를 증설하면 1만 개가 넘는 일자리가 생기는 일이니 그야말로 천금 같은 일이었지만, 반대에 부딪혔습니다. 팔당호를 관리하는 환경부는 '구리가 인체에 해는 없지만, 반도체 생산과정에서 다른 화합물이 섞이면 영향이 있을 수도 있으므로 미리 방비해야 한다'는 주장을 고수했지요. 수도권 시민의 젖줄인 팔당의 물을 관리하는 문제를 소홀히 할 수 없는 환경부의 견해가 잘못이 아니기에 더 난감했습니다. 하지만 물러설 수는 없는 일. 충분한 대응 논리를 갖추기 위해 조사한 결과, 구리가 인체에 해가 없을 뿐 아니라 오히려 사람을 포함한 포유동물에게 필수 불가결한 영양소라는 사실을 증명하는 자료가 충분했습니다. 또, '수질 환경기준'이나 '먹는 물 수질 기준'에 구리에 대한 규제도 없었습니다. 외국 역시 원천적으로 구리공정 입지를 규제하는 나라는 없었습니다. 전문가들도 환경부의 의견은 지나친 논리 비약이라며 정부가 도입한 '생태 독성 관리'로 가능하다고 피력했습니다. 자신감을 얻은 저는 거의 매일 과천의 환경부를 들락거렸지요. 윤승준 물 환경정책국장을 비롯해 실무자 여러 사람을 자주 대하다 보니 저 스스로 환경부 직원이 된 것 같은 착각이 들 정도였습니다.

"지사님! 제발 홍 본부장 그만 보내세요. 날마다 찾아와서 정말 귀찮고 힘이 듭니다."

김문수 지사와 이만의 환경부 장관이 만난 자리에 배석했던 윤승준 국장이 웃으며 하는 말이었습니다. 같이 있던 제가 대꾸했지요.

"팔당 지역에서 사육되는 86만 마리의 돼지에서 하루 155kg 구리가 배출된다고 합니다. 하이닉스 공장이 증설돼도 하루 구리 배출량은 3kg 미만입니다. 문제가 될 게 없습니다. 공장 증설을 허가하면 오라고 해도 안 갈 겁니다."

구체적인 수치까지 거론하자 윤 국장은 놀라는 눈치였고, 이어진 김 지사의 주장을 들은 이 장관이 고개를 끄덕였지요. 이 일이 있고 얼마 후, 하이닉스의 구리 공정 문제는 전격적으로 해결됐습니다. 환경부가 전향적으로 검토하겠다는 전제 아래 심사숙고한 후, 미래를 내다보고 현명하게 판단한 것이었지요.

이후 하이닉스반도체는 'SK하이닉스'로 변경(2012년 3월)된 후 성장을 거듭해 오늘날에는 세계적인 반도체 기업이 됐지요. 최근 용인에 448만㎡(135만 평) 규모의 2만 5000개 일자리가 생기는 반도체 클러스터를 추진하고 있는데, 때마침 정부는 'K-반도체 전략 보고대회'를 열고 2030년까지 경기도를 중심으로 한 세계 최대 · 최첨단 공급 망을 갖추는 'K-반도체 벨트'를 지원하겠다고 밝혔습니다. 반도체 제조부터 소재 · 부품과 첨단장비 등을 아우르는 반도체 제조시설에 SK하이닉스는 물론, 삼성전자 등 국내 굴지의 대기업이 10년간 510조 원을 투자할 계획이지요. 정부는 민간투자를 뒷받침하기 위해 세액공제 확대, 금융과 인프라 지원에 중점을 둔다고 합니다.

K-반도체 벨트는 판교~기흥~화성~평택~온양으로 이어지는 서쪽과 이천~청주의 동쪽이 용인에서 연결돼 'K자' 모양을 그리기 때문에 붙인 이름입니다. SK하이닉스는 지난 2021년 3월 용인시로부터 산업단지 승인을 받았지만, 넘어야 할 산이 많다고 합니다. 주민의 지장물 조사 거부 등으로 토지 보상이 늦어지는 게 큰 걸림돌이고, 이 때문에 빨라도 올 10월 이후에나 사업이 시작되리라는 전망입니다. 용인시는 SK하이닉스 반도체 클러스터 조성 지원을 위해 국장급을 단장으로 하는 전담기구를 만들어 동분서주하고 있지만, 힘에 부치는 형국이지요. 그래서 2024년부터 용인 클러스터에서 반도체를 생산하는 게 쉽지 않다는 분석이 나오기도 합니다. 우리나라 반도체 산업의 미래를 담보하는 차원에서라도 용인 클러스터가 정상적으로 추진될 수 있도록 더 늦기 전에 정부가 좀 더 적극적으로 나서면 좋겠습니다.

고맙다 말하기에
이리 인색해서야…

"하 상무님! 공장 증설 허가가 났으니 찾아가세요."
"보름도 안 됐는데 벌써요?"

제가 파주시 부시장으로 일할 때, 'LG필립스'에서 'P9라인' 확대와 관련, 축구장 6개 크기의 공장 증설을 허가해 달라는 신청서류가 들어왔습니다. 곧바로 관련 팀장, 과장들이 참여하는 T/F팀을 구성하고 매일 회의를 열었지요. 최대한 민원처리 기한을 줄이기 위해서였습니다.

특정 기업에 대한 특혜라고도 할 수 있겠지만, 규모가 큰 복합 민원은 그리 처리해 왔기 때문에 형평성에 문제가 될 건 없었지요. 아무튼 13일 만에 공장 증설과 관련한 허가를 처리해 최소 한 달 이상 앞당겼다는 평가를 받았습니다.

"손 지사님! 기쁘시겠습니다. 떼를 그렇게 쓰시더니 이제
만족하십니까?"

2006년 4월, 대통령으로서는 이례적으로 '파주LCD공장' 준공식에 참석한 노무현 대통령이 축사 도중 손학규 지사(재직 2002.7~2006.6)에게

축하 인사를 건네며 한 말입니다. LCD 공장 설립을 두고 손 지사가 이해찬 총리와 격론을 벌이다 회의장을 박차고 나갔던 걸 떠올린 것이지요.

손 지사는 자리에서 일어나 기꺼이 준공식에 참석한 대통령에게 정중히 감사의 뜻을 표했습니다. 노 대통령은 창조와 도전을 통해 한국 LCD 산업 위상과 입지를 한층 다지게 한 LG에 경의를 표했고, 구본무 LG그룹 회장은 목례로 화답했지요. 이후 파주LCD는 많은 일자리 창출과 세수 증대 등 지역경제의 든든한 버팀목이 됐습니다.

파주LCD공장에는 공무원의 땀도 많이 배어 있지요. 문화재 발굴을 위해 한겨울에 대형 천막을 치고 온풍기를 돌려가며 작업에 임했는데, 애초의 약속을 지켜 대단한 화제가 되었지요. 문화재 발굴 작업 때문에 착공이 지연되는 경우가 적지 않기도 했고, 날씨가 추워 발굴 작업 자체가 어려운 만큼 계획대로 되리라고는 생각지 않았던 것이지요.

4년 뒤의 증설 때에는 앞서 밝힌 것처럼 신속한 일 처리를 통해 LG에는 뜻밖의 선물인 공사 허가를 안겼지요. 이를 계기로 파주시청과 LG 사이에는 신뢰와 협력심이 쌓였습니다.

파주시 공무원이 매월 정기적으로 참여하는 어려운 이웃돕기에 LG 노조가 동참한 것이 그 예입니다. 또, 노조에서는 시청의 여성 공무원과 LG의 남성 직원 합동 미팅도 열었지요. 구본무 회장은 금촌 재래시장에 '희망금고'를 설치, 운영해주기도 했습니다.

2021년 5월 21일 한미 정상회담 뒤의 공동 기자회견에서 조 바이든 미국 대통령은 삼성, 현대, SK, LG 임원을 호명하며 일어서 줄 것을 요청했습니다. 그러고는 청중에게 박수를 유도하며 "감사, 감사, 감사하다. 함께 대단한 일을 하자."라고 했지요. 이들 기업이 미국에 394억 달러(약 44조 원) 규모의 대규모 투자를 약속한 데 대한 고마움의 표시였습니다. 그는 "한국에는 엄청난 기술을 보유한 기업들이 있다. 한국 기업의 투자로 좋은 일자리가 많이 창출될 것"이라고도 했지요.

한미 대통령의 공동 기자회견장에서 정작 우리나라에서는 받아보지 못한 박수를 미국에서 받은 것인데, 우리 기업인은 감회가 남달랐을 것입니다. 고 이건희 회장의 유가족이 1조 원을 기부하고, 2만 3000여 점의 미술품을 기증키로 했지요. 이런 칭찬에 '삼성어천가'(삼성+용비어천가)라고 비꼬는 이도 있었지만, 어디에서 왜 비롯된 이유이든 기부와 기증을 폄훼하는 건 좋아 보이지 않습니다. 가진 게 많다고 해서 나누거나 내놓는 건 아니니까요.

김범수 카카오 의장도 '기업이 선한 의지를 갖는다면 확실히 더 나은 세상이 되는데 좀 더 가까워질 수 있을 것'이라며 5조 원을 기부하겠다고 약속했지요. 환영할 일이고, 고마워해야 할 일입니다.

우리는 미안하다, 고맙다는 말에 너무 인색해진 듯합니다. 이래서는 안 되지요. 범사에 감사하라는 말도 있지 않습니까. 하물며 범사가 아닌 일, 당연히 깊이 고마워해야지요.

신나게 일할 분위기가 가장 중요

"하늘에 계신 부모님이 정말 좋아하실 겁니다. 부모님과 저를 아는 모든 분이 실망하지 않도록 죽을힘을 다해 열심히 일하겠습니다."

공직에서 명예퇴직한 지 1년 만인 2015년 1월 경기관광공사 대표로 일하게 됐을 때, 제가 취임 인사에서 한 말입니다. 남경필 지사(재직 2014.7~2018.6)가 너무 센 거 아니냐고 하더군요. 다른 두 기관장 인사는 '지사의 뜻을 받들어 열심히 일하겠다. 도 간부들이 많이 도와 달라' 하는 정도였는데, 저는 부모님을 거론하면서 죽을힘을 다하겠다고 했으니 뜻밖이었던 모양입니다. 하지만 진심이었지요. 아버지는 제게 기왕 공무원 생활을 시작했으니 잘해서 면장까지 해보라 하셨는데, 예상보다 승진이 빨라 도청 국장, 부시장을 거쳐 공기업 사장이 됐으니….

경기도청에서 관광과장으로 일한 경험이 있으므로 경기관광공사가 아주 낯설지는 않았습니다. 관광은 종합서비스업이라 유연함, 순발력, 긍정적 사고, 친절한 몸가짐이 중요하지요. 여기에 감성을 움직일 수 있다면 더 좋지만, 마음을 얻기가 간단치 않습니다. 진심으로 정성을 다해도 쉽지 않지요. 다행히 경기관광공사 직원의 수준이 상당히 높은 편이었습니다. 그걸 아는 데 그리 시간이 오래 걸리지 않았지요. 도청 관광과장으로 일할 때 경기관광공사와 함께 '2005 경기방문의 해'를 준비하면서 이미 어느 정도는 알고 있었지만, 일 추진과 처리 능력이 기대 이상이었습니다. 도청 · 도의회와 소통, 시 · 군 · 관광업계와 협업이 무리 없이 이루어지면 잘 되겠다 믿었지요.

저는 무엇보다 '감성경영'을 지향했습니다. 전 직원 정규직화도 경기관광공사가 가장 먼저 했지요. 물론, 팀별 현안을 살피면서 새로운 아이디어 창출과 다양한 콘텐츠 발굴, 이의 체계화에 중점을 두는 것도 잊지 않았습니다. 도청 관광부서와 공동 추진해 유대감을 높인 '체육주간' 행사, 광교산자락에서 야유회를 겸해 개최한 창사 기념식, 옥상 테라스에서 연 워크숍 등이 그것이지요. 1박 2일 정기 워크숍 때는 배추 2000포기를 김장, 홀몸 어르신들에게 전달했고, DMZ 담당 군부대와는 관광 활성화를 위한 정기 간담회를 열어 DMZ 걷기 · 자전거 달리기 등의 콘텐츠를 만들었습니다. 드라마 《태양의 후예》 촬영지로 유명한 미군 반환기지 '캠프 그리브스(Camp Greaves) 숙박 체험' 프로그램 운영도 빼놓을 수 없지요. 특히, 한류 열풍을 활용한 군복 입기, 군번줄 새기기 등은 반응이 좋았지요. 파주시 · CBS와 함께 임진각 평화누리에서 매년 가을 국내 유일하게 '포크음악축제'를 연 것도 큰 호응을 얻었습니다.

영역 확장도 꾀했지요. 지방 관광공사로는 처음으로 도내 관광업계 국외마케팅 협의체인 'GOMPA' 등과 공조, 나라 밖으로 나간 게 대표적입니다. 세계적인 포털 관광업체인 '트립 어드바이저(Trip Advisor)', '베이징 인민라디오' 등과 MOU를 체결해 경기도 관광을 널리 소개한 것은 당시로써는 파격적인 도전이었고, 다른 시도 관광공사와 업계의 부러움을 샀지요. 국내에서는 매년 부산 · 광주 · 대구에서 '경기관광박람회'를 열었고, 코레일과 함께 영호남과 경기도 관광지를 연결하는 할인 열차 여행상품도 운용했습니다. 적자를 못 면하던 경기관광공사는 3년 연속 흑자로 탈바

꿈했지요. ‘2015 대한민국 문화관광 산업대상’ 수상, ‘2016 국민권익위원회 공공기관 청렴도 평가 공사 부문 내부만족도 전국 1위’, ‘2016 정부공기업 평가 결과 시도 관광공사 중 1위’ 등이 성과의 증거들입니다. 직원들은 자신의 아이디어가 관광콘텐츠가 되고, 관광 상품으로 좋은 반응을 얻으니 신나게 일했지요. 임기를 마칠 무렵, ‘신나게 일할 수 있는 분위기가 좋았다’는 직원들의 한결같은 말에 참 기뻤습니다. 감성이야말로 사람을 움직이는 가장 큰 힘이라는 걸 새삼 확인했지요.

지사가 바뀐다고 공무원이 달라지나?

"과장님! 접니다."

휴대전화 진동에 놀라 비몽사몽 전화를 받았는데 한석규 기획관리실장이었지요. 시계를 보니 새벽 3시. 사고라도 났나 싶었는데 기분 좋아 전화했다는 것이었습니다. 인사작업이 끝나고 한잔 후의 귀갓길이라며 제가 총무과장이 됐다는 소식을 전했는데, 애초의 인사안(案)이 많이 달라졌지만, 저는 한 번도 바뀌지 않고 통과됐다더군요.

당시 손학규 경기도지사는 고위직 인사 시에 인사 담당 국장은 물론이거니와 부지사, 기획관리실장과도 협의했지요. 이 때문에 시간이 꽤 걸렸지만, 그만큼 폭넓게 검증하고 신중하게 결정할 수 있다는 장점이 있었습니다.

사실, 총무과장은 도청의 최고 선임서기관인 수석 과장이 맡는 게 관례이지요. 저는 손 지사의 취임 초부터 그다지 좋은 인상을 주지 못했다고 짐작하고 있었습니다. 같은 과장이라도 암묵적으로 등급이 있는데 저는 주로 최 말단이 부서장으로 가는 부서에 오래 있었으니까요. 보통 그 부서에서는 1년이 되지 않아 자리를 옮겨주는데 20개월이나 있었습니다. 듣자 하니 지사의 측근들이 제가 전임 임창열 지사(재직 1999.10~2002.6)

시절 비서관으로 있었고, 남보다 일찍 승진했다는 걸 근거로 임 지사 사람이라고 보고했던 모양입니다. 손 지사는 1998년 도지사 선거에서 상대당 출신인 임창열 지사에게 패했고, 4년 후인 2002년 재도전해 진념 전 부총리를 누르고 당선됐지요. 이런 배경이 있었으니 총무과장 발령은 의외였습니다.

아무튼, 그 부서에서 20개월이 지났을 무렵 문화관광 국장이 자기 부서 체육과장으로 와 함께 일하자고 제안했지요. 그리하겠다고 했는데, 느닷없이 관광과장으로 발령이 났습니다. 이것도 손 지사 의중이 반영된 결과라는 얘기가 들렸지요.

시도 중에서는 처음 개최하는 '2005 경기방문의 해'를 앞두고 전임 과장이 영국에 유학하게 됐는데 그 후임으로 저를 낙점했다는 것입니다. 내 근량을 달아보려는 건가 하는 생각이 들더군요. 1년 남짓 경기관광공사와 함께 열심히 일했습니다. 모든 준비를 마치고 2005 경기방문의 해 선포식을 열었는데, 큰 호평을 받았지요. 이게 총무과장으로 가는 발판이 되지 않았나 싶습니다.

세월이 지나 저는 공직에서 명예퇴직 후 3년간 맡았던 경기관광공사 대표사원 임기를 마쳤는데 어느 날, 손 전 지사에게서 연락이 왔습니다. 약속장소에는 전직 부지사 2명도 합류했습니다. 우리는 '녹차막걸리'를 반주 삼아 저녁을 먹으면서 이런저런 이야기를 주고받느라 시간 가는 줄 몰랐지요. 이후 저는 답례로 따로 자리를 마련하려 했지만, 손 전 지사가 야인에서 다시 정치 일선으로 복귀하는 바람에 여의치 않았습니다. 그런데 엊그제 서울 서초동의 한 식당에서 손 전 지사를 만났지요. 막걸리가 몇 순배 돌아간 후, 전에 네 사람이 있을 때는 묻지 못했던 게 생각났습니다.

"저를 왜 총무과장으로 발탁했었는지 궁금합니다."

"홍 과장에 대한 거부반응이 있었던 게 사실이지. 하지만 나는 내가 직접 관찰하고 겪어 보지 않으면 함부로 판단하지 않아. 주변 얘기를 완전히 무시하는 건 아니나 그런 말들은 어디까지나 참고일 뿐, 눈여겨보니까 일 잘하고 상하 관계도 원만하고 그렇더라고. 처음에는 부정적인 사람도 있었지만, 막상 인사에서는 홍 과장 발령을 반대하는 사람이 없었지."

그렇습니다. 100점짜리 공무원이 지사가 바뀌었다고 갑자기 70점이 될 리 없고, 반대로 70점짜리가 100점이 될 리 없습니다. 지사가 바뀌어도 잘하는 사람은 잘하고, 못 하는 사람은 못하는 법이지요.

사실, 지사는 임기를 마치면 떠나지만, 직업공무원은 범죄 등의 사유가 없는 한 정년이 보장돼 있습니다. 관청의 진정한 주인은 공무원이고, 공무원의 진정한 주인은 오직 국민뿐이라는 게 제 생각이지요. 그게 숙명이자 사명이라고도 봅니다.

왜 굳이
그 운동이어야 할까?

오랜 세월 공직자로 일하면서 골프를 배우지 않았습니다. 골프를 못 하는 게 자랑할 일은 아니지만, 그렇다고 창피한 일도 아니라는 생각이지요. 북부지역 파주시의 부시장으로 부임해 관내 인사를 마치고 현안을 살펴보기 시작했을 때입니다.

"부시장님! 주말에 운동 한 번 하시죠."
인사차 들른 상공회의소 회장이 차담(茶談)이 끝날 무렵 요청했습니다.
제가 당연히 골프를 할 줄 알았겠지요.
"죄송합니다. 제가 골프를 못 배웠습니다."
그분은 의외라는 표정으로 방을 나갔습니다. 그러고는 한 달 정도
지났을 무렵 다시 집무실로 찾아왔습니다.
"부시장님! 죄송합니다."

거두절미하고 갑자기 사과부터 하니 어리둥절할 수밖에요. 그분은 골프를 못 한다는 제 말이 자신을 속칭 업자로 치부해 거짓말을 한다고 짐작해 기분이 상했었다고 합니다. 그런데 시청 공무원을 만날 때마다 물어보니 부시장이 정말 골프를 못 한다는 게 사실이라 속으로 오해한 게 미안했다는 것입니다. 어느 그룹의 회장이 수많은 전 · 현직 정관계 고위 인

사에게 골프 접대라는 향응을 제공한 것으로 알려져 물의를 빚은 일이 있었지요. 접대 받은 고위 인사 중에는 공직자도 포함돼 청탁금지법 위반이라는 논란이 되기도 했습니다. 공무원은 '골프 접대'를 받은 게 적발되면 징계처분을 받습니다. 공무원뿐만 아니라 공공기관의 임직원, 국공립학교 교사도 골프를 비롯해 현찰이나 상품권, 또는 음식 대접을 받았다가 걸리면 벌금까지 부과됩니다. 속칭 '김영란 법'이라고 하는 『부정 청탁 및 금품 등 수수의 금지에 관한 법률』 때문이지요.

함께 일했던 후배 공무원의 불명예 퇴직도 골프 때문이었습니다. 아는 분이 운동을 함께하자고 해서 나갔는데 모르는 사람이 있어서 좀 당황했었다 합니다. 직감적으로 떨떠름한 생각이 들어 골프를 마치고 얼른 데스크에 가서 계산하려는데 이미 비용이 처리돼 있었지요. 안 되겠다 싶어 자신의 몫을 부담하려고 실랑이를 벌이는 순간, '암행 감사반'에 적발됐습니다. 인허가를 못 받은 업자가 의도적으로 계획한 함정(?)이 아닐까 하는 의구심마저 들었지만, 돌이킬 수 없었습니다. 전후 사정이야 어떻든 징계를 받고 스스로 옷을 벗고 말았지요.

골프는 한번 빠지면 헤어나기 어렵다고 합니다. 좋게 말하면 신사적이고 우아한 운동, 예의와 격조가 있는 운동이라고 합니다. 자연환경이 좋아 몸과 마음을 편안하게 해주고, 공을 날리는 순간에는 걱정 근심을 잊을 수 있다고도 합니다. 골프를 하며 자기 생각을 다듬기도 하고, 교류를 통해 인맥도 쌓는 등 좋은 점이 많다지요. 이와 비교해 사실 음주는 숙취하게 되면 다음 날 피곤하기도 하고 단점이 적지 않은 게 사실입니다. 그래서 많은 사람이 골프를 배우고 즐기는 건지 모르지만, 공직자가 골프를 하는 건 호불호를 떠나 매우 조심할 일이지요.

공직에 몸담았던 동안 골프 접대로 징계를 받거나 불명예 퇴직한 선후배를 참 많이 보았습니다. 특히, 각종 재난 시에 골프 하러 나간 것이 알려져 국민에게도 지탄을 받는 사례가 많은데, 접대를 받는 것으로 으레 인식돼 있기 때문이지요. 가끔 공무원에게 골프 금지령이 내려지는 이유이기도 합니다. 물론, 내 돈 내고 골프를 치면 아무 문제될 게 없지요. 하지만 사실, 비용이 만만치 않아 웬만한 공무원 연봉으로는 부담되는 운동입니다. 유독 공직자에게만 골프가 나쁠 이유는 없지만, 굳이 골프가 아니어도 부담 없이 즐길 수 있는 운동은 얼마든지 있지요. 왜 굳이 골프여야 하는지도 돌아봐야 한다는 생각입니다.

문을 열고 진심으로 대하며 도우라

"문은 그냥 열어놓으세요."

경기도청에서 인사 담당 국장으로 과장 · 팀장 등과 함께 인사안(案)을 작성할 때였습니다. 출입문을 열어놓고 일했는데 직원이 자꾸 문을 닫는 것이었습니다. 인사업무의 중요성을 고려해서였지요. 저는 도청 직원이면 당연히 인사작업을 하는 것으로 알고 돌아갈 테니 굳이 닫을 것 없다고 했습니다.

저는 사무실 문을 닫지 않습니다. 민원인이 찾아왔을 때 문이 닫혀 있으면 안에서 뭐 하는지 알 수가 없으니까요. 오히려 문을 열어 두면 좋은 점이 많습니다. 밖에서 볼 수 있으니 혹시 화가 나 소리 지를 일이 있어도 참고 목소리를 낮추게 됩니다.

민원인이나 후배 공무원이 들어오기 편해 차 한 잔 나누기도 쉽습니다. 제가 평직원 시절에는 인사국장실 문이 언제나 굳게 닫혀 있었습니다. 열려 있다고 해도 어려워서 감히 들어갈 엄두를 내지 못했지요. 그런 기억 때문에 언제나 문을 열어두었고, 후배들에게도 승진해서 국장이나 부단체장이 되면 누구나 출입할 수 있도록 문을 열어놓으라고 당부했지요. 인사 실무를 총괄하는 책임자로 일하면서 노조와 함께 '찾아가는 노사 인사 상담 시간'을 가졌습니다. 노조 측과 각 부서, 외청, 사업소 등에 찾아가 함께 현안에 대해 소통하기 위해서였습니다. 이 시간을 통해 '노사 청렴협약' 체결이나 '봉급 끝전 나누기' 등의 성과가 있었습니다. 매주 후배 공무원에게 도움이 될 만한 글을 한 편씩 써서 공유하기도 했지요.

암 검진까지 받을 수 있는 건강검진 확대, 건강검진 공간 설치, 동아리 활동 지원도 적지 않은 결실이었습니다. 이 같은 노력으로 경기도청은 정부의 '공무원 노사문화 우수행정기관 인증 및 노사문화 대상기관 선정평가'에서 '노사문화 최우수기관 대통령 표창'을 받았습니다.

하지만 안타까운 일도 있었습니다. 노조 게시판에 동료 공무원을 헐뜯거나 비방하는 글이 심심치 않게 올라왔습니다. 전에는 동료가 야근하면 팀원이 기꺼이 일을 돕고, 일을 마무리하면 함께 소주도 나누었는데 그런 문화가 사라진 것이지요.

특히, 사익과 관련된 일에는 지나치게 이기적이라는 생각이 들었습니다. 가령, 1500원인 구내식당 단가를 2000원으로 인상하는 것과 지역경제 활성화를 위해 한 달 두 번씩 외식하자는 제안에 반대하는 것 등이 그 예입니다. 그래서 저는 '욕먹을 각오로 이 글을 띄웁니다.'라는 제목으로 노조 게시판에 글을 올렸습니다.

'정신 상태가 틀렸다, 공직자 자격이 없다, 제발 정신 차려라!' 등 다소 과격한 표현을 썼는데, 기대 이상으로 대부분 공감했지요. 이해 가을, 저는 도청 공무원노조가 선정하는 '함께 일하고 싶은 존경받는 간부 공무원'으로 선정됐습니다. 그것도 4회 연속 선정된 것인데, 전무후무한 일이었지요. 저는 인터뷰할 때 공무원이지만 공무원으로 살지 말자고 자주 강조했는데,

사실 어려운 일입니다. 이웃을 생각하고 남을 배려하면서 여유롭게 일하자고 다짐했지만 의지대로 살았다고는 저 역시 장담하지 못합니다.

현직에 있을 때, 그 보잘것없는 권력을 남용해 갑질을 일삼으면 퇴직 후 비참해질 수도 있습니다. 공무원 세계에서만 그런 것은 아니겠지만, 일정 계급 이상 올라가면 그만큼 경험이 쌓여 일을 잘하게 되지요. 하지만 그것과 소통을 통해 조직을 잘 관리하고 협업하는 것은 다른 문제입니다. 고위직에 오를수록 욕심을 부려 인사권자에게만 충성하는 사람이 있는데, 그런 사람은 완장 벗으면 사람대접 못 받기 십상이지요. 후배 공직자를 만나면 저는 고위직이 됐다고 자리에 안주하지 말고, 직원들이 일을 잘할 수 있도록 격려하고 때로는 잘못을 꾸짖을 수도 있는 맏형 노릇을 해야 한다고 강조하곤 합니다.

포용과 소통이 리더의 덕목

"홍 과장님! 체육과장이 직원을 바꿔달라고 해 골치가 아프네요."
"뭔 일이 있나요?"
"노조 위원장이 일은 안 하고 노조 활동에만 신경을 써서 부서 업무에 지장이 많다고 합니다. 후자를 안줘도 좋으니 사람을 바꿔주는 게 좋겠다고 하네요."
"그래요? 그럼 저희 과에서 일하게 하죠."

저는 그 직원을 우리 과 직원과 맞바꿔 일하게 했습니다. 우리 과에 온 그 직원에게는 경기관광공사와 협업하는 일을 전담토록 했습니다. 마침 '경기 방문의 해' 준비로 외근해야 할 일이 많았는데, 그가 성격이 활달한 편이라 기획보다 현장 업무가 더 맞을 거로 생각해서였지요. 자신을 제대로 일할 수 있게 배려해줬다는 것 때문인지 그는 예상보다 훨씬 일을 잘 했습니다. 이후에도 4명의 노조 위원장과 같은 부서에서 함께 일했지요.

'KBS 열린 음악회'를 겸한 '2005 경기방문의 해' 선포식을 끝내고 총무과장으로 발령받았습니다. 총무(總務)란 통상 전체적이며 일반적인 업무를 지칭하지만, 사실 직원 뒷바라지를 전체적 · 일반적이라는 하는 곳이 총무과입니다. 그래서 어머니나 맏형 같아야지요. 도청 총무과의 주요 업무는 행사 의전과 직원 후생 · 복지지만, 노조 관리 · 협의 · 지원도 소홀히 할 수 없는 업무입니다. 저는 노조 임원들과 소통하면서 여러 가지 일을 함께했는데, 실 · 과 대항 전 직원 족구대회 개최도 그중의 하나였지요. 그런데 2개 코트에서 조용하게 시작한 경기가 도청 전체를 흥분의 도가니로 몰아넣었습니다.

회를 거듭할수록 박진감 넘치는 경기가 펼쳐지면서 폭발적인 인기를 끌어 많은 직원이 운동장으로 뛰어나왔던 것이지요. 풍선 막대, 징, 북 등 다양한 응원 도구들도 등장했습니다. 평소 근엄해 보이던 실 · 국장들도 하나로 어우러져 소리 높여 응원하며 박수를 보내고 환호성을 질렀습니다. 결승전을 앞두고는 도지사와 실 · 국장이 출전하는 시범경기도 펼쳐졌습니다. 헛발질로 넘어지는 몸짓에 폭소를 연발했지만 아낌없는 박수갈채가 햇살처럼 쏟아졌습니다.

패자가 따로 없었습니다. 경기를 끝내고 운동장에서 돼지고기와 두부김치에 막걸리를 함께 나눴습니다. 일과 후에 진행됐으므로 업무에 지장이 없었고, 모처럼 동료 선후배가 한데 어울려 화합은 물론 스트레스 해소와 일터의 활력소 제공에 큰 도움이 됐다고 입을 모았지요.

노동조합과 '찾아가는 인사고충상담' 제도도 운용했습니다. 앉아서 기다릴 게 아니라 현장에서 직원의 인사 불만과 고충을 들어보자는 취지였지요. 이를 통해 직원 화합과 조직 활성화 도모에도 적지 않은 도움이 됐다고 봅니다. '공무원 노사문화 우수행정기관 인증'을 받았고, 정부의 '노사문화대상기관 선정평가'에서 광역자치단체로는 유일하게 '노사문화행정기관 대상'을 받았으니까요. 상도 상이지만, 노조와 소통을 통해 상생 발전하는 기틀을 마련했다는 것이 도청에서 일하면서 가장 보람된 일이었지요. 가끔 노조와 집행부 간의 갈등이 사회문제로 비화할 때가 많이 있지요. 서로 한 치도 양보 없이 충돌하기 때문입니다. 전제조건을 지나치게 내세우면 접점을 찾기가 힘듭니다. 노조가 조합원의 처지를 대변하는 건 당연하지만, 집행부와 벌어진 틈을 좁히는 것도 이에 못지않게 중요합니다. 일단 조건 없이 만나는 게 중요하지요. 그것이 소통의 출발이니까요. 소통하다 보면 양보하고 배려하게 되고, 서로 도움이 될 방안도 찾게 됩니다. 그러면 협업을 통해 노사 모두 상생하고 발전할 길이 열리는 것이지요.

공직자로 일하면서 노조 문제로 많은 일을 겪었습니다만 그럴 때일수록 더 가까이 다가가 더 많은 포용과 소통을 통해 갈등을 풀어내기 위해 노력했습니다. 노조와 함께하는 것이 상생 발전의 시작이라고 인식하는 것이 리더가 갖추어야 할 우선적인 덕목이 아닐까 합니다.

오직 국가와 국민을 위해 일하라

"실장님은 안 된다고 하는 게 너무 많습니다."

공직을 떠난 뒤 6개월 만에 다시 공무원으로 일한 적이 있습니다. 도지사 당선자가 비서실장으로 일해 달라고 요청해 그렇게 됐지요. 6개월 동안 비서실장으로 일하면서 나름대로 최선을 다했지만 쉽지 않았습니다. 정치인 도지사나 정무적인 감각으로 판단해 보좌하는 '어공'(어쩌다 선출직을 따라 공무원이 된 사람)들은 공직이 몸에 밴 저 같은 '늘공'(공채 정규직 공무원)과 의견이 다를 수밖에 없었지만 저는 중심을 잃지 않으려 부단히 애썼지요.

시간이 지날수록 그들은 '비서실장은 정무적인 판단이 부족한 것 같다'며 저를 못마땅하게 여겼습니다. 사실, 결이 달랐던 것뿐인데 말이지요. 6개월이 지나 공기업으로 자리를 옮겼지만, 가끔 도정에 대한 소견을 전했습니다.

지사는, 도청을 떠났는데 왜 그리 관심이 많으냐고 하더군요. 아마 참견한다고 생각했던 모양입니다. 그저 도청에서 30년 이상 일한 경험이 도움이 될 거라는 생각이었는데…. 그러던 중 후배 공무원이 자치행정국장으로 자리를 옮긴 지 석 달도 안 돼 경질된다는 얘기가 들렸습니다. 저는 조직이 흔들릴 수 있고, 그의 인생에 상처로 남는 일이니 정기인사 때까지 미루는 게 좋겠다고 건의했지요.

하지만 그는 북부청사로 좌천됐고, 저도 이후에는 조언하는 걸 거의 포기했지요. 다만, 후임 실장에겐 전임자로서 몇 번의 만남을 통해 의견을 전했습니다. 비서실장은 지사만 보좌하는 게 아니라 행정에 대한 이해가 필요하고, 안 되는 건 안 된다고 말할 줄 알아야 한다고 했지요. 하지만 국회의원 보좌관 출신인 그에겐 '쇠귀에 경 읽기'인 듯했습니다.

선출직 공무원이나 그를 보좌하는 사람은 정무적인 감각이 필요하다는 데에 동의합니다. 다만, 그 정무적인 판단이라는 것이 법이나 상식을 벗어나면 사건이나 논란거리가 되기에 십상이지요. 그런데 제가 만난 늘 공들은 좀 마땅치 않아도 어공의 입장을 이해하려는 반면, 어공들은 아예 늘 공의 의견을 들으려 하지 않는 경향이 짙더군요.

어공의 이런 행동은 자신을 일반 공무원과는 차원이 다른 존재라는 특권 의식 때문일 거라고 봅니다. 특히, 정치적인 코드가 같다거나 인연이 있다고 해서 전문성 · 도덕성 등의 검증을 거치지 않은 채 공무원으로 일하게 된 사람일수록 더욱더 심했지요. 문제는 그들 스스로는 무엇이 잘못인지 모른다는 사실입니다.

공무원은 법에 따라 행정을 하는 사람들이고 늘 법규를 연구하고 숙지하면서 객관적이고 공정하게 일을 해야지요. 어떻게든 임기 내에 내세울 만한 성과를 거둬야 한다는 어공의 욕심도 이해는 하지만, 공직자가 지켜야 할 법규나 규정을 무시하고 밀어붙이는 건 안 될 일입니다. 공무원이 정치적이고 정무적인 판단으로만 일을 처리하면 공직자로서 지켜야 할 상도(常道)가 실종되기 때문이지요. 다음 선거를 의식해서 선심 행정이나 보여주기 행정에 치우쳐 정당성을 상실하면 허점이 드러나기 마련이고, 편법을 넘어 범법으로 이어지기도 합니다. 늘 법규를 연찬하고 규정에 따라 신중히 일해도 실수가 생기기 마련인데, 매사를 정무적인 판단에 의존해 행정을 집행하면 실수를 넘어 큰 과오로 번질 수 있지요. 늘 공은 어공을 일러 행정을 모르는 문외한이 권력의 뒷배를 믿고 설친다고 깎아내리고, 어공은 늘 공을 기득권을 놓지 않으면서 무사안일에 젖어 있는 개혁대상으로 여깁니다.

사실, 늘 공중에도 어공에 줄을 대고 설치는 이가 없지 않습니다. 승진을 염두에 둔 얄팍한 처신이지만 한순간에 나락으로 떨어질 수 있는 줄타기인 줄도 모르고 말이지요.

늘 공이든 어공이든 중심을 잃지 않고 일해야 하는데 서로 처지나 관점이 다르니 알력이 생겨날 수밖에 없습니다. 라지만 늘 공과 어공 사이에 불협화음이 생기면 국민만 불편하게, 불행하게 한다는 걸 알아야 합니다. 공무원은 오직 나라와 국민을 위해 일해야지요. 그 사명을 잊지 말아야 합니다.

공직자 삶, 청렴이 최우선

스스로 높이려 하면 오히려 낮아지고 스스로 낮추면 오히려 더 높아진다는 걸 깨닫기까지 오랜 세월이 걸렸습니다. 한없이 부끄러운 일이지요. 가진 것도 없으면서 허세를 떨고, 모르는 것도 아는 척했던 지난 일들이 떠올라 쓴웃음을 지을 때가 있습니다. 이렇게 못나고 부족한 사람이 분에 넘치게 '다산청렴봉사대상'을 받았지요. 사람들이 비웃지나 않을까 걱정했습니다. 큰 상을 받은 건 영광스러운 일이지만, 공직자의 도리를 다했는지 다시 한 번 돌아보는 계기가 되었지요.

다산대상을 받은 후 밥을 사라거나 술 한 잔 사라는 사람이 많았습니다. 부족하고 못난 사람을 배려하고 사랑해준 이가 많아 고민을 많이 했지요. 고맙다는 표현을 잘하지 못해서 늘 죄송하다는 생각이었는데, 밥이나 술을 사는 것보다는 책을 한 권씩 선물하는 게 좋지 않을까 싶었습니다. 명색이 신춘문예 출신이니 그게 더 의미가 있겠다는 생각이 들어 그동안 써놓았던 글을 모아 책을 펴내기로 했지요. 언론에 실린 기고문도 있었고 틈틈이 써놓은 글도 있었기 때문에 어려울 건 없을 거라고 봤습니다.

표제를 '높이면 낮아지고 낮추면 높아진다.'로 정했지요. 이 문구는 제가 살아오면서 가슴에 담았던 철학이자 삶의 가치였기 때문입니다. 피곤한 몸을 이끌고 졸린 눈을 비벼가며 써놓은 글을 정리해 출판사에 넘겼는데, 고맙게도 삽화까지 넣어줬습니다. 제가 낸 책 중 가장 예뻤지요. 오랫동안 고생한 직원들에게 구제역이 끝나자마자 제가 쓴 책을 선물했는데 밥을 사주어 뱃속에 음식이 들어가게 하는 것보다 가슴에 한두 마디의 글이라도 남게 해주는 일이 더 의미가 있었을 것이라고 믿습니다. 함께 고생한 다른 고마운 분들에게도 한 권씩 선물했는데, 주는 제 마음이 기뻤습니다.

'한겨울에 내를 건너듯 사방의 이웃을 두려워하며' 사는 사람들이 있습니다. 바로 공직의 길을 걷는 사람들이지요. 추운 겨울엔 흐르는 물도 얼어버립니다. 얼지 않았더라도 냇물을 건너려면 살이 찢어지는 것 같은 고통이 따르지요. 피할 수 없는 일이 아니면 건너지 않는 게 당연합니다. 세상엔 비밀이 없지요. 하늘이 알고 땅이 알고 내가 알고 그대가 안다는 말이 있습니다. 세상일은 숨길 수 없으니 하지 말아야 할 일은 하지 말아야지요. 공직자의 삶은 청렴이 곧 생명입니다.

세상에 길은 많지만 가야 할 길과 가지 말아야 할 길이 있지요. 살다 보면 가지 말아야 할 길을 갈 때가 있습니다. 잘못된 길로 접어들 수도 있고 생각과 다른 길을 갈 수도 있지요. 하지만 그런 일이 일어나지 않도록 올바른 생각으로 길을 가야만 합니다. 자기 관리가 중요하지요. 호젓한 산길, 오솔길에서 생각이 깊어지지요. 가장 넓고 좋은 길은 마음속에 있기 때문입니다.

가끔 산에 들어 홀로 화두를 던지고 문답을 나눌 때가 있지요. 삶의 근량을 저울질해보기도 합니다. 사는 게 무엇이고 어떻게 살아야 삶의 가치와 품격을 높일 수 있을까 생각해보는 것이지요. 그런 삶을 통해 부족한 저를 바라보는 많은 후배에게 도움이 되는 사람이 되려고 합니다. 초심을 잃지 않도록 자신에 대한 담금질도 멈추지 않으려 합니다. 나를 높이려하면 오히려 낮아지고 낮추면 높아진다는 의미를 늘 가슴에 담고 살아가려는 것이지요. 다산청렴봉사대상을 받는 것은 모든 공직자의 꿈이고, 상금도 1000만 원이나 됩니다. 언론에 보도가 되고 YTN-TV에서는 시상식 장면을 생방송으로 중계합니다. 수상은 정말 기분 좋은 일이지요. 하지만 한편으로는 정말 더 잘 살아야겠다는 부담이 커진 것도 사실입니다. 더 절제하고, 더 어려운 이웃을 배려하고, 더 후배에게 좋은 길라잡이가 돼야겠다는 생각. 다산청렴봉사대상은 공직자로서 지켜야 할 도리와 삶의 철학을 다시 곧추세우게 하는 채찍이자 좋은 보약이었습니다.

배운다는 건 자신을 뛰어넘는 일

"승표야! 연습 삼아 공무원 시험 보는 게 어때?"

고3 여름방학을 앞두고 공무원 시험을 준비하던 사촌 형이 불쑥 던진 말입니다. 시험이 얼마 남지 않았지만, 어차피 대학에 갈 수 있는 형편이 안 되니 한번 해보자는 생각이 들었지요. 그런데 마땅히 공부할 수 있는 공간이 없었습니다. 작은 방에 두 명의 동생과 함께 지내고 있었기 때문이지요. 이런 사정은 저뿐만이 아니었습니다. 처지를 알게 된 담임이 고맙게도 교실 하나를 12시까지 개방해 주었지요. 공부할 수 있는 공간이 생기자 시험 준비생이 이곳에 꽤 몰려들었습니다.

망설인 것도 사실이지요. 2학기 수업이 남아 있기도 했고, 실업계라서 인문계 학생보다 더 공부해야했고, 또 군필자에게 부여되는 가점도 없었으니 쉽지 않겠다고 생각했기 때문입니다. 아버지도 졸업 후에 시험을 보는 게 좋겠다고 하셨지요. 하지만 어머니는 생각이 달랐습니다. 대학에 못 갈 형편이니 일찍이 공무원이 되면 좋겠다며 한번 도전해 보라는 것이었지요. 이 말에 용기백배, 시험을 치기로 했습니다. 사실, 모든 게 불리한 조건이고 여러 가지로 녹록치 않은 상황이었지만, 어금니를 질끈 물고 매진했습니다. 그야말로 죽을 둥 살 둥 공부했지요. 그런 만큼 아쉬움이나 후회는 없었습니다. 하지만 정작 시험은, 전날 밤을 꼬박 새우느라 눈이 퉁퉁 부어오른 채로 봐야 했습니다. 무사히 마치기는 했으나 제대로 시험을 보긴 본 건지 아무 생각이 나질 않았지요. 돌아오는 버스 안에서 내내 잠만 잤습니다. 어머니는 수고했다고 하셨지만, 아버지는 쓸데없이 고생하게 했다고 핀잔을 주었습니다.

개학을 맞아 학교에 다니면서 여전히 집안일을 도우며 지냈습니다. 시험을 봤었다는 사실은 잊고 있었지요. 그런데 기적 같은 일이 생겼습니다. 합격통지가 날아든 것이지요. 지성이면 감천이라지만 어머니가 그럴 수 없으리만치 좋아하셨습니다. 아버지도 마찬가지셨습니다. 학교에서는 교장 선생님이 조회에서 저를 단상으로 불러올려 사실을 알리자 전교생이 축하의 박수를 보냈습니다. 믿기지 않는 일이었지요.

졸업을 한 달여 앞두고 고향 면사무소로 발령을 받았습니다. 짧은 머리에 아버지가 사준 옷을 입고 출근했지요. 열아홉 어린 나이에 공무원이 된 것입니다. 졸업식 날, 면장이 축사 도중 갑자기 저를 일어나게 해 우리 면 직원이라고 소개해 여기서도 박수를 받았습니다.

2년 가까이 일하다가 입대했습니다. 군에서는 면서기 경력 덕분에 행정병으로 뽑혔지요. 34개월 넘게 복무하고 전역해 군청에 복귀했는데 공교롭게도 형과 같은 부서에서 일하게 됐습니다. 좋은 점도 있었지만, 여러 가지로 불편했지요. 고민 끝에 벼락치기로 공부해 전입시험을 치르고, 그 결과로 경기도청으로 자리를 옮겼습니다.

도청엔 대졸 출신, 고시 출신이 많아 저는 기가 죽기도 했지요. 하지만 좌절하고 있을 수만은 없는 노릇, 학력 콤플렉스는 이를 악물고 밤낮으로 일에 몰두하는 채찍으로 작용했습니다. 그렇다고 가슴 한구석에 응어리져 있는 대학에 가지 못한 한이 사라졌던 건 아니지요. 그래서 서기관으로 승진해 도청 과장이 되었을 때, 뒤늦게나마 야간대학에 입학했지요. 대학교 졸업 후에는 경기대학교 행정대학원에 들어가 공부를 계속했습니다. 행정학 석사학위도 취득했지요.

지천명에 다다른 나이였지만, 젊은 학생에게 뒤처질 수 없다는 생각으로 밤잠을 줄여가며 열심히 공부했습니다. 졸업 논문은 대학원장이 직접 지도교수를 자청해 까다롭게 하는 통에 두 번이나 수정하는 아픔을 겪어야만 했지만, 학점은 잘 받아서 졸업식 때 '최우수 학업상'을 받았습니다. 덕분에 아내와 아들에게 체면이 섰지요. 행정법 등 이때 공부했던 과목이 많아서 사무관 시험 때에 큰 어려움이 없기도 했습니다.

많이 배운 사람이 일을 잘할 수 있는 기본 바탕을 갖추게 된다는 게 일반적인 상식이지만, 학력이 높다고 반드시 일을 잘하는 건 아닙니다. 그렇기는 하지만 공부는 중요하지요. 제 경우의 늦깎이 공부는 보람이 있었고, 자신을 다시 곧추세우며 채찍질하는 기회였습니다. 치열하게 산다는 것이 삶의 원천이 된다는 것을 확인하기도 했지요.

법규·관행 뛰어넘는 유연한 지혜 필요

'지사님! 시장님! 고맙습니다.'

2009년 3월, 용인 하수처리장시설인 '수지 레스피아' 준공식 날, 인근 아파트 벽에 대형 현수막이 걸렸습니다. 하수처리장 건설을 반대했던 시민이 내건 걸개였지요. 레스피아(Respia)는 휴식(rest)과 유토피아(utopia)의 합성어로, '친환경 하수처리장'이라는 뜻의 용인시 브랜드였습니다. 경기도 수질본부장이었던 저는 그날 준공행사 사전점검을 하다가 이를 보고 만감이 교차했지요. 그렇게 반대하더니 감사하다는 현수막을 걸다니…. 하수처리장과 붙어 있는 아파트에 사는 주민은 용인시청뿐 아니라 경기도청 앞에서 반대 집회를 수없이 열었지요. 공무원들은 그때마다 집회 현장에 찾아가 목소리를 청취했는데, 추가로 예산을 들여 하수처리시설을 지하에 설치하고 지상에는 체육시설을 만드는 것으로 민원을 해결했습니다. 주민과의 소통이 반대 시위를 잔치로 바꾼 사례입니다.

도심 한복판에 조성한 수지 레스피아는 하루 15만 톤의 하수를 처리합니다. 모든 시설을 지하에 설치했기 때문에 시커먼 폐수를 처리하는 것을 볼 수 없고 악취도 전혀 없지요. 악취를 자외선으로 제거한 후 100m 상공에서 분해하는 시설은 전망 타워로 만들어 지역의 랜드마크(land mark)가 됐습니다. 지상에는 죽전2동 주민 센터, 축구장, 테니스장, 농구장, 어린이 놀이터, 산책로 등을 조성했습니다. 환경이 달라지니 아파트값이 오르고, 당연히 주민도 좋아했지요. 이제는 연간 약 150만 명이 찾는 문화 · 체육시설로 자리매김했습니다.

구리시엔 '구리타워'가 있습니다. 구리타워가 있는 '구리 자원회수시설'은 하루 200톤의 생활폐기물을 소각 · 처리할 수 있는 친환경적인 곳입니다. 혐오 시설로만 여겼던 소각장의 굴뚝을 이용해 지상 100m 높이에 전망대와 레스토랑을 만들었지요, 단지 내에는 실내수영장, 축구장, 게이트볼장 등을 만들어 구리시민이 여가 활용 공간으로 이용하게 했습니다. 구리 자원회수시설은 집단 이기주의를 극복한 우수 사례로 국내외에 꽤 알려졌지요.

이천시에는 광주, 하남, 여주, 양평 등 5개 시 · 군의 하루 300톤 생활 쓰레기를 처리하는 '동부권 광역 쓰레기소각장'이 있습니다. 이곳에는 수영장 · 축구장 · 테니스장 · 배드민턴장 · 카페테리아 등의 시설이 있는데, 5개 시군이 함께한 협업의 결과물이지요.

행정에는 종합적인 판단 능력을 갖춘 행정 기술이 필요합니다. 작은 광고물이나 건축물, 도시계획에 이르기까지 각기 다른 여건을 반영해야 하지요. 산지개발에 따른 경사도를 지역 여건에 따라 달리 적용하는 것처럼 법과 규정을 준수하되 유연하고 탄력적으로 행정을 펼쳐야 한다는 말입니다. 현장을 찾아 민원인의 마음을 읽고 본질을 올바르게 파악해 일을 처리하는 일이 중요하지요. 특히, 주민의 삶에 큰 영향을 미치는 혐오 시설은 현장의 의견을 반드시 들어야 합니다. 설계나 도안 등을 전문으로 하는 사람을 디자이너라 하는데, 이제 행정도 전문적인 분석을 바탕으로 디자인해야 합니다. 그 디자인 속에는 반드시 주민 의견이 담아야 합니다. 행정은 주민 생활에 직접적인 영향을 미치니까요.

잘 디자인된 일은 공익적 측면에서도 긍정적이고 발전적으로 작용합니다. 그렇지 못하면 많은 사람에게 불편을 주고 손해를 끼치게 되지요. 행정의 공익성이 강조되고 있는 것은 이러한 이유입니다. 행정의 본질을 제대로 구현하기 위해서는 능동적인 생각으로 규범을 뛰어넘는 지혜가 필요합니다. 더욱 지금 시대에서는 일반적인 생각을 넘어서는 '감성행정'을 펼칠 때입니다. 단순히 법규나 규정을 적용하는 수준에서 벗어나 입체적이고 미래지향적인 행정 디자인이 중요합니다. 주민이 공감하는 감성행정으로 변하지 않으면 한계에 부딪힐 수밖에 없지요. 잘 디자인된 행정이 주민을 행복하게 하고 수준 높은 미래를 담보할 수 있다는 것, 어느 때보다 행정 디자인이 필요한 이유와 명분이 여기에 있습니다.

잘 쓰면 보약, 잘 못 쓰면 독약

"승표야! 죽기 살기로 공부해 봐! 붙을 수도 있지 않겠니?"

어머니의 이 말이 얼마나 큰 위로가 됐는지 모릅니다. 고3 여름방학을 앞두고 공무원 시험 공고가 나붙었지요. 어차피 대학은 못 갈 형편이니 연습 삼아 공부를 시작했는데 아버지는 시큰둥한 반응이었습니다. 2학기 학교 공부가 남아 있고, 군필(軍畢) 가점이 있는 것도 아니니 합격은 불가능하다는 생각이셨지요. 이 말에 어머니가 한 말씀 거든 것인데, 그 소리가 보약을 먹은 것처럼 힘을 주었습니다.

열심히 공부했습니다. 다만, 어린 두 명의 동생과 한방을 쓰려니 늦게까지 공부하기가 불편했습니다. 다행히 담임이 자정까지 공부할 수 있게 교실 하나를 마련해 주셨지요. 한 달 남짓 자정까지 공부하고 돌아와 집에서 쪽잠을 자고, 일찍 일어나 다시 공부했습니다. 그 결과, 합격통지서를 받았고, 어머니가 저를 안아주셨습니다. 순간, 울컥했지요.

"일환아! 틈틈이 공무원 시험공부를 해라! 청원경찰도 괜찮지만,
평생 할 건 아니지 않느냐."
"아닙니다. 우리 집이 비교적 넉넉해서 먹고사는 데는 지장이 없습니다."
"그래도 일반 공무원이 되면 승진도 하고 나처럼 과장도 되고 좋잖아?"

고양시 지역경제과장으로 일할 때, 청원경찰로 함께 일하던 젊은 직원이 있었습니다. 일산 신도시 개발로 보상받아 제법 잘사는 집안의 자녀인 그에게 청원경찰은 생계수단이 아니라 소일거리에 불과했지요. 하지만 저는 몇 차례에 걸쳐 계속 설득했습니다. 결국, 그는 공무원 시험에 도전하기 위해 학원에 등록하고 공부를 시작했습니다. 처음엔 힘들어하더군요. 저는 옆에서 자주 격려와 응원을 보냈습니다. 이듬해 합격했고, 그는 지금 6급이 돼 팀장으로 일하고 있습니다.

"배 국장! 술은 씹어 먹는 게 아니잖아! 그냥 마셔."
"네, 알겠습니다. 마시겠습니다."

용인시 부시장으로 일할 때, 도시국 간부들과 저녁을 함께할 때였지요. 배명곤 국장이 전날 이를 뺐기 때문에 술을 안 마시겠다고 해 제가 농담 삼아 한마디 던졌는데, 그는 진담으로 듣고 술을 마셨습니다. 미안한 생각이 들었지만, 덕분에 분위기가 화기애애했지요. 나중 제가 명예퇴직 후 경기관광공사 대표로 일할 때, 그를 저녁 자리에서 다시 만났습니다.

"부시장님! 술을 씹어 드십니까? 어서 드세요."

이제는 용인시 부시장이 아니지만, 여전히 그렇게 부르면서 그가 한마디 던졌습니다. 공교롭게도 이날 오전 이를 뽑았기 때문에 술을 사양했는데, 제가 오래전에 했던 말이 고스란히 되돌아온 것이지요.

머리가 좋다고 인성이 좋은 건 아닌 듯합니다. 아무개 변호사가 김형석 교수의 문재인 정부 비판에 '이래서 오래 사는 것이 위험하다는 옛말이 생겨난 것일 게다. 어째서 지난 100년 동안 멀쩡한 정신으로 안 하던 짓을 탁해진 후에 시작하는 것인지 노화 현상이라면 딱한 일'이라고 해 논란이 일었지요. 그는 '적정한 나이는 80세 정도'라는 말도 했습니다. 아무리 진영이 다르고 생각이 다르다고 자기보다 50살이나 많은 어른에게 해서는 안 될 말이지요. 그렇다면 자신도 80세가 되면 스스로 죽겠다는 것인지…. 박병석 국회의장을 향해 '개××'라는 욕설을 연상시키는 'GSGG'라고 표현해 한동안 시국을 시끄럽게 한 아무개 국회의원도 말이 독이 된 비슷한 예입니다.

'말은 해야 맛이고 고기는 씹어야 맛'이라는 말이 있지요. '말은 사람의 인격'이라는 말도 있고, '가는 말이 고와야 오는 말도 곱다'는 말도 있습니다. 모두 말의 중요성을 강조하는 말입니다. 말은 위로와 격려가 되고 용기와 희망을 안겨주지만, 때로는 날카로운 비수가 되어 오래도록 지워지지 않는 마음의 상처로 남기도 합니다.

돌이켜보면 저도 자신이 없습니다. 다른 사람에게 용기와 희망을 주는 말을 많이 하려 애썼지만, 사소한 실수로 크게 곤혹을 치른 경우도 있었습니다. 인성이 부족한 탓이고 부끄러웠던 일이지요. 이순을 넘기면서 나름대로 한 번쯤 더 생각하고 말하리라 다짐했지만, 쉬운 일은 아니라는 걸 깨닫고는 합니다. 말은 잘 쓰면 보약이지만, 잘 쓰지 못하면 독약이 된다는 것, 늘 새기고 실천에 옮겨야 할 금언(金言)입니다.

위기 속에서도 부하부터 걱정

30년이 넘은 관선 시절 이야기입니다. 새해가 되면 도정을 맡은 도지사는 시 · 군의 업무를 보고받고, 주민과 소통하는 것이 관례였지요. 도지사가 연두순시를 통해 각 시 · 군의 새해 설계를 파악하고, 건의된 민원을 주민과 대화를 통해 도정에 반영하는 일은 의미가 있었습니다. 시장이나 군수도 좋은 창안이나 시책은 특별 예산을 받을 수 있었으므로 도지사의 연두순시 대비에 각별한 노력을 기울였지요. 당시에는 정부에서 도지사를 임명하고, 도지사가 시장 · 군수를 포함해 사무관 이상 임명하는 권한이 있었으니 그 영향력이 대단했지요.

경기도는 서울보다 17배나 넓은 지역이라 시 · 군을 매일 돌아도 연두순시가 한 달 정도 걸렸습니다. 그때만 해도 경기도가 담당하는 지역이었던 강화군 같은 곳은 이른 아침에 출발해야 할 정도로 먼 곳이었지요. 특별히 기억하는 일은 1989년 새해 연천군 연두순시 때입니다. 도로 사정이 좋지 않아 승용차로는 시간이 너무 많이 걸리기 때문에 그날은 도청 운동장에서 헬기를 타고 출발했었지요. 보통 연두순시 때는 도청의 국장이 돌아가며 지사를 수행하는데, 그날은 달랐습니다. 담당 국장이 고소공포증이 있었거든요. 그래서 그는 지사 차량을 이용해 일찌감치 먼저 떠나고, 헬기에는 지사와 경기도 새마을회장과 수행비서인 제가 탑승했지요. 도청에서 이륙해 20분 정도 지났을 때입니다. 갑자기 눈이 엄청나게 내리기 시작했습니다. 자동비행 장치가 없는 헬기는 시야가 확보되지 않으면 조종이 사실상 불가능하다는 걸 들은 적이 있었지요. 하루 전 수원 공군부대를 통해 기상예보를 확인했는데 눈이 온다는 얘기는 없었습니다. 그런데 정말 한 치 앞도 보이지 않을 만큼 폭설 수준의 눈이 내렸습니다. 헬기가 제자리에서 돌기 시작했습니다. 앞이 안 보이니 눈이 그칠 때까지 회전 운항으로 시간을 벌어보자는 게 기장의 생각이었지요. 답답했지만 그의 재빠른 판단을 믿는 수밖에 없었습니다.

회전 운항을 하는 동안 불안하고 초조했습니다. 태연해 보이려는 지사의 얼굴은 창백해지고, 새마을회장은 아예 눈을 감고 있었습니다. 기장과 부조종사도 진땀을 흘렸습니다. 다행히 15분 정도 지나자 언제 그랬냐는 듯 눈이 거짓말처럼 그치고 이내 맑은 하늘이 보이기 시작했습니다. 예정 시간보다 조금 늦어지기는 했지만, 승용차로 3시간이 넘게 걸리는데 헬기로는 착륙 지점인 연천군청 옆 학교 운동장까지 35분 정도밖에 안 걸렸지요. 사람들이 눈에 들어오고, 헬기가 내릴 때 일어나는 먼지바람은 눈 덕분에 걱정 안 해도 되겠다는 생각이 들 만큼 여유도 생겼지요.

업무 보고 청취를 마치고 주민과 이야기를 나누는 간담회장에 들어설 때는 큰 박수가 쏟아졌습니다. 아마 갑자기 쏟아진 눈 때문에 헬기에서 고생했다는 말을 들었을 것입니다. 그렇게 우여곡절을 겪으며 연천군 연두순시를 마친 후 승용차로 갈아타고 다음 일정인 동두천을 향할 때였지요.

"뭔 눈이 갑자기 그렇게 많이 와! 잘못하면 사고가 날 수도 있었겠어. 나야 도지사까지 지냈으니 순직해도 그만이지만, 저 홍비서는 이제서른셋인데 잘못되면 어쩌나 그런 생각이 들더라고."

가슴이 뭉클했습니다. 그 예측할 수 없는 상황에서도 저를 걱정했었다니, 감동이었습니다.

"홍비서! 지사님 정말 좋은 분이지? 잘 모셔."

동두천에 도착했을 때 수행 국장이 제 손을 잡으며 말했지요. 돌아오는 길에 지사에게 걱정해줘 고맙다고 인사드렸습니다. 정말 잘 모셔야겠다는 새로운 각오와 다짐을 했지요.

공직자로 일하면서 일곱 분의 지사를 모시며 많은 것을 배웠습니다. 기억에 남는 일이 많지만, 그 중에서도 선명하게 남아 있는 것이 바로 그때 그 임사빈 지사의 말 한마디지요. 말의 힘, 힘 있는 말은 진심이 담겨 있어야 가능하다는 것. 공직생활 동안 늘 곱씹어 되새긴 그분의 그 말은, 지금도 묵직한 감동으로 남아 있습니다.

"내가 글씨 쓴 현판 태워버리게!"

"홍 부시장님! 저하고 일본에 함께 다녀오시지요."

과천에서 일할 때, 최종수 문화원장이 제안했습니다. 3000점이 넘는 추사 관련 자료를 과천시에 기증한 '후지츠카아키나오(藤塚明直)' 선생의 기일에 맞춰 방일하자는 것이었지요. 당시 과천시는 추사 선생이 말년을 보낸 '과지초당(瓜地草堂)'을 복원하고 '추사박물관' 건립을 준비했는데 그 중심에 최 원장이 있었습니다. 치열한 삶으로 대업을 이룬 추사, 그를 기리는 최 원장의 열정과 가치 있는 삶을 존경하던 터라 쾌히 응했지요. 단둘이 당일치기로 일본으로 날아가 묘역을 찾아 꽃과 술 한 잔을 곁들여 절을 올리고 왔습니다. 추사는 말년에 4년 동안 과천에서 인생을 달관한 듯 지내다가 세상을 떠났지요.

추사가 귀양지인 제주도로 가기 전, 오랜 벗 초의 선사를 만나기 위해 해남 대흥사를 찾았습니다. 그런데 함께 경내를 돌아보다 대웅전 현판을 본 추사가 갑자기 버럭 화를 냈지요.

"이보게 초의, 어찌 저런 현판을 걸어놓았는가? 당장 태워버리게 차라리 내가 하나 써줌세."

대웅전 현판은 '동국진체'를 정립한 '원교 이광사'의 글씨였지요.

느닷없는 추사의 말에 초의 선사는 말없이 웃으며 그러자고 했습니다. 그러곤 추사가 떠난 후, 대웅전 왼편에 있는 '백설당(白雪堂)'에 추사가 쓴 '무량수각' 현판을 걸었지요. 초의가 추사 글씨를 대중전이 아닌 백설당에 건 것은 바꿔 달 수 없었기 때문입니다. 부처님을 모신 법당의 현판은 대웅전 · 대웅보전 · 극락보전 · 무량수전처럼 '전(殿)'이어야 하는데, 추사가 쓴 글씨는 각(閣)이었기 때문이지요. 그래서 추사의 글씨를 전(殿)이 아닌 당(堂)에 달아놓았지만, 초의는 추사나 원교나 모두 대가의 경지에 이른 사람이란 것을 알기에 두 현판 모두 잘 보관했지요.

"초의, 내가 쓴 현판은 태워버리고 이광사 글씨를 다시 걸게!"
오랫동안의 유배 생활을 마치고 난 추사가 다시 초의 선사를
찾았을 때 한 말이었습니다. 초의는 이번에도 말없이 빙그레
웃으며 그러자고 했고, 추사는 홀연히 떠나버렸습니다.

추사는 유배 생활 동안 수많은 책을 읽고 글을 쓰면서 삶을 다시 성찰하는 시간을 가졌습니다. 일찍이 서체 확립과 학문적 성과가 세상 최고라고 칭송받으며 살아왔으나 세월이 지날수록 자신의 역량이 많이 부족했다는 걸 절감하며 정진을 거듭했습니다.

'높이면 낮아지고 낮추면 높아진다.'는 진리를 터득한 것이지요. 유배 후, 돌아오는 길에 초의 선사를 만나 자신의 글씨를 태워버리라고 한 것도 이런 깨달음의 결과물일 것입니다. 지난날 철없이 기고만장했던 자신이 부끄러웠고, 인생의 연륜도 무르익었기 때문이지요.

추사에겐 초의와 같은 벗이 또 있었습니다. 유배 중인 사람을 돕다가는 불똥이 어떻게 얼마나 튈지 모를 판에 귀한 책을 120권이나 보내준 '이

상적'이지요. 한 권이 집 한 채 가격인 것도 있었다고 하니 얼마나 대단한 일입니까. 그 정성에 보답할 길이 없던 추사는 그림을 그려 주었는데 바로 '세한도'입니다. 청나라 학자들의 극찬을 받았고, 오늘날 우리 회화 역사상 최고의 작품으로 손꼽는 국보이지요. 추사가 혹독한 유배 생활을 겪지 않았다면 세한도와 추사체는 탄생하지 못했을지도 모릅니다.

세상엔 나 잘났다고 설치는 사람이 많지만, 훗날 설익고 어설펐던 시절을 후회하게 되지요. 내가 최고라는 자부심도 좋지만, 상대를 인정하고 존중해주는 게 상도(常道)라는 생각입니다.

살아보니 '세상엔 고수가 많다'는 걸 실감합니다. 당대에 손꼽히는 대가였던 추사도 그러했을진대 하물며 어쩌다 금배지나 완장을 찼다고 잘난 척, 설쳐대는 걸 보면 절로 저절로 헛웃음이 나오지요. 추사 선생의 현판 이야기는 오늘을 살아가는 우리가 모두 두고두고 곱씹어야 할 금과옥조입니다.

감춰진 진짜 모습을 이해하자

복면을 쓴 사람이 얼굴을 감춘 채 노래 경연을 하는 TV 프로그램이 있는데, 누구인지 맞혀 보는 재미가 참 쏠쏠하지요. 감추는 것, 그게 가면의 본질입니다. 실제와 다른 모습을 보이고자 하는 것은 모순된 일이지만, 민낯으로는 극복하기 어려울 때 가면은 좋은 방편이기도 합니다. 얼굴을 감추고 자신을 초월한 그 무엇인가를 갈구하려는 욕망, 그게 고대부터 오늘에 이르기까지 가면이 소멸하지 않는 이유이겠지요.

《로미오와 줄리엣》은 비극적인 사랑의 대명사로 불리는 명작입니다. 이 작품의 백미는 로미오와 줄리엣이 가면무도회에서 운명적인 사랑에 빠지는 대목이지요. 가면 속 눈빛에 빠져드는 알 수 없는 이끌림과 가슴 설렘이 그들을 걷잡을 수 없이 불타게 합니다. 얼굴은 가려졌지만, 감춰지지 않는 내면이 엿보였기 때문일 것입니다.

우리나라에서는 가면이 세상을 풍자하는 용도로 많이 쓰였지요. 권위적이고 위선적인 양반의 행태를 신랄하게 비판하고 풍자하는 '양주 별산대놀이'가 대표적입니다. 영화 《왕의 남자》에서도 주인공은 탈을 쓰고 한마당 연회를 신명 나게 이끌어갑니다. 물론, 그것은 흥겨운 잔치가 아니었지요. 가면 속에서 험한 세상과 고관

대작들을 조롱하는 사설은 어느 사랑 타령보다도 피를 토하듯 절절하게 마음을 울리지요. 영화 속이지만, 광대 스스로 벅찬 마음을 주체하지 못해 눈물을 흘리는 모습은 가슴을 먹먹하게 합니다. 억압과 제약 속에서도 즐거움과 정겨움과 낭만이 있는 가면 세상. 서양의 가면무도회가 소통하며 즐기는 모임이라면 우리 가면극은 주로 세상을 비판하는 해학과 풍자의 한마당이었지요.

> '열 길 물속은 알아도 한 길 사람 속은 모른다.'는 말이 있지요. 하늘이 내려준 인연을 맺고 사는 부부, 피를 나눈 자식, 형제자매 간에도 감추고 싶은 게 있습니다. 하물며 다른 사람의 마음을 아는 일은 사실상 불가능 하지요.

오랜 세월 함께 지낸 친구로부터 도무지 이해할 수 없는 일을 당하고 한동안 공황 상태에 빠진 일이 있습니다. 믿었던 얼굴 뒤에 감춰진 또 다른 모습을 미처 보지 못한 것이 불찰이지만, 가면치곤 너무 무섭고 가혹했지요. 그러나 스스로 마음을 정리했습니다. 이해할 수는 없어도 나와는 다른 그 친구를 원망하지는 않으리라 다짐했지요. 어찌 생각하면 속내를 감추고 아무 일 없는 듯 지내고 있는 저도 가면을 쓴 셈이지요.

겉과 속이 다르다는 뜻의 '표리부동(表裏不同)'이라는 말이 있습니다. 겉과 다른 행태를 보는 건 참으로 무섭고 위험한 일이지요. 하지만 남을 속이지 않고 사는 사람, 자신을 속이지 않고 사는 사람은 없을 것입니다. 그게 인생살이기도 하고 세상이 맘대로 살아지는 게 아니니 말이지요. 하지만 살면서 지켜야 할 상도(常道)는 있습니다. 그것마저 외면하면서 살면 안 됩니다. 그건 사람으로서 도리가 아니지요. 가끔 상식적으로 이해하기 어려운 일을 저질러 놓고도 아주 당당하게 자기 명분을 세우려는 사람이 우리를 당혹하게 할 때가 있습니다. 심지어는 상대방을 왜곡된 프레

임에 가두려는 사악한 일까지 벌여 세상이 무섭다는 걸 절감하게 하는 일도 있지요. 사람은 누구나 가면을 쓰고 살아갑니다. 사는 게 힘들고 버거울 때 초승달 눈 흘기는 포장마차에 들어 눈물이 녹아든 술잔을 기울이곤 태연한 얼굴로 살아가는 게 세상살이기도 하지요.

각박한 세상에서 어떻게든 살아남으려는 생존의 몸부림이기도 합니다. 정도의 차이가 있을 뿐 한 꺼풀만 벗기면 가면을 쓰지 않은 사람이 어디 있겠는지요. 이렇게 보면 남에게 들키고 싶지 않은 일이면 가면이라도 쓰는 게 사람다운 몸짓이 아닐까 합니다만, 가면을 왜곡에 이용하면 안 된다는 생각입니다. 가면을 써도 사람 된 도리와 본분을 잊어선 안 되지요. 가면을 만든 이유도 최소한 하소연이라도 할 수 있게 숨구멍을 열어준 것 아니겠습니까. 가면 속에 감춰진 진짜 모습을 보는 것, 그 모습을 이해해 주는 것, 이게 사랑의 출발이 아닐까 합니다.

결과보다 과정에 감동

"메달을 걸어야 했는데, 못 걸고 와서 99점이라고 생각합니다."

도쿄올림픽에서 한국 여자배구를 4강으로 이끈 뒤 귀국한 김연경 선수가 공항에서 열린 귀국환영식에서 "감독이 김 선수를 100점 만점에 5000점이라고 극찬했다"라는 기자의 질문에 이렇게 답했지요. 이어 "사실 떠나기 전만 해도 예선 통과가 가능할까 싶었다. 그만큼 많은 분이 기대하지 않은 건 사실이다. 우리가 한 팀으로 똘똘 뭉쳐서 이뤄낸 값진 결과"라고 말했습니다. 특유의 솔직하고 직선적인 말도 여전했습니다. 당장 하고 싶은 것은 빨리 집에 가서 씻고, 누워서 치킨을 시켜 먹는 거라고 했지요. 하지만 중국 리그에 참가하기 전까지 한두 달 정도 몸을 다시 만들어 잘 준비하겠다는 말도 잊지 않았습니다.

역대 올림픽에서 메달을 따지 못했는데 이렇게 환영을 받은 건 극히 이례적인 일이지요. 아낌없는 헌신과 리더십을 보여준 김 선수가 큰 몫을 했기에 가능했으리라 봅니다. 여자배구 대표 팀은 일부 주전선수가 불미스러운 일로 선수단을 떠나 분위기가 어수선했고, 남은 선수의 사기도 크게 떨어진 상태였지요. 이런 상황에서 주장이자 맏언니인 김연경 선수는 동료와 후배들을 다독이며 팀 분위기를 다시 끌어올리는 데 주력했습니다. 그는 경기하는 동안 허벅지에 실핏줄이 터지는 부상을 입었지만, 선수들을 다독이며 용기를 북돋워 주었지요. 4강까지 진출할 수 있게 하는 큰 원동력이었고, 이에 국민도 감동했습니다. '금메달보다 값진 4강'이라는 말이 그래서 나온 것이지요.

김연경 선수의 팬들은 더 큰 감동을 주었습니다. 터키가 산불 피해로 크게 고통받는다 걸 알고 김연경이라는 이름으로 묘목을 기부해 화제가 됐습니다. 터키는 도쿄올림픽에서는 8강전에서 패배해 짐을 싸야 했지만, 김연경 선수가 꽤 오래 활약했던 여자배구 강국입니다.

비영리단체인 CEKUD(터키 환경단체연대협회)는 홈페이지에 묘목을 선물한 김연경 팬들에게 한글과 영문으로 '한국의 친구 여러분! 수천 그루의 묘목을 아낌없이 기부함으로써 지지를 보여줘 진심으로 감사드리고 맡겨주신 묘목을 오랜 우정처럼 지키고 가꾸겠습니다'라고 감사의 메시지를 올렸지요. 비록 한국 여자배구는 메달을 못 땄지만, 김연경 선수 팬들의 묘목 기부는 장외 금메달감입니다.

도쿄올림픽에서 우리나라는 금 6, 은 4, 동 10개로 종합순위 16위였습니다. 1984년 LA 올림픽 이후 가장 부진한 성적이지요. 우리나라는 자타가 공인하는 태권도 종주국이지만 한 개의 금메달도 못 걸었습니다. 전통적으로 강세를 보였던 유도, 레슬링, 복싱 성적도 초라합니다. 그러나 젊은 선수들이 쏘아 올린 희망의 메시지는 소속 팀에는 물론, 우리 국민에게 새로운 힘을 불어넣어 주었습니다.

경기 때마다 큰소리로 파이팅을 외쳤던 양궁의 김제덕 선수는 승패와 상관없이 활력을 주는 에너자이저였지요. 특히, 관심 밖이었던 선수들의 선전과 긍정적인 자세가 돋보였습니다. 높이뛰기에서 4위에 오른 우상혁 선수는 늘 파이팅을 외치고 거수경례를 하는 늠름한 모습을 보여주었지요. 메달 사냥엔 실패했지만, 한국 신기록을 갈아치우며 화제를 모았던 수영의 황선우 선수도 실망보다는 약점인 작은 체격을 키워 다음에는 메달에 도전하겠다고 포부를 밝혔습니다.

청와대 국민청원게시판에 도쿄올림픽 높이뛰기 종목 4위였던 우상혁 선수에게 동메달 혜택을 주자는 청원이 올라왔습니다. SNS에서도 근대5종 4위인 정진화, 한국 신기록 경신과 자유형 100m 5위의 수영 황선우에게 혜택을 주자는 등의 글이 등장했지요.

한마디로 이들이 보여준 긍정적인 에너지가 코로나에 지쳐 있는 국민에게 많은 위로와 격려가 됐다는 것입니다. 확실히 이들의 모습은 예전과는 차이가 있습니다. 메달을 못 따면 죄인처럼 고개를 숙이고, 경기장에 주저앉아 오랫동안 눈물을 흘리고, 상대 선수와 인사도 하지 않은 채 등을 돌리던 모습을 찾아보기 어렵지요. 비록 기대만큼 성적을 거두지 못했지만, 죽을힘을 다한 선수들에게 박수를 보냅니다. 내년(2022년)의 '항저우아시안게임', 3년 후의 '프랑스올림픽'이 벌써 기다려집니다.

귀담아들으며 공감해주는 것부터

"저는 생일날 종일 곡기를 끊고 물만 마시면서 명상합니다."
얼마 전, 파주에서 일할 때 인연을 맺은 스님 말씀을 듣고
의아했습니다.
단식투쟁을 하는 것도 아니고, 하필이면 생일날에….
"출가해 구도의 길을 가느라 일부러 가족을 멀리했고, 그러다 보니
어머니의 임종마저 지키지 못했어요. 생일 하루만이라도 저를 낳느라
고통으로 몸부림치셨을 어머니를 생각하며 그 고마움을 생각하자는
뜻이지요."

'아하! 그렇구나! 역시 말은 끝까지 들어봐야겠구나!' 내 할 말만 하고 다른 사람의 말엔 관심을 두지 않는 사람이 많습니다만, 말은 끝까지 듣고 공감해주는 게 중요하지요. 그게 상대방 존중이자 소통의 출발이니까요.

3000명이 넘는 위암 환자의 수술을 집도한 어느 교수의 인생 2막이 화제입니다. 위암은 우리 국민의 사망 원인 3위에 속하는 질환이지요. 이 '위암외과' 분야는 우리나라 의료진이 세계 최고 수준이라고 합니다. 이 중에서도 '대한위암학회' 회장과 한양대학병원 원장을 지낸 이분이 국내 최고 권위자라 합니다. 한마디로 손꼽는 명의이지요. 정년을 앞둔 그에게

대형 종합병원 등의 초청이 쇄도했습니다. 그러나 그는 좋은 조건을 마다하고 시골 지역의 4급 공무원인 강원도 양양군 보건소장직을 택했습니다. 많은 사람이 의아해하고 궁금해 했지만, 그는 아무 언급도 하지 않았지요. 하지만 그 뜻은 짐작할 수 있었습니다. 그는 '의사 수급보다 지역별 의료 불균형이 더 큰 문제'라고 했었으니까요. '아하! 그래서 그랬구나!'. 그러니까 양양 행은 그의 평소 철학을 실행에 옮긴 것뿐입니다. 굳이 말하지 않아도, 아니 말하지 않음으로써 말 이상 울림을 주는 행동이었던 것이지요.

경기관광공사에서 일할 때입니다. 대만에서 경기도 관광 관련 홍보마케팅을 하던 날, 걱정이었습니다. 입사한 지 4개월밖에 안 된 대만 출신 '똰팅위(段亭羽)' 주재원의 경기도 관광 소개에 내심 조마조마했습니다. 하지만 그는 20분에 걸친 프레젠테이션을 완벽하게 해냈습니다. 함께한 많은 참석자가 박수를 보냈지요. 그런데 행사를 마친 후의 뒤풀이 자리에서 모두 극찬하던 그때, 그가 갑자기 소리 내어 울기 시작했습니다. 무슨 일이냐고 물었더니 "큰 역할을 맡아 수백 번 연습했지만, 실수할까 봐 마음을 졸였는데 무사히 끝내고 칭찬도 받으니 긴장이 풀어져서…"라며 또 울음을 터트렸습니다. '아하! 그렇구나! 그래서 그랬구나!' 순간, 저도 모르게 덩달아 울컥했지요.

대학 졸업 후 입사시험을 치르고 온 아들이 완전 풀이 죽어 있었습니다. 최종 면접 때의 영어 문답 시에 이해는 했지만, 회화 능력이 부족해 답변을 못 했다는 것이었지요.

달빛이 스며드는 포장마차에서 아들과 술잔을 부딪치며 좀 더 공부를 잘할 수 있게 뒷바라지 못 해 미안하다고 했습니다. 기자가 꿈이었던 아들은 국문학 전공에 부전공으로 신문방송학을 공부했는데, 이런저런 얘기를 나누다가 꼭 그 길만 능사가 아니다 싶어 진로를 바꿔보는 게 어떻겠냐고 했습니다. 논의 끝에 어떤 일을 하던 우선 어학연수가 필요하다는 데에 공감하고, 비용이 조금 덜 드는 호주로 정했지요. 이런 과정을 거쳐 1년 만에 귀국한 아들은 단번에 취업에 성공했습니다. 이 또한 마음을 열고 나눈 소통의 결실이었지요.

소통, 소통, 소통이 중요하다 하지만 그 출발은 잘 듣는 것에 있고, 공감해주는 데 있습니다. '내가 듣고 있으면 내가 이득을 얻고 내가 말하고 있으면 남이 이득을 얻는다.'는 말이 있듯 '아하!'와 '아차!'는 자음 하나 차이지만, 그 결과는 천양지차로 달라집니다. 소통은 끝까지 듣고 '아하! 그렇구나!' 하고 진심으로 공감해주는 데서 시작되지요. 이것을 못 견뎌 '아차!' 하는 실수로 끼어들면 그 사이에 벽이 생기고, 편이 갈리고, 갈수록 자기 논리에 갇히게 되는 것으로 점점 확대될 우려가 크지요.

산다는 건 시작도 끝도 없고, 한계도 경계도 없는 길입니다. 언제 시작했는지 모르겠는데 이미 그것을 하고 있고, 이젠 끝났다 싶은데 계속 이어지는 일이 허다하지요. 살아가는 동안 '아차!' 하는 일보다 '아하! 그렇구나!' 하는 일이 많아지면 좋겠습니다.

실천하지 않으면 경전도 쓸모없다

"기적이 일어나기를 바랐는데…. 항상 타인을 배려하는 등 후배들에게 귀감이 되는 선배 소방관이었습니다."

2021년 6월, 이천의 한 물류창고 화재 현장에서 인명구조를 위해 지하실에 들어갔던 김동식 구조대장이 끝내 살아 돌아오지 못했습니다. 당시 후배 소방관 4명과 함께 '덕평 물류센터' 지하 2층으로 진입한 김 대장은 맨 나중까지 머무르다 고립돼 이틀 뒤에 숨진 채 발견됐지요. 김 대장은 그날 맨 뒤쪽에서 뒤처지는 대원이 없는지 챙기며 후배들에게 먼저 앞서서 빠져나가도록 했다고 합니다. 이 덕분에 후배들은 무사히 탈출할 수 있었지만 정작 그 자신은 갇히고 말았지요. '맨 먼저 들어가 맨 나중에 나온다.'는 소방관 원칙을 지킨 그가 결국 싸늘한 시신으로 발견된 것입니다. 그의 숭고한 순직을 온 국민이 애도했고 그는 불멸의 소방관이 되어 하늘나라로 떠났지요.

지난해인 2020년 10월, 울산의 주상복합 아파트에서 화재가 일어났을 때는 한 주민이 위험에 빠진 18명의 시민을 대피토록 해 화제가 됐습니다. 위험을 무릅쓰고 구조 활동을 펼친 그에게 국민은 경의를 표했지요. 또, 올해 2021년 1월 구미에서 발생한 건물 추락사고 시에도 본보기가 될 일이 있었습니다. 떨어지는 아이와 여성을 손으로 받아 생명을 구한 의인들, 31사단 장병과 시민이 그 주인공입니다. 이들은 POSCO 재단이 발굴하는 영웅으로 선정되기도 했지요. 광주 '곤지암 나들목' 인근 고속도로에서 3대의 차량이 연쇄 추돌하는 사고가 났을 때도 영웅이 있었습니다. 위급한 상황을 목격한 한 시민이 차 유리를 깨고 3명의 목숨을 구했지요.

코로나 19의 창궐로 온 국민이 공포에 휩싸여 있을 때는 의료진이나 소방관들이 위험을 무릅쓰고 환자를 보살폈습니다. 생명을 위협하는 악조건 속에서도 희생정신을 발휘하는 그들의 열정은 아직 진행 중이지요. 중국 우한 영사관도 큰일을 했습니다. 영사는 고생 끝에 발이 묶여 있던 교민 700여 명을 귀국시켰고, 외교부 직원들은 잔류 교민 지원에 총력을 기울였습니다. 지금도 피눈물을 감추며 묵묵히 코로나 퇴치를 위해 고군분투하는 사람은 많습니다. 이들의 희생과 봉사, 위대한 섬김이야말로 큰 버팀목이지요. 2015년 봄의 메르스 사태 때도 감동적인 일이 있었습니다. 한 의료진은 목숨 걸고 환자를 돌보는데 외려 '격리대상자로 외면 받는다.'면서도 환자를 낫게 해드리지 못해 죄송하다고 해 많은 사람을 울렸지요.

공군 수원비행장에서 어린이날 축하 에어쇼가 열린 일이 있습니다. 블랙이글 팀의 공중곡예에 어린이들은 환호성을 지르며 즐거워했지요. 이때, 예기치 못했던 일이 벌어졌고, 비행기 한 대가 인근 잔디밭으로 추락했습니다. 관람석에서 불과 1.8㎞ 떨어진 지점, 공중곡예를 하던 전투기가 땅에 떨어지자 곳곳에서 비명이 쏟아졌습니다. 전투기 조종석에는 김도현 중령이 타고 있었는데 당시 항공기 기체 고장으로 추락해 순직하고 말았습니다. 당시 공군 사고조사위원회는 "김 중령이 평소 훈련받은 대로 탈출할 수 있었지만, 관람객의 피해를 막기 위해 탈출하지 않고 끝까지 조종간을 잡은 것으로 보인다."면서 "김 중령의 희생과 결단 덕분에 대형 참사를 막았다"라고 밝혔습니다. 성직자가 아니어도 어려운 사람을 도우며 사는 사람이 참 많습니다. 이런 분들이 있어 세상 곳곳에 사랑의 온기가 흐르고 어려운 사람들이 고통에서 벗어날 수 있지요. 사람을 사람답게 살게 하고 기쁨과 슬픔을 함께하는 이들이야말로 사랑을 아는 분들입니다.

지하철에서 사람을 구하다가, 불길 속을 뛰어들어 많은 사람의 생명을 건지다가 돌아가신 분들…. 의로운 일이라면 남을 위해 나의 목숨을 던진 이들을 잊어서는 안 되지요. 성경을 말하고 불경을 외운들 실천하지 않으면 그 경전을 읽지 않은 사람만 못합니다. 양보하고 배려하면서 남을 먼저 생각하는 마음, 위기에 처할 때나 절실히 무엇인가를 필요로 할 때 기꺼이 온몸을 던질 수 있는 마음, 가슴 깊이 간직해야 합니다.

위기에 강한 국민 저력, 자랑스러워

아버지가 잠깐 다녀가라 해서 갔더니 자그만 종이 가방을 주셨지요.
'뭐지?' 하며 들여다보니 마스크와 손 세정제가 있더군요. 순간,
울컥했습니다."
《아는 형님》이라는 TV 프로그램에 출연한 배우가 눈시울을 붉히며
한 말입니다. 연로하신 아버지가 줄을 서서 기다린 끝에 산 마스크를
바깥출입도 하지 않은 채 아껴 뒀다가 아들에게 줬다는 건데
감동이었지요.

저도 비슷한 일이 있었지요. 오래전부터 알고 지내는 여든 살 어르신을 만났습니다. 제게 '코로나 19' 안부를 묻고는 당신도 매주 약국 앞에서 줄을 서서 마스크를 산다고 하시더군요. 그런데 헤어질 때 제게 마스크 몇 장을 건네셨습니다. 마스크가 생기니 갑자기 부자가 된 느낌이 들었고 고마웠지만, 한편으로는 죄송한 마음이 들었습니다. 어르신께 제가 사 드렸어야 하는데….

코로나 19가 창궐하던 2020년 봄, 뇌경색으로 투병 중이던 장모님이 돌아가셨습니다. 연로한 장인어른도 충격을 받아 정신없어하니까 모두 저만 바라보았습니다. 처가에서 남자는 처남뿐인데, 7남매 중 막내입니다.

그 처남이 누나와 매형들이 결정하는 대로 따르겠다고 했는데 제가 맏사위였기 때문에 결정권을 준 거지요. 저는 각자 가족에게만 부음을 알리자고 했습니다. 처제와 동서 중엔 가까운 친구나 모임의 회원에게는 알려야 하는 게 아니냐는 이도 있었지만, 토론 끝에 제 의견에 따르기로 했습니다. 왜 연락도 하지 않았느냐고 핀잔을 듣기도 했으나 다소 섭섭하더라도 잘했다는 생각입니다. 코로나 19로 하늘길이 막혀 신랑 · 신부가 신혼여행을 못 가거나 아예 결혼식을 미루는 일까지 속출하는 마당에 부음을 알리는 것 자체가 부담일 거라는 생각이었지요.

이번 추석에는 생전 처음 명절인데도 고향에 가지 못했습니다. 아무래도 형제들, 자식들, 손주들이 걱정되었기 때문입니다. 이렇게 되고 보니 아무 거리낌 없이 나들이에 나설 수 있다는 것이 얼마나 행복한 일인지, 가까운 친구들을 만나 소주잔을 나눌 수 있다는 것이 얼마나 기쁜 일인지, 또 아들 내외와 손주 손을 잡고 함께하는 소소한 일상이 얼마나 소중한 일인지 새삼스럽게 깨닫게 되더군요. 건강하다는 것, 일터가 있다는 것이 얼마나 감사한 일인지 예전엔 정말 몰랐지요.

집에서 '삼식(三食)이'로 지내며 책은 많이 읽었지만 답답했습니다. 마스크 사러 가는 게 기다려질 정도였지요. 많은 사람이 집안에서만 지내다 보니 식당이 줄지어 휴 · 폐업하고, 대중교통 이용률도 크게 줄었지요. 특히, 관광업계는 완전 초상집 분위기이고 재래시장이나 백화점 등도 매출이 크게 떨어져 고전을 면치 못한다는 보도입니다. 실업자가 사상 최대로 늘어나고, 입학과 개학이 연기되는 사상 초유의 사태도 벌어졌지요. 이러한 어려움 속에서도 참아야 할 때 잘 견디면서 절제하고 양보하고 배려한다는 게 얼마나 중요한 일인지를 온몸으로 느낍니다. 고통을 참고 살다 죽으면 사리가 나오는 것 아니냐는 농담이 진담처럼 들렸지요. 그러나 희망도 보였습니다. 코로나 19 현장에 군의과 간호장교 등을 포함한 의료진, 소방관, 경찰관이 달려가고, 수많은 사람이 자원봉사 대열에 합류했습니다. 또, 기업인은 물론, 많은 국민이 성금과 물품을 기증했지요. 월급 일부를 기탁한 공무원과 재난지원금을 기부한 사람도 많습니다. 어려움에 처한 이웃을 도우려는 우리의 미덕이 다시 한 번 빛을 발한 것이지요. '사회적 거리 두기'도 잘 지켜졌고 사재기도 없었습니다. 어느 나라에서도 찾아보기 어려운 선진 시민의식을 보여준 것은 자랑스러운 일이지요. 참을 줄 알아야 한다는 것도 새삼 다시 한 번 깨달았지요. 코로나 19로 힘들었지만, 이렇듯 얻은 것도 많습니다. 어떠한 어려움도 이겨낼 수 있다는 국민 저력을 확인한 건 그 어떠한 자산보다 소중한 것이 아니겠는지요. 그래도 코로나 19가 빨리 사라지면 좋겠습니다.

웃을 일 없는데, 개그 프로마저 없애다니…

주말이 되면 챙겨 보는 2개의 TV 프로그램이 있습니다. 《불후의 명곡》과 《복면가왕》이지요. 그런데 이번 주, 불후의 명곡 〈코미디를 노래하다〉 특집을 보는 내내 가슴이 먹먹했습니다. 무대를 잃어버린 개그맨들이 주인공이었기 때문입니다. 21년 동안 이어졌던 《개그콘서트》가 폐지돼 설 수 있는 무대가 없어진 개그맨들이 온몸으로 정성을 다해 부르는 노래는 묵직한 울림과 진한 감동을 주었지요.

코로나 19로 사는 게 힘들어진 사람이 너무나 많습니다. 생각보다 오래 이어지는 코로나 정국에 사람들은 지쳐가고 그만큼 웃을 일도 사라졌습니다. 이런 난세에 그나마 해학과 풍자로 대리만족을 안겨주었던 프로그램이 사라진 건 아쉬운 일이지요.

이날 개그맨 박성호는 “제 노래를 듣고 용기를 얻어서 개그맨이 좋은 무대에서 끼를 펼칠 수 있었으면 좋겠다.”고 참가자를 응원했습니다. 임혁필은 박준형과 드라마 《모래시계》 주제가였던 ‘백학’을 노래했는데, 모래 예술(샌드 아트)을 직접 선보이며 ‘개그여, 다시 한 번 날개를 펼쳐라’라는 메시지를 전했지요. 막내 엄지윤은 “새 출발을 해야 하는데 뭘 해야 할지 모르겠더라!”고 고백했고, 임재백은 “어머니는 ‘아들이 TV에 나오는 것이 자랑'이었는데, 죄송한 마음"이라고 전했습니다. 세 사람은 개그콘서트 동료와 함께 안치환의 '위하여'를 불러 방송 현장을 눈물바다로 만들었지요. 위로를 받아야 할 그들이 우리에게 감동을 준 무대, 그들의 진솔한 고백과 노래는 '인생은 멀리서 보면 희극이고 가까이서 보면 비극'이라는 말을 떠올리게 했습니다.

은퇴 후, 3년 넘게 손주들을 돌보며 지내다 보니 밖에 나가는 게 그리 쉬운 일이 아니라서 책을 읽고 글을 쓰고 가끔 TV도 봅니다. 하지만 뉴스를 안 본 지가 참 오래됐지요. 가뜩이나 지치고 힘겨운데 볼수록 짜증이 나기 때문입니다.

그러다 보니 《백반 기행》, 《한국인의 밥상》, 《골목식당》, 《동네 한 바퀴》 등의 예능 프로그램을 주로 보게 됐지요. 어려운 현실 속에서도 넉넉한 인심과 맛깔스러운 음식, 사람 냄새가 나는 인간미가 엿보였기 때문입니다. 아내는 먹는 것만 본다고 핀잔하지만, 그렇다고 아주 손사래를 치지는 않더군요. 즐기던 영화도 못 보고, 여행은 꿈도 못 꾸니 마땅히 즐길 거리가 없던 차에 손주들이 없는 주말이면 가끔 TV에 소개된 맛 집을 찾는 즐거움이 쏠쏠합니다.

제가 경기도청에서 모셨던 두 분이 국회에 입성했습니다. 연정(聯政)부지사로 일했던 강득구 의원은 여당, 행정부지사로 일했던 박수영 의원은 야당 소속으로 일하고 있지요. 달포 전, 국회에 간다는 후배와 함께 의원회관을 찾아 두 분을 만났습니다.

박 의원은 40년 공직생활을 하는 동안 만났던 사람 중에 가장 머리 좋고 순발력과 판단력이 뛰어난 공직자였지요. 강 의원은 도의회 의장과 연정부지사로 일했는데, 여느 정치인 같지 않게 순수하고 담백하고 반듯했습니다. 두 의원을 만나 꽤 많은 시간을 함께하면서 나름대로 의미 있는 시간을 보냈지요. 두 분은 서로 어떻게 지내느냐고 궁금해서 물었더니, 당은 달라도 자주 만나 대화하면서 잘 지내고 있다고 대답하더군요. 이 대답에 저도 돌아서는 발걸음이 가벼웠습니다.

하지만 '정치인치고 욕 안 먹는 사람 없다'는데, 이제 막 정치계에 몸담은 두 분이 걱정스럽기도 했습니다. '종편 TV'에는 시사 · 정치 프로그램이 많아도 너무 많고, 토론자의 주장도 극과 극으로 치닫는 경우가 많아 짜증스러울 때가 적지 않지요.

차라리 그런 프로는 과감히 줄이고 개그를 살리는 것이 좋겠다는 생각입니다. 안 그래도 코로나 19로 웃을 일이 없어졌는데, 개그 프로를 남기지는 못할망정 없애 버리니 너무 아쉽고, 다시 살려서 웃음소리가 들렸으면 좋겠습니다.

고 이주일 국회의원이 "국회가 개그 프로보다 더 웃긴다."고 했는데, 그가 말하는 '웃기다'는 익살이나 유머로 웃게 하다는 뜻이 아니라 어떤 말이나 행동이 코웃음이 나올 만큼 한심하거나 어이가 없다는 뜻이지요. 국회에서 웃긴다는 '전설 따라 삼천리'에서도 본 일이 없습니다. 임혁필이 모래에 새긴 '개그여, 다시 한 번 날개를 펼쳐라!'라는 말이 더욱 더 크게 들린 이유이기도 합니다.

어떤 상황에서도 여유와 겸손함이…

'띠 라라라 라….'

2021년 4월 '예술의전당' 콘서트홀에서 열린《정명훈 피아노 리사이틀》공연 도중 난데없이 휴대전화 벨 소리가 울렸습니다. 1부를 마친 후, 잠시 호흡을 가다듬고 2부를 시작하려던 순간이었지요. 모두 숨죽이며 기다림에 집중하던 그때 벨 소리가 울려 객석이 술렁거렸습니다. 중요한 순간, 놀란 청중들도 당황하고 화가 날만한 상황이었지요. 그런데 정명훈은 방금 울렸던 휴대전화 벨 소리를 피아노 건반으로 재치 있게 옮겨 재현하는 순발력을 보여주었습니다. 누구도 예상치 못한 일에 청중이 크게 환호하며 박수로 화답했지요. 그는 살짝 미소를 머금고 "여보세요?"라고 말하며 수화기를 드는 추임새까지 보인 뒤, 휴대전화 벨 소리와 연주의 첫 음을 연결하며 공연을 시작했습니다. 거장다웠습니다. 그런 그에게 오랫동안 환호가 쏟아졌지요.

세계적인 성악가 조수미가 2006년 파리 독창회를 앞두고 있을 때 아버지가 돌아가셨습니다. 부음을 들은 조수미는 곧바로 귀국하려 했지만, 관객과의 약속을 지키라는 어머니의 만류에 장례식 참석을 자제했지요. 본 공연 후, 앙코르를 외치는 청중에게 그는 "지금 서울에서는 아버지의 장례식이 열리고 있습니다. 제가 여러분 앞에서 노래하는 것이 옳은 일인지 모르겠네요. 아버지도 제 노래를 잘 듣고 계시리라 믿습니다."라고 말한 뒤, 아버지를 위한 노래라며 슈베르트의 '아베마리아'를 열창했습니다. 온 힘을 다해 부른 노래가 끝나자 청중은 모두 일어나 10분 넘도록 기립박수를 보내며 그를 위로했지요. 이는 단순한 위로가 아니었지요. 약속한 청중을 위해 아픔을 삼키면서 노래한 존경의 표시였습니다.

'아카데미 감독상' 수상으로 우리나라 100년 영화사에 전무후무한 금자탑을 이룩한 봉준호 감독은 일약 세계적인 거장으로 떠올랐지요. 그는 시상식장에서 영화를 공부할 때 '가장 개인적인 것이 가장 창의적인 것'이라는 말을 늘 가슴에 새겼다고 밝혔습니다. 이어 그 말을 한 사람이 '마틴 스콜세지' 감독이고, 스콜세지 감독의 영화로 공부를 했는데, 그와 같이 후보에 오르다니, 그것만으로도 영광이라고 말했지요.

이 말을 들은 스콜세지 감독은 감격에 젖은 표정으로 봉 감독을 향해 손을 흔들었고, 이 모습을 지켜본 영화인들은 기립박수로 화답했습니다. 다른 감독을 치켜세우는 겸손한 모습, 그것이 한층 더 진한 감동을 불러일으킨 것이지요. 거장이란 수식어가 전혀 부끄럽지 않은 품격은 이런 데서 나타나는 거라는 생각이 들었습니다.

한국인 최초로 '아카데미 여우조연상'을 수상한 윤여정도 많은 사람을 매료시켰습니다. 그는 수상 소감에서 "진심이 통하는 걸 보여주고 싶었다. 요즘 세상은 진심이 안 통하는 세상"이라며 꼬집기도 했지만, "먹고살기 위해 절실하게 연기했다. 대본이 곧 성경 같았다"는 솔직한 말은 묵직한 감동과 울림을 주었지요. 특히, 시상식장에서 보인 유머와 자연스러운 몸짓은 참석자는 물론, 이를 바라보는 많은 이에게 여유를 주고, 한국과 한국인에 대한 호감도를 높였을 것입니다. 윤여정은 여우조연상 후보로 함께 오른 '글랜 클로즈'를 보며 "대 배우와 어떻게 경쟁을 할 수 있었을까. 운이 좀 더 좋아서 이 자리에 있는 것"이라고 겸손함을 잃지 않아 큰 박수를 받았지요. 일흔은 넘긴 세월의 연륜, 50년이 넘는 연기 인생이 담긴 품격을 보여주었습니다.

거장들이 보여준 품격은 그 자체로 감동이고 교훈이 되지요. 사실, 우리나라를 빛낸, 혹은 빛낼 예술가나 스포츠인, 기업가가 참 많습니다. 정작 우리나라보다 다른 나라에서 더 환호하는 게 이상하지요.

많은 사람에게 존경받고 박수를 받는 거장이 비 온 뒤의 대나무 순 솟아오르듯 하루아침에 생겨나는 건 아닙니다. 오랜 세월을 살아온 인생 경험을 통해 쌓은 내공이 있어야 가능하고, 그나마도 아무나 되는 건 아니지요. 그런 거장이 우리나라에 많다는 건 축복입니다. 그러나 세상엔 그런 유명한 거장 못지않은 숨은 고수도 적지 않습니다.

살다 보면 '아! 이런 사람도 있구나!' 감탄하게 되는 대가를 만날 때가 있는데, 별것도 아닌 지식이나 재산이나 명예로 잘난 척했다가는 큰코다치기 일쑤이지요. 이런 분을 만나면 더욱더 겸손하게, 낮추며 살아야겠다는 새로운 다짐을 하게 됩니다. 우리 곁에 존경할 만한 거장, 저절로 고개를 숙이게 만드는 숨은 고수가 많기를 기대해 봅니다.

'국민'이란 글자,
함부로 붙이지 말라

"아, 테스 형! 세상이 왜 이래? 왜 이렇게 힘들어? 너 자신을 알라며 툭 내뱉고 간 말을 내가 어찌 알겠소. 모르겠소. 아, 테스 형! 아프다."

2020년 추석 연휴에 가수 나훈아가 대중의 마음을 사로잡았습니다. 코로나 19로 힘겨운 사람들을 위해 출연료도 없이 특집 무대에 오른 것이지요. 그는 일흔을 넘긴 나이가 믿기지 않을 만큼 열정적인 노래와 몸짓으로 화려하고 강렬한 공연을 펼쳤습니다. '나라를 지킨 것은 대통령이나 왕이 아니라 보통의 우리 국민이었다.'는 소신 발언도 묵직한 반향을 불러일으켰지요. 이 감동적인 공연을 본 사람들은 그를 왜 '국민가황(歌皇)'이라 하는지 알게 됐다고 합니다.

탤런트 김수미는 남편의 사업 실패로 생활이 어려워 친구. 동료에게
돈을 빌려 다녔다고 합니다. 이를 안 배우 김혜자가 이렇게 말했다지요.
"얘, 넌 나한테는 왜 돈 빌려 달라는 소리를 안 하니? 추접스럽게
여기저기 돈 꾸지 마라. 필요한 돈이 얼마냐?"
그러면서 김수미에게 전 재산이 든 통장을 건넸다고 합니다.
"이거 내 전 재산인데 나는 돈 쓸 일이 별로 없어. 다음 달에 아프리카
빈국에 봉사 가려고 했는데, 아프리카가 여기 있네. 다 찾아서 해결해.

갚을 필요 없어. 혹시 돈이 넘쳐나면 그때 주든지."
"언니! 언니가 아프리카에서 포로로 납치되면 내가 포로가 돼서
교환하자고 할 거야. 나 꼭 언니를 구할 거야"

가수 조용필이 한창 바쁠 때의 이야기입니다. 어느 요양병원 원장의 전화를 받은 그는 예정된 그날 행사를 모두 취소하고 그 병원이 있는 시골로 달려갔지요. 그러고는 한 소녀를 위해 '비련'을 불러주었다고 합니다. 그랬더니 8년간 아무 반응이 없던 그 소녀가 펑펑 울고, 부모도 함께 울었다지요.

조용필이 소녀를 안아주며 비련이라는 곡이 들어 있는 CD에
사인해서 건네주자 소녀의 어머니가 물었습니다.
"돈을 어디로, 얼마나 보내드리면 될까요?"
"따님이 오늘 흘린 눈물이 제가 평생 번 돈보다, 또는 앞으로 벌게 될
돈보다 더 비쌉니다."
조용필의 사람 됨됨이와 가왕의 품격을 보여준 일이었지요.

MBC-TV의 최장수 드라마인 《전원일기》로 20년 넘게 인기를 누렸던
탤런트 최불암은 일흔 중반부터는 드라마 출연이 뜸했는데,
그 이유를 이렇게 말했습니다.
"어느 때부터인지 연출진이 저를 어려워하더군요. 불편한 존재가
되면 안 되겠다는 생각이 들어 뒤로 좀 물러났지요."

물론, 미니시리즈나 특별기획 등 드라마 출연이 없었던 것은 아니지만, 활동이 뜸한 게 사실이었습니다. 드라마 외에는 주로 내레이터나 진행자로 활동했는데, KBS-TV 《한국인의 밥상》은 10년이 넘은 장수 프로그램이지요. 그가 오랜 세월동안 '국민아버지'로 불리는 것은 인간적인

매력과 거짓 없는 성실한 몸짓 때문일 것입니다. 이런 가수나 배우를 일러 우리는 '국민가수', '국민배우'라고 하지요. 하기야 연예인에게 '국민오빠', '국민누나', '국민여동생'이라고 붙이는 일도 적지 않기는 합니다.

그러다 보니 국민이 너무 흔해지기는 했지만, 무게감 자체가 전혀 다르다는 것이 제 생각이지요. '국민'이라는 호칭은 단순히 인기가 많다고 부를 수 있는 게 아닙니다. 자신의 희생이나 손해를 감수하면서도 희망과 용기를 주는 이, 외롭거나 아프거나 가난한 사람 돕기를 우선으로 생각하는 이, 때때로 다른 사람에게 길을 터주기 위해 과감히 물러날 줄 알고, 때때로 진심으로 나라를 걱정해 쓴 소리도 하는 이, 그러면서도 자세를 낮추고 유머나 품격을 잃지 않는 이어야 '국민'을 붙일 수 있는 것 아니겠는지요.

인기가 있어서 특별한 게 아니라 특별해서 인기가 있는 겁니다. 그 특별함이 없으면 인기는 한순간 물거품이 되지요. 인성과 품격, 나름의 철학과 가치관이 뒷받침돼 있지 않으면 특별함이 있을 수 없고, 그런 이에게 '국민'을 붙일 수도 없습니다.

인생 살 맛나게 하는 건 배려와 도움

코로나로 직장을 잃은 뒤 경제적 어려움을 겪던 한 가장에게 피자를 선물한 사람이 있어서 화제입니다. 일곱 번째 생일을 맞은 딸에게 맛있는 걸 사주고 싶은데 실직 가장에겐 571원밖에 없었지요. 그는 가게 주인에게 '딸을 혼자 키우는데 그 딸이 피자를 먹고 싶다 했다, 생일이라 사주고 싶은데 지금은 돈이 없다, 기초생활비를 받는 날 꼭 갚을 테니 피자 먼저 줄 수 없느냐' 물었습니다. 주인은 '집에 돌아가 계시라, 곧 보내겠다.' 약속했지요.

집으로 배달이 된 피자 상자에는 '결제 완료'라는 전표가 붙어 있었습니다. '부담 갖지 마십시오. 따님이 또 피자를 먹고 싶다 하면 연락하세요.'라는 글씨도 큼직하게 적혀 있었지요. 보낸 이는 점주인 32세 청년 황진성 씨였습니다. 네티즌들은 "아직 세상 살만하다", "황 씨네 가게에 가자"며 사업장 주소까지 공유하고 나섰습니다. 그의 선행에 감동한 것이지요.

1960년대의 제 고향에도 끼니 걱정을 하는 집이 참 많았습니다. 아버지는 아침 일찍 동네를 휘돌아보고는 집에 돌아와 쌀이나 보리 두세 봉지를 들고 다시 나가곤 하셨습니다.

“우리 살림도 어려운데 왜 그렇게 남 걱정을 해요.”

어머니의 볼멘소리가 들렸지만, 아버지는 어려운 사람을 배려하고 도와주는 일을 멈추지 않았습니다. 바쁜 농사에도 의용소방대에 들어가 봉사활동도 열심히 하셨지요. 비록 많이 배우진 못했으나 어떤 것이 가치 있는 삶인지를 몸소 보여주었습니다. 이웃과 함께 살아가려는 넉넉한 마음, 아버지는 제 인생의 스승이자 길잡이였지요.

아버지는 제가 복무하던 부대에 딱 한 번 오셨습니다. 그때 ‘절대로 사람을 때리지 말라!’고 신신당부하셨는데, 저는 상급자의 폭행이 난무했던 1970년대의 그 험악한 군대 생활 3년 가까운 동안 한 번도 하급자를 때린 적이 없었지요. 아버지는 제가 공무원이 된 후에는 할 수 있는 한 누구라도 최대한 도우라고도 하셨습니다. 저는 민원이 들어오면 법이 허용하는 범위 내에서 정말 최대한 도우려고 애썼지요.

경기도청 공무원이 뽑는 ‘함께 일하고 싶은 베스트 간부 공무원’에 4회 연속 선정이라는 전무후무한 기록을 세우게 된 건 그 덕분이 아닌가 합니다. 공무원 최고의 영예라 일컫는 ‘다산청렴봉사대상’도 받았고, ‘경기도를 빛낸 영웅’으로도 선정됐지요. 오랫동안 소년소녀가장을 후원해 ‘초록우산 명예의 전당’에 헌액(獻額)됐고, 대한적십자사로부터 ‘적십자회원 유공장 금장’도 받았습니다.

공들여 정성으로 살자는 초심을 잃지 않으려 부단히 애썼지요. 그래서인지 늘 바쁜 부서에만 배치 받아 밤낮없이 일하느라 가정엔 소홀했던 게 사실입니다. 고시 출신보다도 승진이 빨랐다는 게 보상은 아니었으나 위안은 되었지요. 비록 형편이 넉넉지 않아도 열심히 이웃을 도왔던 것은 아버지의 가르침이 있어서이기도 했고, 아들에게 모범이 되고 싶기도 해서였습니다. 저는 바쁜 공무원 생활을 하면서도 뒤늦게 야간대학에 다녔고, 대학원 졸업식 때는 '최우수 학업상'을 받았는데, 아들도 느끼고 배운 게 있으리라 생각합니다. 실제로 아들은 '제가 뭘 하라, 하지 마라!' 굳이 말한 적이 없는데도 훌륭하게 성장했습니다. 인성은 말로 가르칠 수 있는 게 아니지요.

"제가 만난 사람들이 한 결 같이 아버지를 좋은 분이라고 하니 정말 인생을 잘 살아오신 것 같아요!"

공직 은퇴 후 함께한 술자리에서 아들이 이런 말을 할 때 기분이 참 묘했습니다. 충분히 뒷바라지해 주지도 못했는데 아비에게 원망하거나 실망하지는 않은 듯해 다행이라는 생각이 들었지요.

가진 게 많지 않으니 재산을 물려주는 건 애당초 글렀고, 퇴직까지 했으니 돈벌이 걱정이 없진 않지만, 남을 배려하고 돕는 일은 멈추고 싶지 않습니다. 돈보다 중요하고 가치 있는 게 인성이니 아들과 손주들에게 좋은 거울이 돼야지요.

문맹일 수밖에 없었던 걸
모르는 게 죄

"나는 좋으면서 눈물이 나왔다. 열다섯에 입는 교복을 육십에 입었다."
"글 모르는 죄, 내가 지은 것도 아니지만 시집와 꼼짝 못 하고 기죽어 살면서도 그렇게 살아가야 하는 줄로만 알았습니다."
"내 나이 65세에 시작한 공부, 시간아 오지도 가지도 마라. 나는 너무 배우고 싶은 것이 많아 마음이 바쁜데 세월마저 쫓아오면 내 마음 어쩌라고, 나는 학생이라 공부할 게 많다. 시간아, 멈추어다오."
"한글을 깨우치니 세상이 달라 보입니다. 예전에는 시장에 가도 물건만 보고 찾아갔는데 이젠 상점 이름이 보이니 신기했어요. 하늘나라에 있는 할아버지에게도 편지를 쓰려고 합니다."

용인에서 일할 때 한글을 모르고 살아온 어르신을 대상으로 문해 교육을 시행했습니다. 그러고 그 교육을 통해 배운 한글로 솜씨를 발휘하도록 해 시화전을 열었지요. 전시된 작품은 하나같이 어르신들이 겪어온 질곡의 삶이 투영돼 있었습니다. 작품을 돌아보는 동안 저도 모르게 콧등이 시큰해지면서 울컥해졌지요.

너무도 어려웠던 시절, 제대로 먹지도 입지도 못하고 오직 자식을 위해 살아오신 어르신들의 젊었던 때의 얼굴을 상상해 보기도 했습니다. 불현듯 죽도록 고생만 하다가 형편이 나아진 맛도 제대로 못 보고 예순둘에 돌아가신 아버지와 홀로 남아 아버지 몫까지 하다가 돌아가신 어머니의 얼굴이 떠올랐지요. 글을 모르고 살아온 어르신들이 의외로 적지 않더군요. 또한, 의외로 그 어르신들은 만학 중에서도 만학이었는데도 예상보다 글을 빨리 깨우치더군요. 과연 누구나 쉽게 배울 수 있는 과학적인 글자가 한글이란 것이 사실인 듯합니다. 어르신들은 '나도 쓰고 읽을 수 있게 됐다'는 사실에 세상을 다 얻은 듯 기뻐하셨습니다.

> "은행에 가면 이름도 못 쓰냐고 아가씨가 눈을 흘겼어요. 아들이 군에서 보낸 편지를 읽지 못한 채 40년을 장롱 안에 모셔놓았습니다. 난 글을 읽을 줄도, 쓸 줄도 몰랐으니까. 우리 동네에 '한글교실'이 열리던 날 떨리는 마음으로 공부하러 갔는데 이미 머리도 굳었고 손도 굳었어요. 눈도 귀도 어둡고요. 선생님이 암만 가르쳐주어도 오른쪽 귀로 들은 게 어느새 왼쪽 귀로 사라져 버리고 말았지요. 하지만 이런 과정을 견디면서 나를 닮은 몽당연필로 글자를 그렸어요. 내 이름 석 자와 자식들 이름도 그렸지요, 글씨를 썼다기보다는 그렸다는 게 맞습니다. 삐뚤빼뚤한 그림(글씨)을 떠듬떠듬 읽었어요."

> "글자를 배우니 세상이 달라졌어요. 이제는 시도 쓸 줄 아는 시인이라고 남들이 그래요. 여자는 학교에 가는 게 아니라고 부지깽이 들고 말리던 엄마가 생각났습니다. 공부하는 나를 보고 하늘나라 엄마도 기뻐하겠죠. 내 나이 팔순, 이제야 내 인생에도 꽃이 피었습니다. 글자로 인생을 다시 시작했어요. 평생 글을 모르고 살다가 뒤늦게나마 한글을 배우고 새로운 인생을 살게 되었으니 다행입니다."

어느 어머니의 사연이 생각납니다. 남편을 여의고 홀로 아들을 키운 그 어머니는 글을 읽지도 쓰지도 못했지요. 그런데 아들이 실수로 수감생활을 하게 됐습니다. 몇 차례 면회하러 갔는데, 아들은 연로한 어머니가 안쓰러워 오지 말라고 했습니다. 한글을 배우던 어머니는 밤을 새워가며 공부해 아들에게 편지를 써 보냈고, 편지를 받은 아들은 통곡했지요. 사는 게 버겁기로 짝이 없던 시절이었으나 자식을 위해 물 한 바가지로 배를 채우며 살아온 분들이 어르신 세대입니다. 그러느라 노후(老後)준비를 할 생각도 없었고, 준비하기도 어려웠습니다.

자식을 위해 온전히 희생했으니 남은 게 있을 리 없지요. 그런데 누군가의 어버이인 어르신들을 제대로 봉양하기는커녕 외면하니 개탄스러운 일입니다.

오늘의 나를 있게 해준 존재가 어버이인데, 어르신들이 제대로 대접을 못 받는다는 것은 안타까운 일입니다. 노인 인구가 너무 많아져서인지는 모르지만 어쩐지 어르신을 위한 복지 대책 등의 정책은 갈수록 뒷전으로 밀리는 느낌입니다. 안 될 일입니다. 고마움을 잊어서는 안 되지요.

'글 모르는 게 죄인 줄 알았다'는 글귀가 머리에 맴돕니다. 글을 모르는 게 죄라니요. 오로지 먹고사는 게 우선인지라 글을 배울 수가 없었던 어르신의 삶을 모르는 자식들이 죄인입니다.

1+1은 2가 아니라 3 이상 효과

소통과 화합에 이어 협업이 세상의 화두로 자리매김했습니다. 같은 동종의 일이나 연관되는 일을 서로 협력해 시너지 효과를 높이는 게 바로 협업이지요. 다른 업종이 협력을 통해 이루어지는, 소위 '컬래버레이션(collaboration)' 또한 광의의 협업인 셈입니다. 일찍이 우리나라에는 일손이 부족해진 농촌에서 공동으로 구매한 농기계 등을 이용해 모내기나 추수를 하는 '두레'와 같은 협업이 있었지요. '혼자 가면 빨리 가고 함께 가면 멀리 간다.'는 말이 있고 '종잇장도 맞들면 가볍다'는 말도 있듯 이런 말은 모두 협업하면 혼자 하는 것보다 훨씬 좋은 성과를 거둘 수 있다는 메시지입니다. 사회 전반에 다양한 형태의 협업이 이루어지고 있는데, 관광도 협업의 시대로 접어들었습니다.

경기도 내 50여 곳 관광지, 호텔, 여행사 등의 마케팅 담당자가 'GOMPA'(경기도 마케팅 협의체, Gyeong-gi Overseas Marketing Professionals Association)를 만들어 협업을 펼치고 있습니다. 사실, 이들은 경쟁하는 사이지만 홀로 서는 게 불가능하다는 걸 잘 알기에 수시로 모여 상생발전 방안을 모색하고 국외 관광마케팅도 공동으로 펼치는 겁니다. 혼자 마케팅 활동을 하는 것보다 함께하면 더 많은 사람이 모이기 마련인지라 합동 설명회와 상담 등을 통해 더 좋은 효과를 거두고자 하는 것이지요.

경기도, 서울, 인천관광공사가 수도권 관광협의체를 만들어 공동마케팅을 펼치고 있는 것도 좋은 마찬가지 이유입니다. '마이스 얼라이언스(MICE Alliance)' 역시 비슷한 맥락의 협업이지요. 부천, 광명, 시흥, 안산, 화성 등 이른바 경기 서남부권 5개 단체장이 사고(?)를 쳤습니다. 관광 활성화를 기치로 5개 지자체가 협의체인 '경기 서남부권 관광협의회'를 만들었는데, 공동출자를 통해 중국 베이징에 '관광 · 홍보전시관'을 만들었기 때문이지요. 기초지자체가 협업을 통해 중국에 이런 전시관 개관을 위해 투자하는 것은 이례적인 일이었으니까요. 이들은 북경의 교육 당국과도 MOU를 맺는 등 활발한 활동을 펼치고 있습니다. 그 덕에 많은 중국인이 관광 · 홍보전시관을 찾고 있지요. 본격적으로 마케팅을 강화하면 더 많은 사람이 방문할 것입니다. 김포, 고양, 파주, 연천과 경기관광공사가 협업으로 이루어낸 12개 코스 191㎞의 '평화누리길'도 좋은 사례이지요.

이들이 보인 협업의 의미와 가치는 다른 지역에도 좋은 선례가 될 것입니다. 관광은 콘텐츠를 발굴하고 벨트를 만드는 게 중요합니다. 그런데 아직 협업이 전국적으로 활발한 편은 아니지요. 많은 지자체가 독자적으로 콘텐츠를 마련하고 홍보하는 데 그치고 맙니다. 수원시가 '2016 수원 방문의 해'를 통해 관광객 700만 명 돌파라는 성과를 이룰 수 있었던 것은, 용인시 · 경기관광공사와 협업을 통해 1박 2일 관광콘텐츠를 개발했기 때문입니다. 파주시와 연천군이 두 지역의 관광 활성화 차원에서 파주 '해 마루 촌'에서 연천을 잇는 DMZ 내 도로 개설을 공동 추진한 것도 같은 맥락이지요. 개통되면 아마 DMZ관광의 새 지평이 열릴 것입니다.

경기도의 지자체는 여행상품에 대한 공동 홍보물을 만들고 국내외에서 마케팅 활동도 함께 전개합니다. '광명동굴 인형전', '부천 문화바캉스 판타지아 여름축제', '시화나래 마린페스티벌'과 '갯골축제', '안산 세계생태관광협회 국제회의' 등이 대표적입니다. 서울시, 경기도, 강원도는 50

억 원을 공동 출연해 2018 평창올림픽 성공과 외국 관광객 유치를 위한 협업을 펼쳤지요. 시군 단위도 그렇지만, 광역자치단체 협업은 시너지 효과가 더 클 것입니다. 나아가 한 · 중 · 일 3개국 관광 협업도 이뤄졌으면 합니다. 이를 위해 우리나라도 관광청을 만들 필요가 있습니다. 바다가 본래부터 바다가 아니지요. 물방울이 모여 내와 강을 이루고 바다가 된 것입니다. 협업의 물결이 관광에도 가득 넘쳐흐르기를 기대합니다.

'꿈 넘어 또 다른 꿈' 실현이 보람

오랫동안 함께 일했던 후배 공직자를 만났습니다. 정년을 5년이나 남기고 용퇴할 것이라는 소식을 들었기 때문이지요.

"무슨 일 있어?"

"무슨 일은요. 36년 공직자로 살아왔으면 이제 좀 쉴 때도 됐지요."

"국장 자리까지 왔는데 구청장을 하고 명퇴해도 충분하잖아"

"아닙니다. 제가 이 자리에 오른 게 우리 후배들 덕분인데 자리를 비워줘야지요. 이제 봉사하는 삶을 살아가려고 합니다."

용퇴를 결심하기까지 많은 생각을 했겠지만, 후배들을 위해 욕심을 내려놓은 그가 새삼 존경스러웠습니다.

해마다 공직자 명예퇴직 문제가 공직사회의 화두로 떠오르곤 합니다. 정년퇴직은 희망 사항이 된 지 오래입니다. 후배를 위한다는 명분으로 정년을 1~2년 앞두고 명퇴하는 게 관례처럼 굳어졌으니까요. 사실, 말이 명퇴이지 반강제 퇴직이나 다름이 없지요. 그런데 이를 무시하고 명퇴하지 않는 공직자도 있습니다. 이들 역시 선배의 명퇴 덕에 승진한 사람이 대부분인지라 염치없다는 후배들의 비판에서 벗어나지 못하지요.

하지만 나름대로 특별한 속사정이 있을 수도 있는 일을 선배가 명퇴하지 않는다고 후배가 험한 말로 인터넷을 도배하는 등의 일을 저지르는 것은 좋아 보이지 않습니다. 그들도 세월이 지나면 명퇴 대상자가 될 테니까요. 국민으로부터 권한을 위임받은 공무원도 상품입니다. 평가하는 사람마다 다를 수는 있지만, 그 수준이나 가치에 대한 견해는 대부분 일치하지요. 어떤 직원은 여러 부서에서 추천하지만, 어느 부서에서도 추천받지 못하는 직원도 있습니다. 심한 경우 다른 곳으로 방출해달라는 요구도 있지요. 평가가 달라지는 가장 근본적인 원인은 자기 자신에게 있습니다.

본인의 가치를 높이는 일은, 주변에 따라 영향을 받기도 하지만, 우선 스스로 노력이 필요한 것이지요. 공무원은 공공의 상품이므로 일반 이상이어야 합니다. 안 그래도 여러모로 국민으로부터 비판과 지적을 많이 받는 직업이 공무원인데, 잠시 위임받은 권한을 특권인 양 전가의 보도처럼 행사하면 안 되지요.

훌륭한 공직자도 많습니다. 공직 생활 말년에 수원시 부시장으로 일한 그분이 좋은 예입니다. 부인도 경정까지 지낸 경찰 간부였지요. 두 분은 슬하에 자식이 없었지만, 이것도 하늘의 뜻이라 여기고 이웃사랑을 실천하자고 다짐했다 합니다. 가정형편이 어려운 학생을 돕기 시작한 것도 그래서였는데, 30년 동안 도움을 받은 학생이 50명이 넘는다고 합니다.

경기도청에서 국장으로 일했던 또 한 분은 지금은 사기업에 몸담고 있으면서 봉사활동을 열심히 하고 있지요. 천주교 기념관을 짓는 모임의 회장으로서 이 일에 열중하는 편이지만, 사람에게 감동을 주는 일에 열정을 쏟는 모습이 향기롭지요.

공무원뿐이겠습니까. 오랫동안 한두 가지 일에 평생을 공들인 사람의 지식과 경험은 소중한 국가 자산이지요. 이들이 능력을 재 점화해 국가와 사회에 이바지할 수 있도록 특별한 대책이 마련되면 좋겠습니다. 뭐 거창할 거까지야 없는 일이지요. 전문적인 일이 필요한 곳에 도움을 주는 것이면 더 좋겠지만, 꼭 그런 일이 아니더라도 내가 어렵게 이루었던 꿈을 다른 사람이 쉽게 이룰 수 있게 돕는 것도 좋을 것입니다. 퇴직 후 마땅히 갈 곳이 없는 현실 속에서 봉사는 또 다른 삶의 활력이 되겠지요.

인생은 절대 간단치 않은 여정입니다. 사력을 다해 일하고 성취감을 느끼지만, 일손을 놓을 때가 닥쳐오지요. 자신의 꿈을 이뤘다고 해서 만족하면 그건 잘 사는 게 아닙니다. 사람 사는 건 시작도 끝도 없습니다.

퇴직은 물러나는 것이 아니라 새롭게 시작하는 것이지요. 자신의 꿈을 넘어 다른 사람이나 사회에 도움이 되게 하는 '꿈 넘어 꿈'을 실현하는 것이 참 인생이라는 생각입니다. 퇴직이 새로운 씨앗을 심어 싹을 틔우고, 꽃피우고 열매 맺는 인생 제2막의 힘찬 출발점이 되기를 기대해 봅니다.

보이지 않아도 경계를 잊으면 안 된다

부처님 오신 날, "하나님의 뜻을 전파하러 왔다"고 소란을 피운 사람들이 강제 해산되는 소동이 벌어졌습니다. 기독교인으로 보이는 10여 명이 서울 종로구 조계사 일주문 앞에서 오전 7시부터 '오직 예수'라고 적힌 팻말을 들고 찬송가를 부르며 난동을 부린 것이 그것입니다. 오전 10시경, '부처님 오신 날' 기념행사가 진행되기 시작하자 찬송가 소리가 더 커지는 등 비상식적인 일이 벌어지자 경찰이 출동해 해산시켰지요.

조계사 측은 "행사에 방해되는 행동을 했지만, 이들을 고발하지는 않았다"고 밝혔지만, 지적이 잇따랐습니다. 이 같은 사실이 알려지자 누리꾼들은 '나도 크리스천이지만 정말 부끄럽다', '잘못된 신앙인들이 종교를 욕 먹인다.', '각자의 종교를 왜 존중해주지 못하느냐'며 비판했습니다. 내 종교가 소중하면 다른 종교도 존중해야 하는데 안타까운 일이지요.

개그맨 강성범이 이준석 전 '국민의 힘' 최고위원의 출신 지역을 거론하다가 대구와 화교 비하 발언이라는 비판에 직면했지요. 그는 2021년 5월 19일 자신의 유튜브 채널《강성범TV》에서 '이 전 최고위원이 차기 국민의 힘 당 대표 지지도 여론조사에서 1위에 올랐다'는 뉴스를 소개하면서 '부모 화교(華僑)'를 언급했습니다. 이 전 최고의원은 인터뷰에서 아버지 · 어머니 모두 대구 출신이라고 했는데, 이에 그가 "개인적으로는 화교가 낫지 않나 싶다"고 말했던 것이지요. '대구에 대한 지역감정을 드러내며 화교까지 비하한 것이다', '인종 차별이다' 등의 지적이 꼬리를 물고 이어졌고, 그는 결국 논란이 된 부분을 영상에서 삭제했습니다.

살다 보면 본의든 아니든 넘지 말아야 할 선(線)을 넘나들게 되지요. 물론, 그 선에 무게나 부피나 형상은 없습니다. 하지만 상도(常道)를 지키는 사람에겐 나름의 선이 삶의 기준이자 척도가 되지요. 누가 정해놓은 건 아니지만, 사회 통념상 그리해야 한다는 가치 기준이 있고, 그것은 삶의 덕목이기도 합니다. 보이지 않는 선은 일종의 성스러운 영역인 셈이지요.

우리나라 최초로 아카데미 시상식에서 4관왕을 차지한 영화《기생충》이 생각납니다. 수능을 네 번 치르고도 대학에 가지 못한 기우(최우식 분)는 친구 소개로 부잣집 가정교사로 일하게 되지요. 이를 시작으로 그의 가족이 하나씩 그 집에서 일하게 됩니다. 반 지하에 살던 일가족 전체가 부잣집에 기생하며 사는 모습을 그린 영화인데, 저는 보는 내내 불편하고 답답했지요. 그러나 극단적인 빈부 대비와 상황을 보는 시각 차이, 갈수록 극명하게 격차가 벌어지는 오늘의 우리 사회 현실이 잘 투영됐다는 생각입니다.

홍수 뒤의 모처럼 맑은 하늘은 가진 게 없는 사람에게는 송두리째 쓸려간 삶터를 수습하기 좋은 날이지만, 부자에게는 놀기 좋은 날이라는 인식이 그렇지요. '계획대로 되는 게 없으니 무계획이 가장 좋은 계획'이라는 기택(송강호 분)의 말은 가슴을 아프게 합니다.

이들도 당연히 잘살고 싶은 마음이 있는 것이지요. 하지만 세상살이가 뜻대로 되지 않았고, 상대적으로 우연히 찾아온 기회는 욕망에 불을 붙입니다. 나아가 헛된 공상(空想)에 사로잡히게도 하지요. 가난 탈피 정도가 아니라 이제는 떵떵거리며 살 수도 있겠다 싶은 과욕이 결국 파멸에 이르게 합니다.

사람과 사람 사이에는 보이지 않는 선이 있지요. 그 선을 넘지 말아야 원만한 관계가 유지되는 법입니다. 세상에 완벽한 사람이 어디 있으며, 또한 내 맘에 꼭 맞는 사람이 어디에 있겠는지요. 양보하고 배려하는 마음가짐이 필요합니다. 지켜야 할 선, 보이지 않는 경계를 잊으면 사람 사이에 금이 가고, 벽이 생기고, 다툼이 생겨나지요.

사람 된 도리와 품위나 가치를 잃어버리게 됩니다. 조심해도 나도 모르게 선을 넘어 후회할 일이 생기기 마련인데, 아예 그 선을 염두에 두지 않는다면 어떻게 되겠는지요. 나를 곧추세워 내공을 쌓으면 보이지 않던 선을 볼 수 있는 지혜와 안목이 생기지 않겠는지요.

청렴과 봉사가 공직자 최우선 덕목

언제나 그러하듯이 국회의 인사청문회 과정에서 벌어지는 여야 간 충돌과 막말은 눈살을 찌푸리게 합니다. 청문위원들이 의혹을 제기하면 당사자는 손사래를 치며 절대 사실이 아니라고 극구 부인하지요. 치열한 공방전 속에 때론 큰소리와 삿대질이 오가고 얼굴을 붉히는 일도 비일비재합니다. 정당이 다르다는 이유로 집요하게 물고 늘어지는가 하면 안면몰수하고 인신공격을 불사할 때도 있지요. 한마디로 꼴불견이고 불쾌하기까지 한 일들이 벌어집니다. 문재인 정부 들어 공직 후보자들에 대한 인사청문회가 있었고 적지 않게 부적격 의견이 개진됐지만, 거의 대부분 임명이 강행됐지요. 문재인 정부뿐 아니라 어느 정권에서도 다를 바 없었습니다. 그래서 인사청문회 무용론이 나온 것이지요.

그런데 안경덕 고용노동부 장관 후보자 인사청문회 보고서가 여야 이견 없이 채택돼 화제가 됐습니다. '국민의 힘' 김웅 의원은 "참 열심히 사신 것 같습니다. 비리 문제를 이야기하면 서로 민망한데 그렇지 않게 살아줘서 고맙습니다."라고 했지요. '더불어 민주당' 윤준병 의원은 '병역 면탈 · 부동산 투기 · 세금 탈루 · 위장 전입 · 논문 표절 · 음주 운전 · 성범죄'의 7대 점검 사항에 위배되는 게 하나도 없었다고 말했습니다. 국민의힘 박대수 의원도 '30년간 공직생활을 하면서 깔끔하게 살아오신 것에 대해 본 의원은 경의를 표한다.'고 극찬했지요. 안경덕 후보는 배우자나 자녀들도 불미스러운 일에 연루된 것이 없었습니다. 여여 모두 적격으로 판단할 수밖에요. 모처럼 청문위원과 국민으로부터 박수를 받는 후보자가 나타난 것입니다.

재계와 노동계에서도 환영의 뜻을 나타냈습니다. 한국경영자총협회는 '노사관계를 안정시키고 노사 간 협력을 제고할 적임자'라고 했고, 한국노동조합총연맹은 '사회적 대화 정상화와 안착 등을 위해 노력해온 인물'이라고 평가했지요. 고용노동부 내부에서도 '안 후보자는 같이 일하고 싶은 사람으로 꼽는 신사적인 분'이자 '고용노동부 안에서도 최고의 노사문제 전문가'라고 했습니다. 어찌 보면 이런 분이 공직자로 일하고 추천받는 게 당연하지요. 그런데 이런 후보자를 만난 게 언제인지 기억조차 가물가물합니다. 그때는 그렇게 살 수밖에 없었다고 항변하는 사람이 있지만, 도덕성에 대한 국민 눈높이가 바뀐 지가 언제인데 여전히 그런 식의 변명을 늘어놓으니 기성세대를 '라떼'니 '꼰대'니 하는 거지요.

나라의 녹을 먹으며 사는 게 절대로 쉬운 일이 아닙니다. 단순한 월급쟁이가 아니라는 말이지요. 철저한 자기관리와 무한 봉사의 마음이 내재해 있지 않으면 공복의 도리를 다하기 어렵습니다. 스스로 공부하고 나름대로 가치를 설정해 몸과 마음을 가다듬어야지요. 부정부패에 가까이 가지 앉도록 자기관리에도 힘써야 하고요. 가끔 부정한 관리들이 쇠고랑을 차고 '국립 인생대학교'(?)로 들어가는 모습을 보게 되는데, 그럴 때마다 녹을 먹고 사는 사람들은 마치 자기 일인 양 쥐구멍을 찾게 되지요. 미꾸라지 한 마리가 물을 흐려 놓는다고, 도매금으로 매도되는 사태를 맞게 되는데, 어쩔 수 없습니다. 감수해야지요. 공직자로 사는 사람은 공인이고, 그만큼 올곧은 몸가짐이 필요하니까요.

공직자는 겉치레보다는 뒷모습이 아름다워야 하는 법입니다. 앞에서 어떤 행동을 보이든 뒤가 깨끗해야지요. 사실, 대부분의 공직자는 봉사와 희생정신으로 청렴하게 살아갑니다. 기를 쓰고 캐내려고 해봐야 허물이 드러나는 공직자는 거의 없다고 저는 믿습니다. 인사청문회를 보더라도 문제가 된 사람 중 공직자 출신은 드물지요.

다산 선생의 소원은 '공직자가 청렴해져서 백성이 착취와 압제의 사슬에서 벗어나는 것'이었습니다. 48권이라는 방대한 분량으로 엮은 《목민심서》의 주된 내용도 청렴한 공직윤리의 회복입니다. 내 편 네 편의 진영 논리에 상관이 없는 청렴한 인물, 국민을 위해 봉사하는 인물이 공직자로 등용되면 좋겠습니다.

내 편 네 편 가르기, 너무 지나치다

'이판사판(理判事判)'이라는 말이 있습니다. 이것저것 물불 안 가린다는 뜻으로 쓰이지요. 불가(佛家)에서 나온 말입니다. 스님은 '이판승'과 '사판승'으로 나뉘는데, 경전을 연구하고 강론하며 수행하고 포교하는 스님이 이판승이고, 사찰의 살림살이를 꾸려나가고 종무를 돌보는 스님이 사판승입니다. 이판승의 꼭짓점은 종정이고, 사판승의 꼭짓점은 총무원장이지요. 가끔 이판과 사판을 두루 거친 스님도 있습니다. 이판이 없으면 부처님의 가르침을 이을 수 없고, 사판이 없으면 가람을 존속시킬 수 없지요. 이판과 사판은 서로를 지탱해주는 버팀목이고 동반자라는 방증입니다.

이판승이나 사판승이나 추구하는 진리와 궁극적인 목표는 크게 다르지 않지요. 기독교, 불교, 천주교도 추구하는 길이 다를 뿐 궁극적인 지향점은 같다고 봅니다. 비슷한 시기에 선종과 입적을 하신 종교지도자로 한 시대의 큰 스승이셨던 김수환 추기경과 법정 큰스님은 걸어온 길이 다르지요. 김 추기경이 열 살이 더 많아 나이 차이가 있고, 출신도 영 · 호남으로 다릅니다. 종교 역시 천주교와 불교로 다르니 당연히 삶의 철학이나 추구하는 가치관과 방향이 다르고, 견해 차이도 있었을 겁니다. 그런데 두 분의 인연은 길동무처럼 오랜 세월 교감하며 각별하게 이어졌지요. 특히, 두 분은 개인적인 친교를 넘어 한국 사회에서 종교 간 벽을 허무는 마중물 역할을 했다는 평가를 받고 있습니다. 법정 큰스님이 길상사 개원 법회를 열었을 때 김수환 추기경이 참석해 축사해 주었지요. 법정 큰스님은 그해 성탄절 때 성탄 축하 메시지를 보내고 명동성당에서 특별강론을 했습니다. 추기경이 선종하자 큰스님은 언론에 '사랑은 끝나지 않았다'는 추모의 시를 기고하기도 했지요. 두 분의 깊고 넓은 생각과 넉넉한 행보는 아름다운 우정이자 격 높은 어른의 품격이 아닐 수 없습니다.

최근 생을 마감한 두 명사의 죽음을 두고 민심이 갈리는 안타까운 일이 생겨났습니다. 진영 논리에 따라 바라보는 시각이 전혀 다르게 나타난 것이지요. 자신이 속한 진영의 죽음은 미화시키고 상대 진영의 죽음은 폄훼하는 이분법적인 행태를 보인 것입니다. 내 진영의 이념만 옳고 상대 진영의 이념은 그르다는 논리는 위험한 발상이지요. 답을 정해놓고 꿰맞추는 것과 다르지 않습니다. 정치권은 물론, 언론을 포함한 사회 전체가 진영 논리에 갇혀 있는 건 불행한 일이지요. 내 편이라고 다 옳은 게 아니고 상대편이라고 다 그른 것이 아니라는 걸 알아야 합니다.

진영 논리는 노무현 전 대통령 탄핵에 이어 박근혜 전 대통령 탄핵 사태로 극명하게 갈렸지요. 이어 '조국 사태' 이후 촛불 행렬이 광화문과 서초동으로 나뉘고 상반된 주장이 극명하게 펼쳐졌습니다. '정의기억연대'를 두고도 진영에 따라 주장하는 논리가 전혀 달랐지요. 답을 미리 정해놓고 그게 아니면 안 된다는 식이니 접점을 찾을 수 없는 거지요. 내 편 네 편을 지나치게 가르면 우리의 내일은 크게 기대할 게 없어집니다. 현상을 현상 그대로 보는 게 중요합니다. 진보니 보수니, 극우니 빨갱이니 하는 진영 논리에 매몰돼 있으면 미래가 없지요.

살다 보면 죽자 살자 막무가내로 들이대는 사람이 있습니다만 다 부질없는 일입니다. 사는 일이 그리 쉽고 간단하게 풀리지도 않는 데다 100%

옳은 일도 없지요. 정치적 · 이념적으로 편을 가르고, 지역별로 나뉘어 편향적으로 흘러가는 건 바람직하지 않은 일입니다. 지금은 내 편, 네 편 아옹다옹 다툴 때가 아니라 외환 위기나 코로나 19를 극복하며 보여준 국민적 단합이 중요할 때이지요. 김수환 추기경과 법정 큰스님의 큰 사랑과 자비의 행보, 그 가르침이 주는 메시지는 분명합니다. 편 가르지 말고 서로를 이해하고 양보하고 배려하면서 살아야 사랑과 평화가 오는 것이지요.

'형'이라는 호칭

"존경할 만해야 '형'이라 부르지"

경기도청에서 홍보 담당으로 일할 때 함께 술자리를 하던 기자가
뜬금없이 한마디 던졌습니다.
"형이라고 부르고 싶은데, 괜찮지요?"
저보다 아홉 살이 어리지만, 성격이 깔끔한 데다 강골로 소문난
출입 기자였기 때문에 다소 의외라는 생각이 들었습니다.
"많은 공무원을 만났지만, 계장님처럼 인간적으로 존경스러운 분은
처음입니다. 보통 저보다 나이 많은 사람에게는 선배라고 부르지만,
계장님은 형이라고 부르고 싶다는 생각이 들었습니다."
흔쾌히 응했습니다. 고맙기도 하고, '마음을 열었구나!' 하는 생각도
들어 그와 늦도록 술자리를 함께했지요. 그 후로도 사는 동네가 같아
서 함께하는 술자리가 많았습니다.

30년 전인 1990년대 초, 경기도지사 비서실에서 일할 때 얼굴이 유난히 희고 깔끔하게 잘생긴 기자 한 사람이 찾아왔지요. 그의 어르신은 경기도 교육청에서 교육감 비서실장으로 일하고 있었습니다. 당시에는 도지사가 교육위원회 의장을 맡았었지요. 수행 비서였던 저는 매월 한 차례 교육청에서 열리는 교육위원회에 도지사를 모시고 갔습니다.

이때 도지사 비서실과 교육청 비서실이 활발하게 교류했는데, 그 인연

이 후대까지 이어진 셈입니다. 아들이 경인일보에 입사해 도청 수습기자로 일하게 되자 저를 찾아보라고 했던 것이지요. 이러한 인연으로 오랜 세월 형제처럼 함께 지냈으니 행복한 일이 아닐 수 없습니다. 기자와 공직자를 떠나 각별하고 소중한 인연이었지요.

세월이 흘러 파주 부시장으로 일할 때 '다산청렴봉사대상'을 받게 되었습니다. 상금이 천만 원이나 되니 많은 사람이 축하의 덕담을 건네면서 술 한 잔 사라고 했지요. 술을 즐기는 편인지라 싫은 것은 아니지만, 그보다는 그동안 쓴 글을 책으로 엮어 선물하는 게 좋을 것 같다고 생각했습니다. 표제를《높이면 낮아지고 낮추면 높아진다.》로 정하고 당시 사회부장으로 일하던 그에게 추천의 글을 청했지요.

"형! 모시던 도지사도 있고, 아는 분이 많잖아요."
"무슨 소리야! 최 부장이 나를 잘 알잖아."

최 부장의 추천사는 압권이었습니다. 기자니까 기본적으로 글을 잘 쓰는 게 당연했지만, 사람들은 한 결 같이 최 부장 글을 읽으니 끝까지 읽지 않아도 담긴 글 내용을 알 것 같다고 입을 모았지요. 그만큼 그는 저를 잘 알고 있었던 것입니다.

임창열 지사 비서관으로 일할 때는 휘뚜루마뚜루 일을 참 잘하는 능력자인 데다가 성격이 유연하면서도 호방해 따르는 사람이 많은 국장이 있었지요. 제가 도지사 수행비서로 일할 때 그는 내무부 장관 수행 비서였습니다. 이때부터 교분을 쌓았는데, 고향인 경기도로 돌아온 것이지요..

자연스럽게 함께하는 일이 잦아졌습니다. 그런데 그가 사석에서는 누가 있든 저에게 꼭 '형'이라고 불러 가끔 난처해질 때도 있었지요. 제가 문화정책과장으로 일할 때 시흥시 부시장이던 그가 우리 도청의 문화관광국장으로 왔습니다. 그런데 첫 회식을 하는 자리에서도 "형! 잘 부탁해요"라고 말하는 바람에 당황했습니다. 함께한 사람들도 깜짝 놀랐지요. 이제 직속상관이니 제발 그러지 말라고 했지만, '형은 형'이라면서 호칭을 바꾸지 않았습니다. 퇴직 후에도 그 인연이 이어지고 있는데 지금도 저를 형이라고 부르지요.

살면서 많은 사람을 만났고 그들에게 직함을 붙여 불렀습니다. 그러나 저는 나이가 많거나 어리거나를 떠나 인간적으로 배울 게 있으면 이름 뒤에 '형'이라는 호칭을 붙여 불렀지요. 다섯 살 어린 후배 한 사람에게도 형이라는 수식어를 붙여 부르고 있습니다. 마음으로 존경한다는 의미를 담는 방법인 셈이지요. 나이가 많고 지위가 높다고 무조건 형이라고 부르지는 않습니다.

배울 게 많고 존경할 만한 분이라는 생각이 들어야만 형이라고 부르지요. 형이라는 호칭을 붙여 부를 수 있는 분이 있다는 건 기쁘고 행복한 일입니다. 삶의 의미를 더 넉넉하게 해주는 분이 있다는 것, 그것은 축복이고 감사한 일이지요. 형이라고 부를 수 있는 분이 더 많아지면 좋겠습니다.

'봉달이' 이봉주 선수

"반칙 없는 게 마라톤 매력이죠."

도쿄올림픽이 막을 내렸습니다. 우리나라는 애초에 목표한 10위권 진입에는 실패했지요. 태권도 종주국인데도 한 개의 금메달도 따지 못했고 레슬링과 유도, 복싱 등 투기 종목에서 기대 이하의 성적을 거둔 게 큰 원인이었습니다.

세상엔 많은 스포츠 종목이 있지요. 여럿이 하는 종목도 있고 혼자서 하는 종목도 있습니다. 그중에 인생살이와 같은 종목이 마라톤입니다. 세상 사는 일이 장거리를 달리는 것과 같기 때문입니다. 그만큼 힘들고 어려운 종목이지요. 42,195km의 마라톤 전 구간을 완주하는 일은 절대로 간단한 일이 아닙니다. 그렇게 온전히 구간을 완주하면 두 달 정도는 쉬어야 한다는 말이 나올 정도이니 마라톤을 인간 한계에 도전하는 극한 운동이라고 할 만하지요. 이런 힘든 운동을 마흔 번이나 해낸 선수가 있습니다. '국민마라토너'로 사랑받는 '봉달이' 이봉주 선수이지요. 마라토너로는 팔순 격인 불혹의 나이에 마흔 번째 완주하고 은퇴했으니 대단한 일입니다.

그의 마라토너로서 신체조건은 최악이었습니다. 오른발이 왼발보다 짧은 짝발에 평발이라지요. 게다가 눈물이 눈으로 흘러들어오는 것을 막기 위해 쌍꺼풀 수술을 했는데 이마저 잘못돼 짝눈이 되었답니다. 이러한 최악의 조건을 극복하고 애틀랜타올림픽에서 은메달을 목에 걸었으니 대단한 일입니다. 그것도 금메달과는 3초라는 간발의 차이였으니 아쉬운 은메달이었지요. 그는 비록 올림픽에서는 은메달에 그쳤지만, 각종 국제 대회에서 일곱 차례나 우승을 차지해 국민의 박수갈채를 받았습니다. 특히, 누구도 이루지 못한 기록이 있는데, 마흔 번의 마라톤 완주가 바로 그것이지요. 그가 달린 거리는 자그마치 18만 ㎞에 이른다니 지구를 네 바퀴 반 달린 셈입니다. 또, 그가 '2000년 도쿄마라톤'에서 수립한 2시간 7분 20초의 한국 신기록은 지금도 깨지지 않은 대기록이지요. 이번 도쿄올림픽에서 금메달을 차지한 선수의 기록이 2시간 8분 38초이니 그 기록이 얼마나 대단한지 알 수가 있습니다. 마흔 나이가 되어서야 20년의 선수 생활을 접고 은퇴했지요.

사람들은 일등을 좋아합니다. 우리나라 사람처럼 일등주의에 물든 민족도 거의 없지요. 그러나 세상엔 일등만이 있는 건 아닙니다. 때론 일등보다 더 소중하고 빛나는 가치가 있지요. 그는 비록 손기정이나 황영조 선수처럼 올림픽 금메달은 차지하지 못했지만, 또 다른 의미에서 국민적 영웅이지요. 그처럼 20년 동안이나 한 나라를 대표해서 달리고 또 달린 마라토너는 없습니다. 그만큼 이봉주 선수의 인생이 값지다는 말이지요.

그는 마라톤이 "땀 흘려 달린 만큼의 결과가 나오는 운동"이라고 했습니다. "누구의 도움 없이 혼자 할 수 있고 반칙도 없는 운동"이라고도 했지요. 그가 은퇴하는 모습을 지켜보며 세상 순수한 사람, 그 자체인 분이 어찌 살아갈까 걱정도 들었습니다.

그런데 그가 '근육 긴장 이상증'이라는 희귀질환으로 투병 중이라는 소식이 들렸습니다. 본인 의사와 관계없이 경련이 일어나는 병인데, 얼마 전 수술을 받았다고 합니다. 그런 그가 엊그제 《불후의 명곡》이라는 예능 프로그램에 나와 이선희의 '아! 옛날이여!'를 불렀지요. 아직은 몸 상태가 완벽하진 않아 앉아서 부르기는 했지만, 자신과 같은 환우들에게 용기를 주고 싶어 나왔다고 해 또 다른 감동을 안겨주었습니다. 다시 태어나도 마라톤을 할 것이라고도 말했는데, 그 말에 간절함이 엿보여 가슴이 뭉클했습니다. 이봉주 선수의 가슴엔 항상 손기정 선수가 있었다고 합니다. 손기정과 같은 선수가 되겠다는 일념 하나만으로 달리고 또 달렸다지요. 그런 우상이었기에 손기정 선수가 아플 때는 예고도 없이 병문안하러 갔었다고 합니다. 이봉주 선수가 병실에 있을 때는 어느 마라토너가 찾아갔을지 문득 궁금하기도 했지요. 사람들은 그를 '봉달이'라는 애칭과 함께 국민마라토너로 칭송합니다. 엄밀히 말하면 '전 선수'지만, 국민에게 여전히 '선수'인 이유이지요. 지금은 비록 힘들겠지만, 다시 일어나 힘차게 달리는 그런 삶이 그에게 이어지기를 소망해 봅니다.

하늘의 별만 따면 바다엔 누가 가나?

'하다못해 면서기'라는 말이 있었지요. 1970년대만 해도 공무원은 그다지 좋은 직업이 아니었습니다. 은행이나 일반기업 등에 취업을 시도하다가 안 되면 공무원 시험을 보았던 게 사실이지요. 9급 공무원 시험은 만 18세 이상, 고졸 학력이면 응시할 수 있었습니다.

저는 고3 여름방학 때 공무원 시험을 보았지요. 마지막 2학기도 남아 있고 군 가산점도 없어 불리한 여건이었습니다. 한 달 남짓 죽을힘을 다해 공부하고, 시험 전날에 시험장소인 수원북중학교 부근에 숙소를 잡았습니다. 꼬박 밤을 지새워 마지막 정리를 하고 퉁퉁 부은 눈으로 시험을 봤는데, 운이 좋았는지 덜컥 합격했습니다. 그 뒤 40년을 공무원으로 살았지요.

요즘에는 공무원 되는 게 '하늘의 별 따기'라고 합니다. 그러나 공무원 시험에 합격했더라도 고위직까지 오르기는 쉽지 않습니다. 5급 사무관으로 시작한 행정고시 출신이 있기 때문이지요. 군대로 말하면 장교와 일반 병사, 경찰로 말하면 경찰대학 졸업자와 일반 경찰처럼 출발부터 차이가 나는 것입니다.

열심히 노력해서 결실을 얻었으니 출발 선상이 다른 것이기는 합니다.

하지만 막상 공직에서 일하다 보면 지식으로만 풀 수 없는 일이 적지 않지요. 어떤 문제나 주제에 자신의 가치관, 삶의 철학이 담겨야 하는 일도 있습니다. 그러나 지식은 익혔으되 세상살이를 고민해보거나 생각을 다듬어 볼 마음의 여유가 없었던 새내기 사무관은 제대로 적응하기가 쉽지 않지요. 공직 새내기들은 '머리 좋고 아는 게 많은지 몰라도 생각의 깊이나 넓이가 부족하다'는 비판이 있습니다. 행정이 복잡하고 다양해서 단순한 법규 적용이나 논리로는 쉽게 풀어지지 않은 일이 많은데, 경험이 부족하므로 이에 미치지 못하기 때문이지요.

경기도 용인시에서 부시장으로 일할 때입니다. 골프장을 운영하는 사업자가 찾아왔지요. '골프장과 연결되는 진입로로써 우회도로가 필요한데 도시계획도로로 지정돼 있으니 건설비용만 부담하면 시에서 사업을 해줄 수 있는 것으로 알고 있다. 그런데 실무자가 막무가내로 그런 게 없다고 한다. 어떻게 해야 하느냐'는 것이었습니다.

곧바로 과장 · 팀장을 함께 불러 확인했더니 가능하다는 것이었습니다. 저는 민원인에게 사과했고, 해결한 사업자는 안도의 한숨을 쉬며 고맙다면서 돌아갔습니다.

공무원의 가장 큰 장점은 특별하게 잘못하지 않으면 정년까지 일할 수 있다는 것입니다. 역설적으로 이는 가장 큰 단점이기도 합니다. 무능한 사람도 안 잘리고 정년까지 갈 수 있으니까요. 문제는 이들이 퇴직하면 우리 후대들이 연금 부담을 고스란히 떠안게 된다는 사실입니다.

우리 경제가 나빠지면 지난 2016년의 개정된 공무원 연금개혁보다 훨씬 강도 높은 개혁이 이루어질 수도 있습니다. IMF 시대의 도래 이후 4년간 20% 가까운 지방공무원이 감축되었던 일이 있었지요. 언제까지 공무원의 정년이 보장되고 연금을 받을 수 있을지는 아무도 모르는 일입니다. 공무원이 늘어난다고 반드시 정 서비스가 좋아진다고 장담할 수도 없습니다.

행정에 AI가 도입되면 25%의 인력을 줄일 수 있다는 연구 결과도 있지요. 그런데 공무원 수는 끝도 없이 늘어나고 있습니다. 정부의 고용 창출 정책의 일환이기는 하겠지만, 그리 반가운 일이 아닙니다. 문재인 정부 들어 벌써 9만 명 넘는 공무원이 늘어났습니다. 앞서 20년 동안 늘어난 8만 6000명을 넘어서는 수치이지요. 정부 방침대로 17만 명이 늘어날 경우 2022년도에는 6조 원, 2037년에는 12조 원의 추가 예산이 소요된다고 합니다.

더구나 인재가 공직에만 몰리는 것은 바람직하지 않습니다. 뚜렷한 주관이나 가치관 없이 공직에 발을 들여놓는 것은 위험한 일입니다. 무엇보다 공무원의 일거수일투족은 국민의 안녕과 삶의 질에 직접적으로 지대한 영향을 미치기 때문이지요.

"아버지 소망, 이뤄드리지 못해"

경기도청에서 문화정책과장으로 일할 때입니다. 예술계 차석이 사무관 승진자로 선정되어 승진 교육을 마치고 돌아왔지요. 이에 앞서 그는 사무관 승진자로 발표된 날 저녁, 강원도 철원에 계시는 아버지께 전화를 드렸다고 합니다.

"사무관? 창수야, 그게 뭐니?"
"아버지! 우리 동네 군청 과장 아시죠? 저도 교육받으면 그리되는 거예요."
"그게 좋은 거냐? 도청에 있는 게 좋은 거 아니니?"
6·25 때 남하한 분이라 사무관을 잘 모르는 게 당연한 일이지요.
공무원 직급체계가 달라졌으니까요.
"아버지! 그게 우리 동네 면장과 똑같은 거예요."
"그래? 그거 잘됐구나. 이번 주에 내려오너라!"

그는 토요일 휴가를 내고 철원으로 향했습니다. 마을 입구에 '경축 이○○의 장남 이창수, 면장 승진'이라는 현수막이 나부끼고, 집에 도착하니 마당에는 멍석이 깔려 있었습니다. 아버지가 돼지를 잡고 많은 동네 사람을 초청한 것이지요. 만나는 사람마다 면장이 된 것을 축하하는 말과 함께 술잔을 건네니 본인으로서는 좀 쑥스럽기도 했지만, 부모님과 온 동네 사람이 좋아해 주니 주는 대로 받아 마실 수밖에 없었답니다. 문제는 다음날이었지요. 어제의 숙취가 미처 사라지지도 않았는데, 이번에는 친척들이 들이닥쳐 또 술을 마시게 됐으니 거의 초주검이 될 수밖에요. 그는 겪은 일을 얘기하며 면장 되는 게 장난이 아니라며 웃었습니다.

아버지 형제는 고향인 곤지암에서 살았습니다. 국민(초등)학교 선생이었던 큰아버지는 대쪽 같은 성격에 꾸지람을 자주 해 모두 무서워했지요. 그런 큰아버지가 공무원인 형이 군청에서 일하다가 고향의 면장으로 발령을 받아 일하게 되자 '홍 면장', '홍 면장'이라고 불렀습니다. 조카의 호칭을 부르면서 자신도 으쓱해지는 기분을 느끼고 싶었던 것이겠지요. 아무튼 군청 계장일 때까지는 이름을 불렀는데 호칭이 달라졌지요. 그걸 보면서 저는 제가 고향인 실촌면에서 면서기로 발령받았을 때, "승표야, 열심히 잘해서 면장까지 해!"라고 하셨던 아버지가 떠올랐습니다. 어쨌거나 형 덕분에 우리 집은 '면장 댁'으로 불렸습니다. 나중 형은 시청으로 올라가 총무국장으로 퇴직했는데, 지금도 동네 사람들에게 불리는 우리 집은 면장 댁입니다. 제가 1975년 자전거를 타고 다니며 면서기로 일할 때입니다. 면장은 당시만 해도 참 귀했던 90cc 전용 오토바이를 타고 다녔지요. '나는 언제 전용 오토바이를 탈 날이 올까?' 생각했지만, 큰 기대는 하지 않았습니다. 1995년 사무관으로 승진했으나 고양시청과 의왕시청 공보담당관으로 일하다가 다시 도청으로 돌아갔으니 면장으로 일하지는 못했던 것이지요.

그런데 세월이 흘러 나중 파주시 부시장으로 일하게 되었을 때, 파주시의 탄현면 면장 취임식에 참석했다가 좀 놀라운 일과 마주쳤습니다. 그 자리에 도의원과 시의원은 물론, 탄현면이 고향이라는 심상정 국회의원을 비롯해 농협 조합장과 전직 공무원 등 많은 축하객이 몰려왔고, 축하 화환도 즐비했기 때문이지요. 허울은 부시장이 그럴듯하지만 면장만 못

하다는 생각을 지울 수 없었습니다. 하긴 민선시장 관점에서도 스쳐 지나가는 부시장보다는 읍, 면, 동장이 더 중요하다고 생각할 수 있겠다 싶습니다. 읍, 면, 동장이 잘 못 하면 당장 민원이 생기고, 그것은 다음 선거에도 좋지 않은 영향을 미칠 테니 말이지요.

사실, 농촌 지역에서 일하는 면장은 한동네 사람이나 마찬가지입니다. 거의 모든 애경사에 참석하고, 나들이에도 함께하곤 하지요. 직급은 같은 사무관이지만, 면장은 어엿한 기관장입니다. 자기 소신대로 행정을 펼칠 수도 있으니 지역 어른인 셈이지요. 면장만큼 보람 있는 보직이 없다는 말이 괜한 말은 아닌 듯합니다.

공무원의 꽃은 사무관입니다. 말단 9급에서 사무관이 되려면 족히 20년 넘게 걸립니다. 사무관 중에서도 면장직이 최고이지요. 면장 댁은 번지 없이도 우편물이 배달될 정도이니까요. 가을에 열리는 학교 총동문회에 가도 부시장이었던 저보다는 5년 넘게 고향마을 면장으로 일한 형이 더 귀한 대접(?)을 받습니다. 시골에서 면장이 주는 상징적 의미는 생각보다 이렇게 크지요. 면장은 현직에 있을 때는 물론이거니와 퇴직 후에도 동네 어른 대접을 받습니다. 그런 면에서 도의원이나 시의원, 부군수, 국장보다 훨씬 낫지요. 대접도 대접이지만, 저는 아버지의 바람인 면장을 해보지 못했다는 게 죄송스럽습니다. 꿈속에서라도 한 번쯤 면장 노릇 해보는 게 꿈입니다.

축적한 경험은 나누어야 의미

"문은 그냥 열어놓으세요."

경기도청에서 인사 담당 국장으로 일할 때입니다. 과장 · 팀장 등과 함께 인사안(案)을 작성할 때였지요. 출입문을 열어놓고 일했는데 직원이 자꾸 문을 닫는 겁니다. 인사업무의 중요성을 고려한 것이었겠지요. '도청 직원이면 당연히 인사작업을 하는 것으로 알고 돌아갈 테니 굳이 닫을 것 없다'고 했습니다.

저는 사무실에서 일할 때 문을 닫지 않습니다. 민원인이 찾아왔을 때 문이 닫혀 있으면 안에서 뭐 하는지 알 수가 없지요. 문을 열어 두면 좋은 점이 많습니다. 밖이 보이니 혹시 화가 나 소리 지를 일이 있어도 참고 목소리를 낮추게 돕니다. 민원인이나 후배 공무원이 들어오기 편해 차 한 잔 나누기도 쉬워집니다.

과천, 파주, 용인 부시장으로 일할 때도 언제나 사무실 문은 활짝 열어 놓고 지냈지요. 특히, 용인에서는 접견실을 도의원 사랑방으로 내주고, 회의용 탁자에서 민원인을 만났습니다. 문이 열려 있으니 공무원이든 민원인이든 언제나 자유롭게 드나들 수 있었지요. 제가 평직원 시절, 인사 국장 사무실 문은 언제나 굳게 닫혀 있었지요. 열려 있다고 해도 어려워서

감히 들어갈 엄두를 내지 못했습니다. 그런 기억 때문에 언제나 문을 열어 두었던 것이기도 하지요. 인사 실무를 총괄하는 책임자로 일하면서 노조와 함께 '찾아가는 노사 인사 상담 시간'을 가졌습니다. 노조 위원장 등과 함께 각 부서, 외청, 사업소 등에 찾아가 차를 나누면서 소통하는 데 역점을 두었지요. 이를 통해 노사 간의 '청렴협약' 체결, 봉급 끝전 나누기 등의 성과를 얻었습니다. 암 검진까지 받을 수 있는 건강검진 확대, 건강검진 공간 설치와 동아리 활동 지원도 적지 않은 결과물이지요. 한편으로 매주 후배 공무원에게 도움이 될 만한 글을 한 편씩 써서 공유하는 일도 했습니다. 이 같은 노력으로 경기도청은 그해 정부의 '공무원 노사문화 우수행정기관 인증 및 노사문화 평가'에서 '노사문화 최우수 행정기관'으로 선정돼 대통령 기관 표창을 받았습니다.

하지만 노조 게시판에 동료 공무원을 헐뜯거나 비방하는 글이 심심치 않게 올라와 안타깝기도 했습니다. 예전에는 동료가 야근하면 팀원이 일을 돕고 마무리하면 함께 소주도 나누었는데, 그런 문화가 사라지고 너무 여유가 없어 보였습니다. 특히, 사익과 관련된 일에 지나치게 이기적이라고 판단했습니다. 가령, 1500원인 구내식당 단가를 2000원으로 인상하는 것과 지역경제 활성화를 위해 한 달에 두 번씩 외식하자는 제안에 반대하는 것 등이 그 예였습니다. 그래서 제가 '욕먹을 각오로 이 글을 띄웁니다.'라는 제목으로 노조 게시판에 글을 올렸지요. '정신 상태가 틀렸다, 공직자 자격이 없다, 제발 정신 차려라'라는 등 다소 과격한 표현을 썼는데도 대부분 공감했습니다.

이러한 노력으로 도청 공무원노조가 선정하는 '함께 일하고 싶은 존경받는 간부 공무원'으로 4회 연속 뽑혔지요. 네 번째 수상 후의 경기일보 인터뷰에서 저는 '공무원이지만 공무원으로 살지 말라'라고 일갈하기도 했습니다. 현직에 있을 때 그 보잘것없는 권력을 남용해 갑질을 일삼으면 퇴직 후 난처해질 수도 있습니다. 공무원 세계에서만 그런 것은 아니겠지만, 일정 계급 이상 올라가면 그만큼 경험이 쌓여 일을 잘하게 되지요. 하지만 구성원과의 소통을 통해 조직을 잘 관리하고 협업하는 것은 별개 문제입니다. 고위직에 오를수록 더 출세하려고 욕심 부리고 설쳐대는 사람이 있는데, 그런 사람일수록 완장을 벗으면 사람대접 못 받기 쉽지요. 내가 아니라 전체를 생각하는 범위가 클수록 직급이 높아지는 것이고, 그 과정에서 축적한 경험은 나누라고 있는 겁니다.

권력과 권위가 비례하는 건 아니다

"김 기사님! 차 좀 잠깐 세워주세요."

임사빈 경기도지사 수행비서로 일할 때, 광주에 있는 도립 종축장을 돌아보고 용인으로 가던 중에 길을 지나는 아버지의 모습이 보여 저도 모르게 외쳤습니다. 엉겁결에 차를 세운 저는, 일순 당혹감을 감추지 못했지요. 지사를 수행 중에 비서가 멋대로 차를 세우라 했으니 '가당치 않은 일을 저질렀구나!' 싶었습니다.

"홍비서! 왜 그래?"
"죄송합니다. 아버지가 보여서 저도 모르게 그만 차를 세웠습니다."
제 말을 들은 지사는 "무슨 소리야, 당연히 인사를 드려야지." 하면서 차 문을 덜컥 열었습니다. 도지사를 만난 아버지는 보통 놀라는 것이 아니었습니다. 느닷없이 도백과 인사를 나누게 되었으니 그럴 만도 했지요.

인사를 마치고 길모퉁이를 돌아설 즈음 지사는 차를 세웠습니다. 그러고는 고향 집에 왔으니 하룻밤 자고 오라며 저에게 돈을 쥐여 주면서 고기를 사 들고 들어가라는 것이었지요. 휴일도 없이 지내던 저는 너무 기뻤던 나머지 염치없이 차에서 내렸습니다. 덕분에 모처럼 아버지와 소주

잔을 기울였고 어머니께서도 고기를 굽는 일이 기분 좋으신 듯 콧노래까 지흥얼거렸지요. 밤늦도록 술잔을 기울이며 지사님과 부모님을 더욱 잘 모셔야겠다고 생각했습니다. 수행비서로 일하면서 명절 때를 제외하곤 시골에 내려갈 기회가 거의 없었는데, 정말 지사님이 고마웠지요.

"야! 너 정신 있는 놈이냐?"

다음 날 출근했는데 선배로부터 불호령이 떨어졌습니다. 수행비서는 무슨 일이 있어도 지사를 공관까지 모셔야 하는데, 도중에 내리다니 있을 수 없는 일이라는 것이었지요. 용인 행사장에서 도지사를 기다리던 의전팀장이 크게 당황했다는 말도 들었습니다.

행사 시간이 촉박해서야 지사 차가 보였는데, 정작 차 안에는 운전기사밖에 보이질 않았다는 겁니다. 저야 중간에 내렸으니 안 보이는 게 당연하지만, 지사님도 안 보였다니…. 알고 보니 뒷좌석에서 비스듬히 누워 있었으니 가려져서 못 보았던 모양입니다. 의전팀장도 놀랐거니와 이야기를 전해들은 선배도 화가 날 만했지요. 야단을 맞기는 했지만, 그런 야단은 백번 맞아도 괜찮다는 생각이 들었습니다.

임사빈 지사는 지사직을 떠난 후에도 아버지가 회갑을 맞이하자 양복을 선물하셨습니다. 아버지는 차에서 내려 인사하고 고기를 사주셨던 일과 이 일을 두고두고 사람들에게 자랑하셨지요. 아쉬운 것은 그 양복을 너무 아끼느라 몇 번 입어보지도 못하고 갑자기 아버지가 돌아가신 일입니다. 문상을 오신 지사께서도 너무 일찍 돌아가셨다며 안타까워하셨지요. 세 번째 만남은 결국 영정으로 만난 셈이었지만, 아버지께서는 하늘나라에서도 지사님을 기억하고 계실 것이라고 믿습니다. 권력은 한순간이고 권위는 오래 간다고 하지요. 사실, 관선 시대의 도지사는 시장과 군수 임명권까지 있어 권한이 막강했습니다. 얼마든지 '갑질'을 할 수 있는 자리인데, 그때 임 지사께서 보여준 인간미는 참으로 드물고도 귀한 일입니다.

벼슬이나 권력, 그거 지나고 나면 별거 아닙니다. 그런데도 권력을 잡기 위해 목숨을 거는 일이 다반사지요. 완장을 차면 사람이 달라진다는 말이 있습니다만, 지위가 높아질수록 권력이 커진다고 해서 권위도 비례해서 높아지는 건 아닙니다. 권위는 권력을 휘두르기보다 나누고 배려하는 데서 생깁니다. 베풀어야 가치와 품격이 높아지는 법이지요.

임사빈 지사를 모시면서 많은 것을 배웠고, 그분처럼 살겠다는 마음으로 공직생활을 했습니다. 존경할 만한 인물이 있다는 것은 참으로 행복한 일이었지요. 그때 임 지사가 바로 그런 공직자입니다. 비록 지금은 하늘나라에 계시지만, 제 마음속에는 한 결 같이 좋은 스승입니다.

산에 들어가면 산이 보이지 않는 법

1997년 12월, '경기방송' 개국으로 이 업무를 담당했던 '경기방송국 설립추진단'이 해체됐습니다. 18개월 동안 단장으로 일했던 저는 졸지에 무보직 사무관이 됐지요. 김문규 공보관은 '그동안 수고했으니 보직을 받을 때까지 하고 싶은 거 하면서 지내라'고 했으나 인사 일정상 두 달 이상 기다려야 하므로 그냥 쉬기는 길다는 생각이었습니다.

그래서 도청에서 매주 20만 부를 발행하는 《주간경기》 팀을 돕기로 했지요. 3년 남짓 홍보자료를 작성했던 경험을 살리면 도움이 되겠다 싶어 석 달 정도 일을 도왔습니다.

"1면을 풍경 사진처럼 부담 없는 것으로 채우면 어떻겠습니까?"
일을 거든 지 두 달쯤 지났을 때, 편집회의를 주관하는 최경선 정무부지사께 제가 이렇게 의견을 말했지요. 그동안 1면에 도청의 주요 시책을 사진과 함께 싣는 게 보통이었는데, 건조해 보일 수 있는 그런 것보다는 아름다운 풍경을 통해 시선을 유도하는 게 나을 듯해서였습니다.
"반응이 어떨지 모르지만 한번 시도해봅시다."

잠시 고민하던 부지사가 제 아이디어를 받아들였는데, 결과가 좋았지요.

3월 첫 주 발행한 주간경기의 1면이 달라진 것을 두고 '신선하다', '새로운 시도가 좋다'는 호응이 많았습니다. 직접적인 홍보 기사 대신 얼음이 녹아 흐르기 시작하는 '한국 민속촌'의 물레방아 모습을 담았으니 색달랐겠지요.

"앞으로 1면은 이렇게 정겹고 부드러운 풍경 사진을 올리도록 합시다."
기대 이상 성과가 나타나자 부지사도 기분이 좋아 보였습니다.
이후 사진작가와 저는 곳곳을 찾아 멋진 풍광을 앵글에 담았고, 많은 독자도 1면에 실은 사진을 환영했지요.

3개월여 함께 일하며 느낀 게 적지 않습니다. 일주일에 한 번 발행도 이렇게 힘든데 날마다 내는 일간지 일은 얼마나 버거울까, 매의 눈으로 기삿거리를 찾는 기자들의 노고를 조금은 이해할 수 있었지요. 또, 짧은 기간이나마 놀기보다 일하기를 잘했다는 생각, 덤으로 신문사 여러 직원과 친분도 쌓았으니 이때의 석 달여 체험은 값진 소득이었습니다.

"홍 계장! 조사계장으로 일해 보면 어때?"

상사의 제안을 받고 저는 정중히 사양했습니다. 조사계는 말 그대로 특명 사항을 조사하는 업무인데, 동료를 조사하고 싶지는 않아서였지요. 세정과 계장으로 새로 보직을 받게 된 배경이기도 합니다.

세정과는 세외수입 처리 · 세원 발굴 · 도 금고 관리를 맡는 부서인데, 제가 부임할 때도 금고 위탁 기한이 만료돼 새로 기관을 선정하는 일이 놓여 있었지요. 금융기관의 경쟁이 치열해 말 한마디 행동거지 하나가 조심스러웠습니다. 새삼 보직 없이 주간경기 일을 하던 때가 부담 없는 기간이었다는 걸 절감했지요. 그 여백의 시간이 차분하게 일할 수 있는 자양분이 되었고, 도 금고 선정 작업을 이상 없이 수행할 수 있었습니다.

한참 뒤의 일이지만, 과천시 부시장으로 일할 때 경기도 부지사로부터 '장기연수' 제안을 받았는데 흔쾌히 응했지요. 일상을 벗어나 좋은 강의를 듣고 책도 읽으면서 생각의 깊이와 넓이를 더할 수 있다는 생각에 망설일 것 없었습니다.

전국에서 온 교육생과 함께 10개월 동안 공부하면서 토론하고, 어울려 현장학습도 다니면서 많은 것을 배울 수 있었지요. 특히, 관청 밖에서 객관적으로 행정을 들여다볼 수 있었던 것은 소중한 경험이었습니다.

산에 들어가면 산이 보이지 않는 법입니다. 산속의 나무 몇 그루, 바위 몇 개를 산이라고 할 수는 없지요. 매사가 거의 비슷합니다. 출세에만, 눈앞의 이득에만 매달리다가는 더 큰 것을 놓치는 일이 생겨나기 마련이지요.

보직 없이 신문을 만들며 일한 기간, 교육과 교류로 충전한 연수 기간은 행정 집행 등의 현장 실무에 파묻혀서는 획득하기 어려운 귀중한 여백의 시간이었습니다. 잠시 한 걸음 뒤에서 걷는 것, 그게 앞서가는 길이지요.

고관보다
고관 집 개소리가 더 크다

"실장님! 인사안(案)인데 한번 보시겠어요?"
남경필 지사 시절, 비서실장으로 일할 때, 박수영 행정부지사가
찾아서 건너갔더니 인사 문제를 거론했습니다.
"인사야 전문가인 부지사님이 최고인데 제가 무슨…."
"지사님이 제게 인사 전권을 맡기긴 하셨지만, 혹시 다른 말씀이
있었는지 해서요."

행정부지사는 도청의 인사를 총괄하는 인사위원장입니다. 더구나 박 부지사는 인사전문가로 공인받은 공직자였지요. 얼마 후 남 지사가 내게 인사안을 봤는지 물었을 때, "박 부지사만큼 인사를 잘할 사람이 없으니 믿어도 된다."고 했습니다. 이런 작은 일화가 있었던 지사 취임 후의 첫 번째 인사는 안팎에서 좋은 평가를 받았지요. 내부에서는 역시 인사 전문가다운 솜씨였다고 하고, 언론에서도 대체로 남 지사가 첫 단추를 잘 끼웠다는 호평을 받았습니다.

관선 시절, 저는 비서실에서 다섯 분의 지사를 모셨지요. 지사가 바뀌면 으레 비서실 직원은 모두 교체되는데 저만 줄곧 남게 됐습니다. 비서실 업무 특성상 주말도 없이 일해야 하는지라 반갑지 않았지만, 한편으로

는 그 일을 잘하니까 계속 남겼을 거라고 스스로 위안을 삼았지요.

다섯 분을 모시는 동안 참 열심히 일했습니다. 특히, 지사와 직원 사이의 가교 구실에 충실히 하려고 노력했지요. 급한 결재는 행사 현장이든 지사공관이든 이동하는 차량에 동승시켜서라도 받도록 해주었습니다. 부서에서 요청하는 사항은 되도록 반영해주려고 애썼는데, 그러다 보니 어려운 문제가 생기면 나를 찾는 일이 많아졌지요. 더러는 반대로 지사의 생각을 전하며 직원을 설득하기도 했습니다.

그 후 인사과장으로 일할 때, 비서실에서 인사와 관련한 쪽지를 전해왔습니다. 이상하다는 생각이 들었지요. 제가 비서실에서 일할 때는 그런 기억이 없었기 때문이었습니다. 지사께서 인사과장이나 국장을 불러 직접 지시하는 게 관례였지요. 쪽지를 들고 들어가 지사께 보여드렸더니 '그런 일 없다.'고 했습니다. 비서실장이 청탁을 받은 걸 지사의 뜻처럼 내세운 것이지요.. 쪽지를 돌려주면서 한마디 던졌습니다. "실장이 지사 힘을 빌려 딴 짓을 하면 지사께 누(累)를 끼치는 일이니 처신을 똑바로 하라!" 그 후론 그런 쪽지가 날아드는 일은 사라졌지요.

비서실 근무는 민선 지사 시절에도 계속 이어졌습니다. 임창열 지사 때는 비서관, 남경필 지사 때는 비서실장으로 일했지요. 특히, 남 지사 때는 제가 지사보다 나이가 많고 1급 명퇴자 출신인지라 '왕 실장'이라고 했는데, '어른'이라는 의미로 붙인 별칭이었겠지만 달갑지 않았습니다.

당시 세간에서 '청와대 문고리 3인방'이니 '십상시'니 하는 말이 나돌 때여서 더더욱 그랬지요. 일개 비서관이 인사 전횡을 일삼고 국정을 농단한다 해서 나온 말인데, 얼마나 위세가 대단했으면 총리나 각부 장관이 대통령과 소통할 기회를 차단할 수 있었을까. '고관보다 고관 집 개 소리가 더 크다.'는 말이 있지만 너무 짖어대면 과감히 없애버려야 할 일, 제가 극도로 조심하고 가장 경계했던 지점입니다. 저는 일곱 분의 지사를 모셨지만, 측근이라는 소리를 들어본 일이 거의 없고 동의하지도 않습니다. 무릇 있는 듯 없는 듯 잘 보이지 않는 곳에서 도정의 흐름이 강물처럼 한 결 같이 흘러갈 수 있게 지사를 보조하는 게 비서의 역할이지요. 어공이 아니라 늘 공인데다 그게 맡은 업무이고 맡은 일에 충실했을 뿐입니다. 비서실 목소리가 커지면 커질수록 모시는 분에게 누(累)가 된다는 게 통설이지요. 비서가 고관행세를 하면 결코 좋을 게 없습니다. 가끔 선후배 공직자를 만나면 옛이야기를 하게 되고 비서실 얘기도 나오는데, 이럴 때면 나는 말을 하지 않지요. 자칫 기밀을 말할 수도 있고요.

시기의 대상이기도 해 큰 부담

'경기도 자치행정국장 홍승표 씨가 도청 직원들에게 가장 존경받는 공직자로 뽑혔다는 소식을 들었다. 그것도 4년 연속 가장 존경받는 공직자로 선정됐다니 일시적인 인기몰이나 몇몇이 작당한 의도적인 몰표가 아니라는 것이 확실해진다. 홍 국장은 경기도청 노동조합이 선정한 '올해 도정을 잘 이끌어 조직화합에 기여하고 행정서비스를 향상시킨 공무원'으로도 선정됐다. 존경받는 공직자 선정은 모범적인 공무원의 모델을 제시해 건전하고 활력 넘치는 조직을 만들어 도민에게 무한봉사 할 수 있는 계기로 삼고자 실시하는 것이다.

홍 국장을 아는 사람들은 그가 상당히 합리적이고 리더십이 있으며 동료 간의 화합에 앞장서는 인물이라고 입을 모은다. 성격이 온화한 데다 업무 추진력도 탁월하다는 평이다. 경기도 광주에서 9급으로 출발해 도 총무과장, 과천 · 파주시 부시장까지 역임한 입지전적인 인물이다. 그는 또 우리 문학인 시조를 갈고 닦는 시인으로 활동하고 있어 더욱더 귀한 존재다. 그의 4년 연속 존경받는 공직자 선정에 이의를 제기할 사람은 별로 없을 것이다. 홍 국장 같은 훌륭한 공직자들이 많이 나왔으면 좋겠다.'-《경기신문》 사설 중

2011년 경기도청노동조합에서 선정하는'함께 일하고 싶은 존경받는

베스트 간부공무원'에 제가 선정됐습니다. 4회 연속 선정이었지요.《경기일보》에 인터뷰 기사가 실린 뒤,《경기신문》사설에서도 저에 대한 이야기를 다뤄주었습니다. 정치인도 단체장도 아닌데 개인적인 일을 사설에서 다룬 것은 이례적이었지요. 그 사설을 쓴 언론인을 만났는데, "고위공직자가 후배들의 귀감이 되는 건 쉽지 않고 그만큼 영광스러운 일인데 네 번씩이나 선정된 건 대단한 일"이라고 하더군요. "아닙니다. 저는 특별한 능력이 없으니까 후배들이 일을 잘하고 잘 지낼 수 있도록 도운 건데, 그게 좋은 평가를 받은 듯하다"고 답했지요.

저는 경기도청에서 30년 동안 일했습니다. 아무 연고가 없는 도청에서 주무관으로 있을 때는 죽자 살자 일했더니 함께 일하자는 부서장이 많이 생기더군요. 운 좋게 인사부서와 비서실에서 일하면서 많은 공직자를 알게 됐고, 홍보 업무를 하면서 대언론 경험도 쌓았습니다.

인사부서에서는 동료 선후배들의 고충을 해결해주려고 애썼지요. 정부의 '공무원 직종개편 6인 소위원회' 위원으로 선임돼 기능직 공무원을 일반직으로 전환하는 법령 제정에 일익을 담당하기도 했습니다. 비서실 근무는 특별했지요. 관선 지사 다섯 분과 민선 지사 두 분을 합해 총 일곱 분의 도지사를 가까이에서 모셨는데, 큰 보람이었고 공직생활의 좋은 보약이었습니다.

어느 곳에서 어느 직급으로 일하든 선후배들에게 폐를 끼치지 않으려고 부단히 노력했습니다. 야근하게 되더라도 각 부서의 연설문을 다듬어주고 행사 의전을 도와주는 등 나름대로 도움을 주기 위해 최선을 다했다고 생각합니다. 무엇보다 인사부서에 있을 때는 고충을 비롯한 신상문제 상담 등을 통해 후배들의 어려움을 덜어주는 것이 큰 보람이었지요. 또, 다른 부서장들이 함께 일하기를 꺼리는 노조 위원장을, 그것도 연속해서 다섯 명이나 배치받아 원만하게 부서 일을 하도록 도우면서 노조 활동도 지원한 것은 의미 있었습니다. 이러한 모습에 후배들이 믿고 따랐을 것이고, 그것이 4회 연속 '베스트 간부공무원'으로 선정되게 했겠지요. 혼자 잘하기도 쉽지 않겠지만, 함께 잘하는 건 더욱더 어렵습니다. 특히, 공직사회에서는 개개인의 역량도 중요하지만, 조직 전체가 국민을 위한 일에 슬기와 지혜를 함께 모아야 합니다.

사실, '베스트 공무원'으로 선정되자 모든 면에서 모범이 돼야 한다는 심리적 압박감이 매우 컸습니다. 후배들에게 존경받는 건 기분 좋은 일이지만, 4년 연속 베스트 간부공무원이라는 것은 그만큼 시기의 대상이 되기도 하는 것이지요.

그러니 더욱더 부담될 수밖에요. 퇴직하고 나서야 그 버거운 굴레가 좀 사라져 한결 마음이 편했지만, 후배들에게 도움이 되고 존경받는 선배로 남아야겠다는 생각은 여전합니다.

잘 붙이면 신바람으로 작용

경기도청에서 임사빈 지사 수행비서로 일할 때입니다. 한 해 대책을 보고받던 지사의 말에 폭소가 쏟아졌습니다.
"소주병 과장! 양잠에는 지장이 없지요?"
"네! 별 이상 없습니다. 그런데 저는 소주병이 아니고 소병주입니다."
"소병주나 소주병이나…."
지사가 멋쩍어하며 뱉은 말에 회의장은 또 웃음바다가 됐지요.
아무튼, 이후 잠업특작(蠶業特作)과장은 소주병으로 불리기 시작했습니다.

별명 이야기를 하려니 생각나는 게 또 있습니다. 어지간히 회식을 좋아하는 상사가 있었는데, 직원들은 그 자리를 피하고 싶어 했지요. 한잔하면서 허심탄회하게 대화하자 해놓고 혼자만 이야기하니 회식이 반가울 리 없었던 것이지요. 그러다가 어느 날 회식 자리에서 한 직원이 술김에 '우리 과장은 연산군 같다.'고 했는데, 과장이 어떻게 그걸 알게 되고 말았습니다. 미운털이 박혀 같이 일하는 동안 그 직원 참 힘들었고, 그 영향은 동료에게도 미쳤지요.

총무과장으로 일할 때입니다. 매월 한 차례씩 열리는 월례조회에 '공무원의 신조'를 낭독했는데, 사실 형식적이고 식상한 일인지라 지사께 건

의해 '직원 5분 자유발언 시간'으로 바꾸었습니다. 6급 이하 직원의 발언 신청을 받았는데 의외로 신청자가 많았지요. 부서가 다르고 주제도 다른 데다 마땅한 선정 기준을 마련하기가 쉽지 않아 노조와 협의해서 발언자를 정했습니다. 직원 후생 · 복지 문제부터 상사의 폭언이나 일방적 지시에 대한 시정요구 등 다양한 발언이 쏟아졌고, 직원들로부터 폭발적인 관심과 호응을 받았지요. 비판이 많았지만, 칭찬도 있었습니다.

"제가 모셨던 과장님은 인간적으로 좋은 분이었습니다. 직원들과 소통하고 일을 잘할 수 있도록 도와주었지요. 도의회 상임의원들과 업무협의도 잘해줘 일하는 게 힘들지 않았습니다. 무엇보다 기억에 남는 건 제게 없던 별명을 지어준 것이었지요. 저에게 '대제학'이라는 별명을 붙여주었는데 지금도 기분이 좋습니다. 높은 자리에 오른 것도 아닌데 신나서 열심히 일했던 기억이 납니다. 그 덕분인지는 몰라도 이번에 사무관 승진 예정자로 선발됐지요.윗사람은 이렇게 아랫사람의 사기를 올려줄 줄 알아야 한다고 생각합니다. 따뜻한 포용력이 필요한 것이지요."

발표자는 덧붙여 '지금 과장님도 훌륭한 분이라는 걸 말씀드리고 싶다'고 사족을 달아 폭소가 터졌습니다.

년 넘게 경기도청에서 일하면서 참 많은 공무원을 만났지요. 더구나 비서실이나 인사, 홍보부서에 오래 근무해 다른 사람들보다 훨씬 많은 선후배와 교류할 수 있었습니다. 저는 함께 일하던 직원들과 회식할 때면 친근감의 표현으로 이름 대신 별명을 부르는 일이 많았지요. 이름을 따서 이재학이라는 직원은 '대제학', 정의돌 팀장은 '의리의 사나이 돌쇠', 이강석 팀장은 '강가의 돌멩이', 강현도 팀장은 '강도'라고 불렀습니다. 또 얼굴이나 몸짓을 보고 '둘리' '거봉' 등으로 다양한 별명을 붙이기도 했지요. 돌쇠로 불린 팀장은 성실의 아이콘으로, 강가의 돌멩이 팀장은 발군의 글 솜씨와 친화력으로 승진을 거듭해 두 사람 모두 고위직에 올랐습니다. 별명도 한몫했을 거라는 생각입니다. 사람은 자의든 타의든 한두 가지 별명을 갖게 됩니다. 저도 입대 전엔 아무 불평 없이 묵묵히 일만 해 어머니가 '곰'이라고 불렀지요. 그런데 입대 후의 졸병 시절, 군사령관의 부대 방문을 앞두고 모두 바삐 움직이는데 저는 뭘 할지 몰라 엉거주춤했습니다. 그때 선임 병장이 "야! 넌 왜 두꺼비처럼 왜 눈만 껌뻑이고 있냐?"라며 고함을 치더군요. 저는 졸지에 '두꺼비'가 됐습니다. 그 별명은 나중 술을 잘 마시기 때문에 붙은 것으로 와전됐지만….

동창회에 가면 별명은 생각나는데 이름이 생각나지 않아 난감할 때가 있습니다. 할 수 없이 별명을 부르는데 기분 나빠하는 친구는 없더군요. 이름보다 별명이 친근하게 느껴지나 봅니다. 그러고 보니 저 역시 '곰'이나 '두꺼비'로 불릴 때 살아있다는 느낌이 드는데, 이젠 그 별명조차 부르는 사람이 점점 줄어듭니다. 인생이 노을 속에 있는 탓이겠지요.

'손 글씨'

글씨 자체보다 거기 담긴 정성이 소중

"홍 이병! 너는 각개전투장 가지 말고 대기해."

입대 후 논산 훈련소 훈련병 때의 일입니다. 중대본부 서무계 일을 보는 김 상병이 '차트 보고서' 쓰는 일을 하자고 했지요. '종합각개전투훈련'은 모두 힘들어했으므로 잘됐다 싶었습니다. 그런데 종일 글씨를 쓰는 일은 얼핏 보기와는 달리 만만한 일이 절대로 아닙니다. 차라리 동료들과 훈련받는 게 더 좋겠다는 생각이 들게도 했습니다. 아무튼 제 글씨가 마음에 들었나 봅니다. 훈련 기간에 몇 차례 더 차출돼 글씨를 썼지요. 자대에 배치된 후에도 차트 보고서 쓰는 일을 계속했습니다. 차트뿐 아니라 선임병의 '펜팔 편지'를 대필할 때도 적지 않았지요. 회의서류 등을 만들 때는 속칭 가리방(줄판의 일본어) 글씨 쓰는 일도 도맡았습니다.

가리방은 철필(鉄筆)로 긁어 쓴 기름종이를 줄판(등사판)에 얹힌 다음 잉크를 묻혀 롤러로 미는 과정을 통해 복사하는 인쇄기술입니다. 글씨가 선명하게 인쇄되도록 힘주어 쓰면서도 기름종이가 찢어지지 않게 해야 하므로 나름대로 기술과 요령이 필요하지요. 손목에 일률적으로 힘을 줘야 하고 집중력도 중요합니다. 저는 비교적 잘해 칭찬을 들었지요. 사실, 입대 전의 2년 정도 면서기 일을 하는 동안 철필 글씨를 도맡아 썼지요.

덕분에 덤으로 술도 얻어먹으면서 말이지요. 그렇게 이미 글씨 쓰기는 손에 익은 일이었으니 선임병사들이 놀랄 만했겠지요. 아무튼 군 생활 3년 내내 손마디에 굳은살이 두껍게 앉도록 글씨를 썼습니다.

제대 후 복직해서 경기도청으로 자리를 옮겼는데, 이때에도 얼마 지나지 않아 글씨 잘 쓴다고 소문이 났습니다. 덕분에 많은 사람이 선호하는 인사계로 배치 받을 수 있었지요. 인사계는 말 그대로 직원 인사에 관한 사항이 주요 업무이지만, 워낙 글씨 쓰는 일이 많은 부서이기도 했으니까요. 실제로 며칠씩 글씨만 쓰는 일도 있었고요.

당시의 거의 모든 서류는 국 · 한문 혼용이었습니다. 그러므로 글씨만 잘 쓴다고 해서 맡을 수 있는 일이 아니고, 한자도 기본적으로는 알아야 했지요. 어쨌든, 일을 잘 수행하는 편이어서 가끔 내무부에 차출되기도 했습니다. 글씨를 써주는 일이었지만, 업무 이해도도 어느 정도는 있어야 진행이 수월한 법인데 '내무부에 올라오는 게 어떠냐?'는 권유를 받을 정도였으니 인정받은 것이겠지요.

공직생활을 하면서 글씨 덕을 크게 봤습니다. 다른 부서의 차트 보고서를 써주면서 교분을 넓힐 수 있었던 것이 실력 이상으로 인정을 받게 한 요소의 하나이지 않았나 싶습니다. 비서실에 가게 된 것도 어느 정도 글솜씨 덕분일 듯합니다.

제1야당의 신임대표가 국립대전현충원 방명록에 쓴 글씨체를 두고 '악필'이라는 지적이 있었습니다. 같은 당 국회의원을 지낸 어느 분이 신언서판(身言書判)이라며 필체를 조롱하기까지 했지요. 반면에 MZ 세대를 모르는 '꼰대 문화'라는 비판도 있었습니다. 이 사건(?)으로 한동안 잊고 살았던 손글씨가 소환됐고, 세대 차이로까지 논란이 된 것이지요. 어쨌거나 키보드 시대에 살게 되면서 손 글씨가 거의 사라진 게 사실입니다. 글씨가 마음을 보여준다거나 그런 말도 사라졌습니다. 글씨를 잘 쓰는 것보다 컴퓨터를 잘 다루는 사람이 인정받는 세상이 된 것이지요. 이제는 글 솜씨보다 다양한 생각과 글로벌한 가치관, 미래를 내다보는 혜안이 중요한 덕목이 됐습니다. 그러다 보니 상대적으로 생일날이나 어버이날에 아들, 며느리, 손주들의 손 편지를 받으면 더 기쁘기도 합니다.

사실, 글씨야 아무려면 어떻습니까. 글씨 잘 쓴다고 공부 잘하는 것도, 일 잘하는 것도 아니니까요. 글씨라는 겉모양보다는 그 글씨에 담긴 마음과 정성이 중요하지요. 글씨 속에 생각의 깊이와 넓이, 인성까지 담겨 있다면 더욱더 소중하지요. 저는 펜글씨로 공들여 글을 쓰면서 마음을 다스리며 살았지만, 평생을 함께한 만년필을 이제는 물려줄 때가 됐습니다. 갈수록 손 글씨를 쓸 일은 줄어들겠지만, 한 번씩 아버지의 손때 묻은 만년필로 글씨 쓰며 아들도 여여하게 살면 좋겠습니다.

그만두게 되더라도 책임을 져야지

도정 홍보자료를 언론사에 제공하는 일을 하던 때가 있었습니다. 단지 글 솜씨가 있다는 이유로 맡게 된 일이지요. 그때 일이 꼬여 언론에 대대적으로 보도된 일이 생겼습니다. 주요 일간지는 물론, 방송에도 큰 이슈로 보도가 됐지요. 윗분이 자료에 추가로 첨삭해 놓은 게 발단이었습니다. 객관적인 사실을 그대로 전해야 하는데 오해를 살 만한 말을 첨삭한 것이 문제였지요. 어찌 됐든 실무적인 책임자는 저였으니 앞뒤 가릴 것 없이 사표를 냈습니다. 하지만 막상 그러고 돌아서니 억울하고 서러움이 북받치더군요. 부모님과 아내, 아들 녀석 얼굴이 떠올라 미칠 것 같았습니다. 어둠 속 포장마차에 들어 눈물이 녹아든 술잔을 하염없이 기울였지요.

다음날부터 집에서 나와 광교산 자락이나 원천유원지에서 소일하는 게 일과가 됐습니다. 초점을 잃은 채 넋 놓고 방황했지요. 하루가 너무나 길었습니다. 정처 없이 떠돈 지 사흘째 되는 날, 모든 사실이 밝혀졌지요.

"집안이 먹고살 만해? 쓸데없는 짓 말고 일이나 열심히 해!"

상사가 사표를 찢어버리며 호통을 치는 소리에 다리가 후들거렸습니다. 그러고 사무실에 들어서니 사실을 알게 된 동료들이 등을 두드리며 위로해 주더군요. 순간 울컥했습니다. 그날 저녁, 술잔을 주고받으며 웃기도 하고 울기도 했지요. 사표 낸 걸 몰랐던 대부분 동료도 위로해주니 좋기도 하고, 후련하기도 하고, 괜스레 미안하기도 하고, 갈피를 잡기가 어려웠습니다.

이 일이 있는 뒤 '괜찮은 놈'이라는 소리와 칭찬까지 들으니 기분이 좋았지만, 저는 아무 일 없었던 것처럼 담담하게 지냈지요. 어디든 마찬가지겠지만, 무리에서 지내는 사람은 일희일비하지 말아야 합니다. 가정에서도 가장의 어깨가 늘어지고 표정이 어두우면 가족 전체가 불안해하는 법이지요. 일이 잘 풀리지 않아 힘이 들 때, 저는 술 한잔 기울이거나 산에 들곤 합니다. 나름대로 찌든 삶의 더께를 씻어내는 방법이지요.

만약, 집안에 사표를 썼다고 말했으면 한바탕 소동이 벌어졌을 것입니다. 특히, 일곱 살 아들을 둔 아내가 엄청난 충격을 받았을 것이고 건강에도 좋을 리 없었겠지요. 사실을 말하지 않은 건 미안했지만, 지금도 잘한 일이라고 생각합니다.

이후 도지사 수행비서로 일하게 됐지요. 수행비서 후보의 자격을 특별히 명시한 것은 아니지만, 기혼과 자가 주택 소유였습니다. 주말도 없이 일해야 하는 특수성과 돈에 미혹하면 안 된다는 이유였겠지요. 수행비서로 추천되었지만, 할 일이 아닌 듯해 관심이 없었으나 하게 됐지요. 나중에 지사께 전해 들은 말로는 후보자를 검증하는 과정에서 많은 사람이 저를 천거했답니다. 이때, 사표 소동 사건도 거론되었다지요.

본인 잘못이 아니라 윗사람의 잘못인데도 실무 책임이 자신에게 있다며 사표를 낼 정도로 책임감 있고, 무게감과 성실함도 갖췄다는 평이 쏟아져 망설임 없이 지명했다는 것이었습니다. 이렇게 이야기하니까 수행비서가 꽤 선망의 자리인 듯 생각하기 쉽지만, 아닙니다, 고생의 시작이었지요. 대다수 다른 보직은 자기 업무만 잘하면 되지만, 수행비서 일은 그렇지 않습니다. 시시각각 변수가 많은 업무 특성상 한두 가지만 잘해서 되는 일이 아닙니다. 저는 다섯 분의 관선 지사와 두 분의 민선 지사까지 총 일곱 분의 지사를 모셨는데, 참 많은 것을 배웠습니다.

성격이나 도정 운영 스타일이 다른 일곱 분의 지사를 만나 어려운 시간을 보내다 보니 내공이 쌓여 공직생활을 알차고 내실 있게 만드는 데 좋은 자양분이 되었지요.

책임을 진다는 건 쉽지 않은 일입니다. 많은 것을 한순간에 잃을 수도 있는 일이지요. 하지만 책임을 회피하는 건 비겁한 일입니다. 자기관리를 잘하고 청렴해야 한다는 게 쉬운 일이 아니지만, 숙명처럼 지켜야 하는 게 공직자가 걸어가야 할 길이지요. 사표를 냈던 일은 공직자로 살면서 저 자신을 곧추세우는 더없이 좋은 보약이 되었습니다.

"말은 쉽지만, 실천이 어렵지요"

경기관광공사에서 일할 때였지요. 한 해를 마감하는 12월이었는데, 마케팅처장이 중국 담당 직원과 함께 들어와 약간 망설이다가 할 말이 있다는 것이었습니다.

"사장님! 우선 물 한잔 드시지요."
제가 웃으며 한마디 던졌지요.
"뜬금없이 물은 왜? 윤 박사가 '예쯔(葉子)'랑 결혼한다는 얘기를 하려고?"
"네? 아니, 어떻게 아셨어요?"
"하하! 얼마 전, 내가 강 처장에게 윤 박사 내년에 결혼한다는 말 없더냐고 물었을 때 아직 애인도 없는데 무슨 말이냐고 그랬지? 하지만 이미 감 잡고 있었네."
두 사람은 상상조차 못 했다는 표정이었지만, 이내 안도하는 눈치였습니다.

경기관광공사는 경기도 관광 홍보를 위해 '해외마케팅부'를 두고, 베이징 · 상하이 · 타이베이 · 하노이 등에 현지 주재원을 두고 있지요. 상하이 현지 마케팅을 하는 날 아침인데, 한국관광공사 상하이 지사장이 저를 찾았습니다. 한 시간 전쯤 할머니가 돌아가셨다는 소식을 듣고 예쯔

(葉子)에게 가라고 했는데도 한사코 오후 설명회를 마치고 가겠다고 했다는 것이었지요. 아들이든 딸이든 한 자녀 출산만 허용하는 중국이니 외동딸인 그가 얼마나 할머니 사랑을 듬뿍 받고 자랐을까요. 그만큼 슬픔도 컸을 겁니다. 그런데도 상하이 마케팅이 중요하다고 생각해 설명회를 마친 뒤에야 장례를 모시기 위해 떠나는 뒷모습을 보니 마음이 찡했지요.

안 그래도 똑 소리 나게 일 잘하고 성실해 훌륭한 주재원이라고 생각했는데, 이 일이 있고 난 뒤 그를 더 신뢰하게 됐습니다. 상하이 지사장도 한국관광공사 직원으로 채용하고 싶다고 말했지만, 저는 꿈도 꾸지 말라고 손사래를 치곤 했지요. 중국 담당 윤 박사와도 일 처리 호흡이 잘 맞아 중국 관광업계의 극찬이 이어졌습니다. 그러는 사이 두 사람 사이가 각별하다는 걸 감각적으로 알 수 있었지요.

"사장님! 윤 박사가 예쯔랑 결혼한다 했더니 상하이 지사장이 담배를 피우며 한숨을 몰아쉰 뒤, 윤 박사 보고 '도둑놈'이라 했습니다."
일을 잘하는 직원이 그만두게 됐으니 그럴 만했지요. 이듬해 봄, 저는 두 사람의 결혼 선물로 주례를 섰습니다. 지금은 아들 낳고 잘 살고 있으니 축하할 일이지요.

파주에서 일할 때는 온 나라가 구제역 창궐로 큰 어려움을 겪었습니다. 전국에서 두 번째로 구제역이 발생한 파주는 피해 정도가 특히 심했지요. 농업기술센터에 임시 사무실을 차리고 방역을 총괄적으로 지휘하면서 뛰어다닐 무렵, 설 명절 연휴가 시작됐습니다. 직원들에게 설날 하루는 차례를 지내면서 쉬라고 하고 저는 고향에 가지 못한 채 현장을 지켰지요. 설날 아침, 피해 지역을 돌아보고 사무실에 돌아와 포장한 떡국을 끓여 먹고 다시 매몰 현장에 나갔습니다. 어둠이 내릴 무렵, 뇌조리를 지나는데 유난히 허기가 느껴지더라고요. 그런데 설날인데도 문을 연 국숫집이 보였습니다. 얼른 들어가 뚝딱 한 그릇을 비우고 또 한 그릇을 시켰더니 할머니가 측은하다는 듯 저를 바라보더군요. 아내와 통화하면서 잠시 울컥했습니다. '선공후사(先公後私)'를 말하지만, 쉬운 일이 아닙니다. 내려놓고 희생하려는 마음이 내재해 있지 않으면 실천이 어렵지요. 오랜 세월 공직자로 살다 보니 '가정보다 일이 우선이냐?'는 핀잔을 꽤 듣고 살았습니다. 공직자로서는 성취감이 있었지만, 가장(家長)으로는 빵점. 그래도 후회는 없습니다. 말로는 희생 · 봉사를 외치는 사람이 많으나 손해날 일은 하지 않는 게 오늘의 현실이고 선공후사 정신이 점점 사라지는 것은 안타까운 일이지요. 나보다는 세상을 먼저 생각하는 사람, 공직자라면 국민을 먼저 생각하는 사람이 좀 더 많아지면 좋겠습니다.

"공무원은 국민의 머슴이야!"

임사빈 경기지사 시절, 수행비서로 2년 넘게 일했습니다. 임 지사는 임포, 맏형님이란 별칭에 걸맞은 넉넉한 인품과 후덕한 마음씨, 인정 많은 아저씨 같은 포용력이 돋보였던 분이지요. 체육계의 오랜 꿈이었던 경기도 체육회관을 건립했고, 의왕~과천 고속도로를 건설한 것이 대표적인 업적입니다. '서울올림픽', '고희 체전'으로 불린 제70회 전국체전의 성공적인 수행도 큰 성과이지요.

그 당시 경기도청이 '새마을부녀회'와 힘을 합해 열무국수를 만들어 시도 선수단에게 무료로 제공한 것은 지금도 전설 이야기처럼 오르내리는 일화입니다. 임 지사의 누구와도 격의 없이 어울리는 모습은 경이롭고 존경스러웠지요.

임 지사는 극심한 가뭄으로 농민이 고생할 때 맨발로 논두렁을 누비며 격려하기도 했습니다. 막걸리를 함께 나눌 때는 두부김치를 손으로 집어 먹고는 입술을 쓱 훔친 다음 으레 다른 안주를 집어 농부들 입에 넣어주는 등 주민과 스스럼없이 지냈지요. 끼니를 거르면서까지 지사가 현장을 격려하니까 따라나선 저도 밤늦게 일했지만, 피곤한 줄 몰랐습니다. 지사의 소탈함과 배려의 몸짓, 따뜻한 말이 가슴을 가득 채웠기 때문이지요.

"지사님! 피곤하지 않으세요?"

제가 돌아오는 길에 물었더니 임 지사는 이렇게 대답했습니다.

"홍비서! 공무원은 국민의 머슴이야. 당연히 해야 할 일이지."

그 말이 귓속을 파고들었습니다. 그 말은 공직자로 사는 동안 제 삶의 가치관이 되었지요.

더부살이가 있었습니다. 어릴 적 기억 속의 머슴은 한마디로 우직함과 뚝심의 상징이었지요. 농사일이 유난히 많았던 그 시절의 머슴은 잘사는 부잣집의 더부살이를 했습니다. 그들은 논과 밭을 갈아 씨를 뿌리고 가꾸고 수확하는 일을 도맡아 하고, 새끼와 가마니도 짜는 전천후 일꾼이었지요. 어디 그뿐이랴. 주인이 시키는 자질구레한 일은 물론이요, 도련님이나 아씨로 불러야 하는 주인댁 아들 · 딸의 심부름까지, 한마디로 온갖 잡동사니 일이 모두 머슴 몫이었습니다. 그래도 좋다거나 나쁘다거나 달다거나 쓰다거나 말없이 그저 묵묵히 맡은 일들을 해냈지요.

이와는 다른 머슴도 있었습니다. 머슴은 엄두조차 내지 못하던 가난한 집안에서는 형제가 많으면 그중 한 사람이 머슴 아닌 머슴 역할을 했지요. 기꺼이 열심히 땀 흘려주는 그 머슴의 희생과 뒷바라지로 집안 살림이 나아지고, 다른 형제자매는 도시로 유학할 수도 있었지요. 단, 장남은 머슴 대상에서 제외하는 게 상례였습니다.

우리 집안에서도 장남인 형을 서울로 유학(?) 보내고, 둘째인 제가 머슴을 맡았지요. 제 바로 아래로는 여동생이 둘인지라 딱히 일을 도울 마땅한 사람이 없어서 어쩔 수 없기도 했습니다.

숙명이라 여기며 열심히 일했지요. 동네에서도 일 잘하는 아이로 평판이 좋았습니다. 곰이라는 별명이 붙을 정도로 우직하게 일했으니까요. 말을 앞세우기보다 몸으로 먼저 보여주는 것을 중시했던 게 사실이기도 합니다. 다만, 사람들의 칭찬은 고마웠지만, 솔직히 말하면 머슴 중에도 상머슴이었지요. 뭐 그렇다고 원망한 일도 없었고, 후회한 일도 없습니다. 오히려 그 시절의 머슴 노릇이 오늘의 터전을 마련하는 좋은 밑거름이 됐다고 생각하지요. 몸에 밴 습관이란 참 무섭습니다. 머슴의 몸짓이 학교에 다니면서도, 사회생활을 하면서도 계속 이어지다 보니 공직생활에서 좋은 평판을 들을 수 있었다는 생각입니다.

오늘날에도 머슴이 있지요. 공직자가 바로 그 머슴입니다. 그런데 머슴다운 머슴은 잘 보이지 않아 아쉽습니다. 얄팍한 지식으로 입만 살아서 설쳐대는 설익은 완장만 보입니다. 공무원은 국민의 심부름꾼이자 머슴이라는 본분을 망각했기 때문일 것입니다.

요즘은 어느 것도 어렵지 않은 것이 없을 정도로 힘겨운 세상입니다. 그래서 더욱더 머슴이 그립습니다. 스스로 머슴이 되겠다고 나섰으면 옛날 머슴의 반만이라도 우직하게 일해야 할 텐데, 거들먹거리는 완장만 판치는 것 같아 씁쓸하고 안타깝습니다. 오늘을 사는 우리에게, 특히 공무원에게 무엇보다 필요한 것이 국민을 위한 머슴 정신이 아닐까 합니다.

떳떳해야 설득력도 생긴다.

용인시 부시장으로 일하던 어느 날 시장의 부름을 받았는데 들어가자마자 살짝 언짢은 기분이 들었습니다. 며칠 전 찾아왔던 시의원과 민원인이 함께 앉아 있었기 때문입니다. 그날, 민원인은 시의원과 함께 찾아와 다짜고짜 "담당 과장, 계장 놈이 도무지 말이 통하지 않는다."라며 부시장인 제게 다시 잘 살펴줄 것을 주문했습니다. 방귀 뀐 놈이 성낸다고, 부탁하러 온 처지에 화를 내는 것도 그렇고, 아무리 앞에 없다고 담당 직원에게 '놈' 자를 붙인 것에 기분이 상했었지요. 그래도 자칫 말꼬리를 잡고 물고 늘어진다고 할까 봐 끝까지 들었다가 돌아가는 민원인에게 한마디 던졌지요.

"앞으로 화가 나도 '놈' 자를 붙이지는 마세요."

어쨌든 사실 확인은 해야 하므로 담당 과장과 함께 민원인이 아파트를 짓겠다는 현장에 찾아갔습니다. 운동화를 신고 한 시간을 돌아보았는데 사업대상 지역 대부분이 산이나 계곡이었습니다. 한여름이고 가뭄이었는데도 곳곳에 샘이 솟아 흐르는 자연환경으로서는 최고였습니다. 그러나 이런 곳에 아파트를 짓다가는 큰일 날 일, 안 되겠다는 생각이 들었지요.

"현장을 돌아보니 어떠신지요?"

현장 전체를 살펴보느라 비지땀을 흘리며 내려왔는데, 마을 이장과 함께 기다리고 있던 민원인이 묻더군요.
"제 생각엔 적지가 아닙니다."
저는 시원한 음료수라도 한잔하고 가라는 걸 그들의 권유를 뿌리치고 차에 올랐습니다. 그러고는 돌아와 시장에게 보고했지요.
"현장을 돌아보니 도저히 허가를 내줄 수 없는 곳이라 도시계획위원회에 상정할 수 없습니다. 훗날 홍 아무개 부시장이 그곳에 아파트 허가를 내줬다는 말을 듣고 싶진 않습니다."
시장실을 나온 지 얼마 안 돼 인질처럼 잡혀 있던 배 국장도 내려왔습니다.
"저도 부시장님과 같은 생각이라고 말씀드렸습니다."

고맙고 믿음직했습니다. 부시장은 최악의 경우 다른 곳으로 가면 되지만, 국장은 시장 임기 동안 불이익을 당할 수도 있는데, 용기 있게 말하기가 쉽지는 않았을 겁니다. 다행히 그는 무사했고, 다음 시장이 들어왔을 때 3급으로 승진해 기술업무를 총괄하는 도시주택실장으로 일하게 됐지요.

일할 때 객관적이고 공정하면 현명하고 합리적인 판단이 나오고, 자기관리 잘하고 청렴하면 늘 당당할 수 있습니다. 그래야 위엄도 생기는 법입니다. 특히, 시청의 실 · 국장은 특별히 더 오를 곳이 없으므로 비교적 처신이 자유로운 편이니, 좌고우면하지 않고 소신대로 일하기도 수월합니다. 물론, 그 자리에 앉힌 시장의 뜻을 거역하기는 쉽지 않지요. 하지만 세상에 완벽한 사람은 없으니 시장이 오판하면 안 된다고 직언할 줄 알아야 합니다. 그게 올곧은 공직자의 자세이지요. 동시에 후배들에게는 맏형 같은 존재가 되어야 합니다. 일을 잘하도록 도와주고 잘못하면 꾸짖어 올바른 길로 이끌 줄도 알아야 하지요. 부끄러워해야 합니다. '세상이 왜 이렇게 힘들어. 국민 때문에 목숨을 걸었다는 왕이나 대통령을 한 사람도 본 적 없다. 이 나라를 누가 지켰냐고 하면 바로 여러분이다. 대한민국 국민 여러분이 세계에서 제일 위대한 일등 국민이다.'라고 가왕 나훈아가 말했지요. 공직자와 내로라하는 지식인이 입을 다물고 있으니 그가 대신한 건지도 모릅니다.

과거와 달리 민선 지자체장의 권한은 막강해졌지요. 잘못 보이면 최소한 4년 이상의 임기 내내 눈 밖에 나고 불이익을 받게 되는 일이 실제로 비일비재합니다. 그러나 아닌 건 아니라고 말할 줄 알아야 합니다. 고위직에 올랐다고 적당히 게을러도 된다고 생각해서는 안 되지요. 하물며 자만해서는 더욱더 안 될 일입니다. 공직자의 주인은 단체장이 아닙니다. 시민입니다. 당연히 시민을 위해 일해야지요. 지위가 높아질수록 후배들이 훌륭한 공직자가 될 수 있도록 이끌어 주는 공직자가 많아지면 좋겠습니다.

고향 자주 찾는다고 단체장 나오나?

주말이 되고 특별한 일이 없으면 단 한 차례도 거르지 않고 시골 고향에서 홀로 지내는 어머니를 찾아뵙는 공무원이 있었습니다. 그는 고향 부단체장으로 일하게 되자 무척 기뻐했지요. 그러나 사람들은 그가 지방선거에 출마할 것이라는 오해했습니다. 본인은 절대로 아니라고 손사래를 치는데도 말이지요. 그는 고향에서 1년 6개월 정도 일하고 다른 지역으로 발령이 났습니다. 먼 곳으로 갔지만, 틈틈이 어머니를 찾아뵙는 일은 멈추지 않았지요.

지방선거가 끝나고 나서 도청 국장이 됐는데, 그랬다가 이번에는 고향과 인접한 지역의 부단체장으로 일하게 됐습니다. 어머니가 살고 계신 집에서 더 가까워졌으니 효심 깊은 그는 더 자주 찾아뵈었지요. 그런데 6개월쯤 지나자 또 그의 단체장 출마설이 돌기 시작했습니다. 왜곡된 여론에 못 이겨 그는 결국 정년을 2년 앞두고 스스로 명예퇴직을 선택하고 말았습니다. 그를 눈엣가시처럼 여긴 고향의 단체장이 강력하게 교체 요구를 했다는 설이 있었지요. 홀로 지내시는 어머니를 오랜 세월 줄기차게 찾아뵙는 그를 두고 고향 사람들은 입을 모아 효자라고 칭찬했지요. 동료 공직자 사이에서도 효자로 소문이 자자했습니다. 그런데 어머니를 자주 찾아뵌 것이 지방선거 출마로 오해를 받게 되고, 그것 때문에 눈물로 공직을 마감해야 했던 그의 마음이 얼마나 아팠을까요. 자신도 그렇겠지만 어머니가 만약 이런 사실을 알게 된다면 얼마나 가슴이 찢어질까, 정말 걱정스럽습니다.

저도 공직 근무 28년이 넘어 서기관으로 초임 보직을 받았는데 오래도록 별다른 이유도 없이 자리를 옮겨주지 않아서 마음이 시무룩할 때가 있었습니다. 나중에야 전임 지사의 비서관으로 일한 것이 걸림돌이었다는 것을 알고는 쓴웃음을 지었지요. 그래서 타의에 의해 명예퇴직 했을 그가 더 안타까웠지요.

관선 시대일 때는 6년 넘도록 연속 다섯 분의 도지사 비서로 일했습니다. 힘들어서 벗어나고 싶었지만, 후임 지사들이 함께 일하자고 해서 그리된 것이지요. 그런데 민선 지사는 달랐습니다. 선거 때 지사를 도운 측근들이 여론을 왜곡해 보고했기 때문이지요. 어찌할 수 없는 일이라고 생각하고, 나름대로 일을 즐기면서 열심히 살았던 기억이 납니다. 아무리 그래도 죽도록 일하면 알아줄 거라는 저 나름의 소신이 있었기 때문이지요.

편 가르기를 하는 단체장이 있습니다. 위험한 일이지요. 단체장은 선거 때의 지지 여부를 떠나 모든 시민을 포용해야 하는 자리입니다. 시민도 마찬가지입니다. 자신이 지지하는지의 여부와 상관없이 선출된 단체장이 일을 잘할 수 있도록 도와주는 게 상도(常道)이지요. 그래야 지역이 발전하고 시민의 삶 수준도 높아지는 법입니다. 내 편 네 편 가르고 사사건건 시비를 걸고 발목을 잡으면 서로 지울 수 없는 상처를 입게 되지요.

기초단체장의 꿈은 대부분 연임하거나 국회의원이 되는 것이지요. 광역단체장이라면 대통령이 되려 하고요. 그러나 단체장이 현안 해결보다 앞날만 의식한다면 지역 발전이나 주민 삶의 질 향상이 뒷전으로 밀리고 맙니다. 평소에는 국민이 안중에도 없다가 선거 때만 꾸벅꾸벅 인사하는 모습은 이미 흔하지만, 취임하자마자 다음 선거를 의식하고 준비하는 단체장도 있으니 한심해 보입니다. 이런 사람일수록 행정도 정치적으로 해석하고 왜곡시키곤 하지요.

공직자는 철저한 자기관리와 청렴이 생명입니다. 이를 바탕으로 객관적인 시각으로 공정하게 일을 처리해야 합니다. 너무 흔히 강조하는 말이라 식상하게 들릴 수도 있지만, 상대적으로 그만큼 반드시 지켜야 할 대원칙이기 때문입니다. 사실, 쉽지 않습니다. 선거로 뽑힌 단체장에게는 물론이거니와 기초의회나 광역의회 의원 등의 정치인에게 휘둘리지 않고 일하기가 어렵지요. 그래서 일부 공무원은 노골적으로 정치인에게 줄을 대고 그들의 입맛에 맞춰 일하기도 합니다. 물론, 승진 등의 신분 상승을 염두에 두었겠지요. 하지만 그래서는 안 됩니다. 다른 직업도 마찬가지겠지만, 특히 공직은 그렇게 생각해서는 안 됩니다. 공직은 권력 확보의 도구로, 생계수단의 방편으로 삼을 수 있는 자리가 아닙니다. 이를 망각하면 국민이 불행해진다는 것을 명심해야합니다.

'당신이 공 때렸지만 휘두른 건 나야!'

도지사 수행비서는 지사와 함께하면서 일정을 보좌하는 극한직업인데, 저의 선임 수행비서였던 '이 비서의 반주(飯酒) 사건'입니다. 관선 시절, 토요일 오후 1시까지 일하던 때가 있었지요. 출근해 이것저것 일 처리를 하다 보면 어느새 퇴근 시간이 닥쳐왔습니다. 당시 도지사는 주말에도 시군을 돌며 현장을 살피곤 했는데, 어느 토요일 저녁 일정이 고교 동창회 참석이었지요. 그런데 하필 그날따라 긴급한 일이 생겨 지사는 이를 수습하느라 약속 장소인 온양에 두 시간 정도 늦게 도착했습니다. 이 바람에 동행했던 이 비서도 지사가 약속 장소로 들어간 후 늦은 저녁을 먹게 되었지요. 이때 곁들인 반주가 화근이었습니다.

때론 비서도 술 한 잔이 생각날 때가 있지요. 그때 중요한 철칙이 있습니다. 지사와 같은 종류의 술을 마셔야 한다는 것이지요. 다른 종류를 마시면 금방 알아차릴 수 있지만, 같은 종류면 술 냄새를 잘 맡지 못하기 때문입니다. 이 비서가 지사 일행이 마시는 술과 같은 소주를 시켜 먹은 것도 그런 이유에서였지요. 그런데 반주를 곁들인 식사를 미처 다 끝내기도 전에 갑자기 지사가 화가 난 표정으로 나오더니 돌아가자는 것이었습니다. 생각보다 훨씬 일찍 나온 게 궁금했지만 여쭤볼 수는 없었지요. 하지만 지사가 카폰으로 친구와 통화하는 걸 듣게 돼 곧 그 이유를 알 수 있었습니다. 늦게

온 지사에게 이미 몇 순배로 얼큰해진 친구들이 비아냥거린 겁니다.

"야! 도지사면 다야? 두 시간씩이나 늦고 말이야."

미안하다고 사과했지만, 몇몇 짓궂은 친구가 감정이 상할 말을 계속하니까 홧김에 밥 한 숟가락도 안 먹고 뛰쳐나왔던 것입니다. 도지사는 명문 고교 출신으로 경찰대학을 나와 치안본부장을 거쳐 경기도지사로 영전한 분이지요. 말술의 주량에 근엄하기로 유명했고, 성격이 불같이 급하기도 했지요.

사건(?) 발생 시기는 초겨울로 접어들 때였습니다. 차에도 난방을 틀기 시작할 무렵이었지요. 히터가 돌아가자 바람을 타고 술 냄새가 솔솔 차 안에 퍼지기 시작했습니다.
"이 비서, 술 마셨나?"
"죄송합니다. 반주 한잔했습니다."
"얼마나 마셨나?"
"소주 한 병…."
"이 사람아! 한 병이 반주야? 지사는 밥 한 숟가락 못 먹었는데…, 누가 지사고 누가 비서야? 차 세워!"

안 그래도 친구들에게 홀대받았던지라 비서의 음주가 불편했던 심기를 건드린 셈이지요. 그런데 단순한 화풀이가 아니었습니다. 지사가 차를 세우라 했지만, 홧김에 그런 거겠지 하며 기사는 계속 차를 운행했는데, 지사가 다시 차를 세우라고 불호령을 내렸습니다. 기사도 어쩔 수 없이 차를 세웠지요. 이 비서가 차에서 내린 곳은 오산 부근이었는데, 고속도로에 내팽개칠 정도로 잘못한 것인지는 모르나 쌀쌀한 날씨에 혼자 터덜터덜 걷자니 얼마나 서러웠을까요. 자정 무렵에야 신갈IC에 도착할 수 있었는데 노선버스는 이미 끊긴 후였다고 합니다. 창피한 일이기는 하지만, 이 비서는 하는 수 없이 마침 인근에 있던 교통경찰에게 명함을 건네며 차편을 부탁했고, 잠시 뒤 운 좋게 방향이 같은 트럭을 만나 귀가할 수 있었답니다.

"늦었네요."

아내가 문을 열어주는 순간, 이 비서는 갑자기 눈물이 왈칵 쏟아졌습니다. 한밤중에 우는 소리에 잠을 깬 이웃들이 문을 열고 쳐다보니 마음껏 울지도 못했지요. 황급히 안으로 들어가 다시 울다가 잠이 들었습니다.

다음 날, 안산에서 골프 일정이 있었습니다. 어제의 일을 애써 지우며 공관으로 달려가 여느 때처럼 지사를 모시고 이동했지요. 그런데 시간이 꽤 지나도록 지사는 말 한마디 없었습니다. 이 비서는 다시 서러움이 몰려들었지요. 하지만 그 울분을 터뜨릴 마땅한 방법이 생각나지 않았습니다. 지사가 골프장의 첫 홀에서 첫 타구를 날리자 그때서야 토해내듯 큰 소리로 한마디 외쳤습니다.

"굿 샷! 지사님! 저 어제 잘 들어갔습니다."

신춘문예 출신인데
인사말이나 고치라고?

"홍비서! 이거 한번 봐! 도대체 앞뒤가 연결이 안 되네."

새마을회에서 주관하는 이웃돕기 바자에 참석하기 위해 파주로 가는 도중, 임사빈 지사께서 자료를 건네며 한마디 던졌습니다. 지사가 말할 축사였는데, 제가 읽어도 새마을 역사 같은 도식적인 자료를 꿰맞춘 것이 너무 많은 등 핵심이 없었습니다. 대대적으로 수정했지요. 지역 발전을 위해 헌신적으로 봉사하는 지도자들의 어려운 이웃돕기는 큰 의미가 있고 존경받아 마땅한 일이다, 이러한 일이 널리 확산하기를 기대한다는 내용을 새롭게 넣었지요. 수정한 자료를 넘겨받은 지사가 '홍비서 대단하다.'고 칭찬하시더군요.

"앞으로 '말씀 자료'는 홍비서가 검토하는 게 좋겠네."

행사를 마치고 돌아오는 길에 지사가 지나가는 말처럼 흘렸지만, 대수롭지 않게 생각했지요. 그런데 그다음 주의 실·국장 간부회의를 마친 지사께서 저를 찾는다고 하더군요. 그래서 회의실로 급히 갔더니 지사가 간부들이 있는 자리에서 '앞으로 모든 행사의 축사나 기념사는 홍비서 검토를 받으라.'고 지시했습니다. '홍비서가 검토했다는 서명이 있으면 믿고 결재하겠다.'는 말도 덧붙였습니다.

보통 말씀 자료는 행사를 주관하거나 업무와 관련이 있는 부서에서 작성해서 지사의 결재를 거쳐 읽기 좋게 만든 다음 비서실로 전합니다. 지사의 결재를 거친다고는 했지만, 지사가 바쁜 일정 속에서 자료를 일일이 읽어보고 결재하는 과정에서 다듬기란 쉽지 않아 그냥 넘어오는 예가 많지요. 어쨌든 이들 자료를 수행비서가 분류해 행사 때 단상에 올려놓습니다. 당연히 행사의 취지에 맞아야 하고, 도정의 비전도 담겨 있어야 하지요. 하지만 그렇지 못한 경우도 종종 있습니다. 심지어 기초적인 기승전결조차 갖추지 못한 자료가 올라올 때도 있습니다. 글을 쓰는 일이 익숙하지 않은 실무자로서는 곤혹스럽고, 어렵게 완성한 글이라 하더라도 과장, 국장을 거치면서 크게 바뀌곤 합니다.

그런데 이런 과정을 거치면서 나아지기는커녕 각자 자기 생각을 넣기 때문에 중구난방이 되기도 하지요. 무엇보다 지사의 도정 철학과 의중을 잘 알아야 하는데 그러기가 쉽지 않습니다. 그러니 지사로서는 매일 함께 다니는 수행비서가 검토하는 것이 낫겠다고 생각할 법합니다. 그것도 당신 마음에 들게 글을 쓴다면 말할 것도 없겠지요.

아무튼 지사의 지시 이후 각 부서에서 비서실로 말씀 자료가 몰려들기 시작했습니다. 정신 차릴 겨를이 정도였지요. 그래도 틈틈이 읽으면서 수정했습니다. 초안 작성자를 존중해 보통 첨삭 정도를 하는 것에 중점을 두지만, 아예 새로 써서 결재를 받는 때도 있었습니다. 어쨌거나 담당 부서에서는 좋아했지요. 거쳤던 과정을 생략하니 결재 시간이 짧아진데다가 비서실에서 지사 결재까지 받아 주니 한결 시름이 덜어진 것이지요.

이때의 일이 계기가 됐는지 이후 관선 지사 다섯 분의 말씀 자료를 검토하는 일을 도맡게 됐습니다. 다섯 분의 지사는 서로 개성이 다르고 도정 철학도 달랐지만, 비서로서 가까이 대하니 다른 사람보다는 의중을 알기가 수월했지요. 힘들기는 했지만, 저로서도 보람이 있었습니다. 말씀 자료를 검토하다 보니 자연스럽게 각 부서 일을 알게 되고, 보완하는 과정을 통해 여러 부서 사람과도 가까워졌지요.

6년 넘게 그 일을 하다 보니 도정의 흐름도 거의 꿰뚫을 수 있었습니다. 사무관으로 승진해 잠시 비서실을 떠난 적도 있지만, 민선 시대에 들어서도 비서실에 다시 배치돼 두 분의 지사를 모신 것은 이런 배경이 있었기 때문일 거라는 생각입니다, 일곱 분의 지사를 가까이에서 모시고 일한 건 제게 큰 자산이었지요. 그 경험이 훗날 과장, 국장으로 일할 때도 지사의 의중에 맞게 일하는 데 도움이 됐으니까요.

9급 말단으로 시작해 1급 관리관으로 명예 퇴직한 것은 공직자로서 드문 예입니다. 우스갯소리로 '논두렁 기라도 타고나야 한다.'는 말이 있는데, 일곱 지사에게 가까이에서 배울 수 있었던 것이 큰 행운이었지요. 처음엔 '그래도 신춘문예에 당선된 놈인데 말씀 자료나 고치라고?' 하는 생각도 없지 않았지만, 오히려 공직생활에 좋은 자양분이었습니다. 어떤 일이든 공들여 정성을 다하면 그 열매는 알차고 풍성하게 맺어지는 법이지요.

손해 감수, 선심에서 선택한 일인데…

공직을 떠났다가 다시 공직자로 일하는 것은 흔치 않습니다. 그런데 용인시 부시장을 끝으로 명퇴 후 쉬고 있다가 남경필 도지사 비서실장으로 다시 일했지요. 사실 비서실장으로 일해 달라는 요청을 받고 당황했습니다. 1급 관리관으로 명예 퇴직했는데 4급 비서실장은 격에 맞지 않았으니까요. 그뿐만이 아니라 연금 지급이 중지되고 명예퇴직 수당마저 반납해야 하므로 받아들이기가 곤란했습니다. 그런데 도청 후배들이 말하기를 비서실 직원이 모두 외부에서 들어오므로 문제가 있을 수 있으니 '도정을 잘 아는 제가 왔으면 좋겠다.'는 것이었습니다. 고민 끝에 6개월만 비서실장으로 일하겠다고 했습니다. 지사가 새로운 도정을 펼치는 데 도움이 되고, 후배들에게도 의지할 사람이 될 수 있겠다고 생각해서였지요.

하지만 예상대로 제가 비서실장이 되자 공무원들 사이에 갑론을박이 벌어졌습니다. 앞에서 말한 것처럼 1급으로 명퇴한 지 6개월 만에 4급에 해당하는 도지사 비서실장으로 온 것 자체를 의아해 하는 사람에서부터 비서실 권력의 비대화를 우려하는 이도 있었고, 인사 · 조직 · 홍보 전문가이니 도움이 될 거라는 이도 있었지요. 이와 관련,《중부일보》김만구 기자는 칼럼을 통해 아래와 같이 말했습니다. '세간은 두 실장을 일컬어 '왕(王)실장'이라고 한다. 김기춘 대통령 비서실장과 홍승표 남경필 경기도지사 당선인 비서실장이다. 비교 대상이 될 수 없는 두 실장에게는 두 가지 공통점이 있다. 격은 다르지만, 비서실장이란 공식 직함이 하나요, 왕실장이란 달갑지 않은 비공식 직함이 둘이다. 비슷해 보인다고 '초록은 동색'이라고 우기는 것은 네거티브다.

김 실장은 유신헌법 제정, 노무현 전 대통령 탄핵, 초원복집 사건 등 격동의 한국 현대 정치사에 등장하는 인물이다. 정권의 이인자라는 야유를 받는다. 야권은 입법, 사법, 행정을 떡 주무르듯 한다며 낙마 대상 1호에 이름을 올려놨다. 진정한 왕실장의 면모다.

홍 실장은 공무원 출신이다. 면서기(9급)가 이사관(2급)에 올랐지만, 퇴직 공무원이다. 행정 경험이 많고 글 솜씨가 좋다는 평가를 받지만, 그래도 전직 공무원이다. 남 당선인은 19년 동안 국회에 있었지만, 복잡한 도정에 대한 이해도는 부족하다. 홍 실장의 40년 행정 경험이 필요했을 것이다. 도지사 비서실장은 그저 비서다. 행정, 의회에 영향력을 미치지 못한다. 물론, 문고리 권력이 될 수도 있다. 하지만 남 당선인이 비서실장 정도 통제하지 못할 쑥맥은 절대 아니다. 2급이 4급이 되는 것이 무엇이 문제인가. 남 당선인의 국회 보좌관 · 비서관들은 모두 강등될 판이다. 무엇보다 경기도청 공무원은 전직 공무원 1명에게 휘둘릴 정도로 허약하지 않다. 홍 실장에게 '왕실장'이란 꼬리표를 붙이려는 저의가 궁금하다.'

비록 6개월의 짧은 기간이었지만 많은 우여곡절을 겪었습니다. 관선 시절 다섯 분의 지사를 모셨지만, 민선 지사의 영역은 관선 지사와는 차원이 달랐지요. 평생 들은 욕보다 그 기간에 더 많았습니다. 특히, 선거를 도운 남 지사 측근들의 자리 요구는 상상을 초월했지요. 단호하게 거절했습니다. 비서실장은 도지사와 도정을 보좌하는 자리이지 취업을 알선하는 공직자가 아니라고 선을 그었습니다. 그러자 그들은 온갖 험담을 일삼았지요. 그래도 묵묵히 지사를 보좌하고 도정이 잘 돌아갈 수 있도록 정성을 다했습니다. 사실, 얻은 것보다는 잃은 게 많습니다. '1급으로 명퇴한 사람이 4급으로 다시 오면 후배들은 뭐가 되느냐?' '연금 받으면서 편히 살아도 될 일을 무슨 짓이냐'는 비난이 쏟아졌지요. 퇴직 무렵 연금을 못 받고 명퇴 수당도 반납하는 등 매월 수백만 원 손해를 감수한 게 알려져 오해는 면할 수 있었지만, 선심(善心)으로 택한 일이 먹칠당하니 환멸감이 들기도 했습니다. 비서실장에서 물러난 뒤에도 한동안 마음이 편치 않았지요. '남 지사가 자리에 잘 안착하고 도정의 흐름에 도움이 되게 일조했으면 됐지' 하고 스스로 위로하면서 저 자신을 다독였습니다. 지금은 마음의 상처가 거의 아물었지만, 왕실장이라는 꼬리표는 아직 완전히 떨어지지 않았습니다.

남 야단치기 전,
자신부터 돌아보라

양주 출신 임사빈 경기도지사의 수행비서로 일할 때입니다. 설날 이튿날 일정은 지사의 고향 양주에서 열리는 윷놀이 행사 참석이었지요. 서둘러 아침을 먹고 도지사 공관으로 갔습니다. 그런데 운전기사가 보이지 않았지요. 청원경찰에게 물어보니 아직 안 왔다는 겁니다. '출발 시각이 얼마 남지 않았는데…', 급히 '삐삐'로 호출했지요. 곧바로 전화가 왔습니다.

왜 아직 안 오는 거냐고 물었더니 "지사께서 오늘까지 쉬라고 했는데, 무슨 일 있느냐?"며 오히려 반문하더군요. 순간, 머릿속이 하얘지고 망치로 뒤통수를 맞은 듯 어질어질했습니다. 운전을 못 하니 난감했지요. 당황해하는 사이, 지사께서 나오자마자 순식간에 차에 올랐습니다.

"홍비서! 가자!"
"저… 지사님! 죄송한데 제가 운전을 못 합니다."
"뭐? 여태까지 운전을 안 배웠어?"
말을 마치자마자 지사는 뒷좌석에서 내려 운전석으로 자리를 옮겼습니다.
"홍비서! 안타고 뭐 해? 타라, 얼른 가자."
얼떨결에 차에 올랐지요.

"왜? 불안해? 걱정하지 마. 나 운전 잘해."

출발은 했지만, 말 그대로 좌불안석이었습니다. 등 뒤로 식은땀이 줄줄 흘러내렸지요. '세상에 어찌 이런 일이….'

생각보다 많이 막히지 않아 차는 수월하게 움직였지만, 그 시간이 그렇게 지루할 수 없었습니다. 그사이에 저는 삐삐로 다시 고 기사를 호출했지요.

"고 기사님! 양주 회천읍사무소!"

소곤거리듯 간단히 말하고 전화를 끊었지요. 그 당시 차에 모토로라 제품인 카폰을 설치해 두고 있었는데 지사가 들었던 모양입니다.

"홍비서! 무슨 전화야?"

"아닙니다. 고 기사 전화입니다."

"그래? 고 기사 양주로 오라고 하지 그랬어. 아무래도 윷놀이 마치면 술 한잔해야 하지 않겠어?"

"네! 그렇지 않아도 방금 그렇게 전했습니다."

일단 한숨을 돌렸지만, 참으로 그렇게 시간이 안 가는 건 고통이었지요.

차가 행사장인 회천읍 운동장에 도착하자 군수가 쏜살같이 다가와 뒷문을 열고 넙죽 허리를 숙였지요. 당연히 그 문에서 지사가 나올 줄 알았던 겁니다.

"어?"

텅 빈 뒷자리를 본 군수가 황당해할 때, 운전석에서 내린 지사가 나 여기 있다며 손을 흔들었습니다.

"왜 거기서 내리세요? 운전하셨어요?"

"그렇게 됐어..."

한겨울인데도 얼굴이 화끈거리고 등짝에 땀이 흥건했던 것은 그때가 난생처음이었지요. 윷놀이가 열리는 동안에도 도대체 어떻게 된 일이냐고 묻는 사람이 많았지만, 저는 딱히 할 말이 없었습니다.

돌아오는 길은 호출을 받고 도착해 있던 고 기사가 운전했고, 저는 기어드는 목소리로 말했지요.

"죄송합니다, 드릴 말씀이 없습니다."

"아냐! 확인도 안 하고 홍비서가 당연히 운전할 것으로 생각했던 내가 잘못이지."

저는 더욱더 몸 둘 바를 몰랐습니다.

임꺽정이라는 별칭으로도 불리던 임사빈 지사는 양주군에서 서기로 공직을 시작해 도백(道伯)까지 오른 '전설적인 인물'이지요. 훗날 국회의원으로도 일하다가 '위지경제연구소(韋地經濟研究所)'를 설립, 지역발전을 위해 헌신했지요, 2002년 월드컵을 앞두고 범도민 추진위원장으로 왕성하게 활동하기도 하셨는데, 예순다섯 아까운 나이에 세상을 떠나셨습니다. 이웃집 아저씨처럼 푸근했지만, 일할 때는 불도저처럼 저돌적인 추진력을 발휘하셨던 분, 완장을 찼으나 절대 군림하지 않았던 분입니다. 2년 6개월 동안 수행비서로 일하면서 정말 그분에게 많은 것을 배웠습니다.

부모·자식 간에도 존중, 배려, 예의 필요

흔히 '의전은 잘해야 본전, 잘못하면 한 방에 간다.'고 합니다. 의전이 잘못되면 행사의 목적이나 취지가 무색해지므로 나온 말일 테지요.

매월 한차례 열리는 조찬모임이 있었습니다. 도지사와 도의회 의장, 교육감 등의 도 단위 기관장과 국회의원, 시장, 군수, 각급 단체장들이 여기에 참여했지요. 첫 번째 모임 하는 날이었습니다. 행사가 시작되고 사회자가 "국기에 대하여 경례"를 외친 순간, 눈앞이 캄캄했습니다. 다리가 후들거리고 진땀이 흐르면서 생각이 혼미해지더니 머릿속이 하얗고 아득한 게 아무 생각이 없었지요. 단상에 태극기가 없었던 겁니다.

도청 강당이 좁아 중소기업센터에서 개최했는데, 당연히 태극기를 갖고 가 단상에 놓아야 할 일을 서로 미루는 바람에 그 사달이 났지요. 냉수만 들이켜면서 내내 식은땀을 흘렸습니다. 행사를 마친 후 도지사께 어떠한 처벌도 받겠다고 고개를 떨궜습니다. 다행히 신고식 한번 제대로 했다고 생각하라는 말로 끝났습니다. 지금도 이 사고를 생각하면 손이 오그라들지요. 의전의 기본은 상대방을 존중하고 배려하는 데서 출발합니다. 그 바탕 위에서 서로 다름을 인정하고 조율합니다. 따라서 참석 인사의 문화나 가치관을 잘 이해해야 하지요. 중국 손님을 방바닥에 앉아 먹는 삼계

탕 집에 모시고 갔다가 곤혹을 치른 일이 있습니다. 중국인은 바닥에 앉지 않는다는 걸 몰랐던 거지요. 준비가 철저하게 하지 못하면 문제가 생기기 쉽습니다. 특히, 격식이나 절차에만 신경을 쓰다 보면 자칫 행사의 본질이 흐려질 수 있기 때문에 이러한 점도 잊지 말아야 합니다. 세심하고 치밀하게 품위가 있도록 준비해야 하고, 순발력과 유연함도 필요한 것이 의전이지요.

의전은 참 어렵습니다. 특히, 좌석 배치는 대단히 조심스럽지요. 자기 좌석을 지정해 놓지 않았다고 행사장에 오자마자 떠나버린 단체장도 있고, 좌석 배치가 잘못됐다며 공무원을 호되게 야단친 사람도 있습니다. 좌석 배치는 서열에 따라 정하는 게 핵심이지만, 그게 그리 쉽지는 않습니다. 다양한 계층의 인사가 참석할 때는 더 그렇습니다. 어떻게 서열을 정해야 할지 정말 어렵지요. 하노라고 해도 좌석 배치가 잘못됐다는 이유로 고함을 치며 퇴장해 버리는 사람이 더러 있으니까요. 그럴 때마다 의전을 준비한 사람은 좌불안석 초주검이 됩니다. 이 때문에 의전을 담당하는 부서에 가는 걸 대부분 꺼리지요. 행사가 물 흐르듯이 자연스럽게 흘러가게 해서 성공적으로 마치게 하는 게 의전의 매력이지만, 사실 잘해도 대부분 표가 안 나는 일인지라 피하고 싶은 거지요.

의전은 경쟁력을 좌우하기도 합니다. 의전으로 기관이나 단체의 수준을 가늠하기도 하고, 나아가 일의 성패가 갈라지기도 합니다. 예전에는 얼굴이 예쁘면 연예인이 됐지만, 요즘은 많이 달라졌습니다. 예능 감각이 있어야 하고, 인성도 좋아야 하고, 세계에서도 통할 수 있는 재능까지 갖춘 사람을 선호하지요. 이에 따라 격식이나 겉치레에 치우쳤던 의전도 지금은 상대의 마음과 가치를 이해하고 배려하는 데 중점을 둡니다. 기획력이 중요하지만, 변수에 대처할 수 있는 순발력도 필요합니다. 그러면서도 품격을 갖춰야만 한다는 건 예나 지금이나 마찬가지입니다. 참 어렵지요.

겉으로 잘 드러나지 않으면서 행사 전반을 일사불란하게 이끌어가야 하는 연출가여야 하니 말이지요. 사람 사이에도 의전이 필요합니다. 친구들을 집으로 초대해 저녁을 먹은 일이 있는데, 돌아간 후 아들이 "반바지에 맨발로 온 아저씨는 안 불렀으면 좋겠다."고 하더군요. 안 좋아 보였던 모양입니다. 초대받아 식당에 갔는데 정작 초청인이 한참 늦게 나타나는 일도 있지요. 자기가 주관하는 모임이라면 먼저 나가 맞을 준비를 해야지요. 의전은 행사에서만 중요한 게 아니라 사람 관계, 부모와 자식 간에도 필요합니다. 존중, 배려, 예의가 곧 의전이지요.

공무원도 상품, 가치를 높여라

"국장님! 제가 북부청사에서 일한 지 3년이 넘었는데, 이번 인사에서 왜 빠졌는지 궁금해 왔습니다."

10년 전, 하반기 사무관 인사가 발표된 날 저녁, 북부지청에 근무하는 팀장이 찾아왔습니다. 보통 3년이 지나면 수원에 있는 본청으로 발령이 나는데 제외됐기 때문이지요. 수원에 연고를 둔 공무원은 북부청사로 출퇴근하는 게 힘들어 일정 기간 일하면 교체해주는 것이 관례이긴 했습니다.

"강 사무관! 이 서류를 보고 나서 다시 이야기합시다."

당시 팀장급 이상의 인사는 실 · 국장 의견을 받아 안을 만들었지요. 3배수로 추천받아 요청한 우선순위 위주로 반영하고, 그게 안 되면 다시 추천받아 퍼즐 조각을 맞추듯 매듭을 지었습니다. 실 · 국장 추천 명단에 자신의 이름이 없는 걸 확인하고 돌아가는 뒷모습이 안쓰럽기는 했지만 어쩔 수 없었지요. 다행히 그는 심기일전, 본청으로 복귀했고 승진도 했지요.

사무관 인사에 대해 당시 이영규 《아시아경제》 기자는 이렇게 평가했습니다.

'이번 경기도 사무관급 인사는 대체로 무난하다는 평가다. 노조 게시판에는 소수 직렬을 배려해줘서 감사하다, 앞으로도 공명정대한 인사 부탁한다는 글이 올라왔다. 또한 인사가 만사이니 초심을 잃지 말고, 하위직에 더 각별한 관심을 가져달라고 주문했다. 대부분 노조원도 이번 승진 인사는 실 · 국 안배를 잘 시킨 거 같다, 구관이 명관이라는 말이 있는데 이번 인사는 신관이 명관인 거 같다, 장기교육 없이 묵묵히 일하는 사람들이 많이 승진됐으면 한다는 등 긍정적 반응을 보였다. 인사를 담당한 홍승표 자치행정국장 관련 글들도 올라와 눈길을 끌었다. 멋진 국장님 화이팅!, 그런데 '국장님 가발 한번 권하고 싶다.'며 애정(?)을 표시한 것도 있고, '진료는 의사에게 인사는 인사전문가에게!'라며 홍 국장을 인사전문가에 빗대기도 했다.'

경기도청에서 30년 일하는 동안 인사는 직원일 때 두 번, 담당과장과 국장으로 한 번씩 일했지요. 꽤 오래 인사 업무에 종사한 셈입니다. 지방공무원을 대표해 2년 6개월 동안 행정안전부가 주관한 공무원 직종개편 6인 소위원회 위원으로도 활동한 것도 이런 경력 덕이었지요. '인사가 만사'라는 말을 많이 하는데, 그만큼 인사가 조직 활성화나 업무능률 향상에 절대적인 영향을 미치기 때문입니다. 얼마나 형평성을 고려하고 적재적소에 배치하느냐가 관건인데, 쉽지는 않습니다.

사업계획서를 잘 만드는 사람이 있는가 하면, 사업 현장 관리에 뛰어난 수완을 보이는 사람이 있는 등 차이가 있기 때문이지요. 좀 거칠게 말하면 앉아서 차분하고 세심하게 일하는 기획부서 성향과 대민관계가 좋아 속칭 휘뚜루마뚜루 일하는 현업부서 성향이 있습니다. 일도 일이지만, 부서 동료와 원만하게 지낼 수 있는지도 중요해 신경 쓸 일이 한둘이 아니지요. 가끔 부서 직원을 바꿔 달라는 요청이 있습니다. 이유를 잘 듣기는 하지만, 저는 일단 포용을 권하지요. 세상에 내 맘에 꼭 맞는 사람은 없으니까요. 부서장이라면 직원들을 잘 가르치고 다독여야지요. 공무원도 일종의 상품입니다. 프로 운동선수와 그다지 다를 게 없지요. 실 · 국장 추천서를 보면 가치가 잘 드러납니다. 일 잘하는 사람은 서로 함께 일하겠다고 추천하지만, 그렇지 못하면 아무도 추천하지 않지요. 심지어 후임자가 없어도 좋으니 다른 곳으로 보내주기를 호소하는 일도 있습니다. 능력 있고 사람 관계도 좋은 사람은 함께 일하고 싶어 하는 부서장이 많으니 자신이 부서를 골라 갈 수 있지만, 한 곳에서도 추천받지 못하면 아예 선택권조차 없는 것이지요. 자신의 상품 가치는 자신이 높이는 것입니다. 그런 면에서 보면 인사도 결국 자기 자신이 하는 것이지요.

남을 부각하는 게,
나를 더 부각하는 것

"지사님! 저보다 선배 사무관이 많습니다. 제가 가면 지사님도,
저도 욕먹습니다."
"모두 그 자리는 가기 싫다고 해서 국장에게 일임했더니 홍 비서관을
지목했습니다. 욕을 먹을 일 없어요."

국장은 일 욕심이 많고 추진력이 상당해 그가 관장하는 부서에 가기를 꺼렸지요. 공석이었던 문화정책과장 자리에 후임을 물색하기가 쉽지 않자 임창열 지사가 국장에게 일임했고, 국장이 저를 택했던 모양입니다.

등 떠밀려갔지만 열심히 일했고, 저보다 나이가 어린 국장은 저를 따거(大哥:형)라 부르며 예우해 주었지요. 제가 그 부서로 가게 됐을 때 걱정 어린 시선이 적지 않았지만, 차츰 인식이 달라졌습니다. 사실, 이 국장은 장점이 많았지요. 특히, 성과와 칭찬을 직원에게 돌리는 게 참 멋있었습니다.

"홍 과장! 문화재단 전용 건물을 마련해 줍시다."

1차 추경을 앞둔 때였는데, 국장이 스페인 출장 중이라 지사가 대신 제게 지시했지요. 급한 게 아니니 나중에 하자 했지만, 임 지사는 추경 재원

에 여유가 있다며 자신이 책임질 테니 걱정하지 말고 건물을 사주자 했습니다. 기본 방침을 결재 받아 건물을 사들였는데, 문제는 이듬해 행정자치부 정기 감사에서 생겼지요. '재단 기금으로 건물을 사야 하는 걸 일반 예산으로 지원했으니 잘못'이라는 지적이었습니다. 저는 직원들은 제가 시켜서 한 것일 뿐 잘못은 저에게 있다고 말했지요. 책임을 지겠다던 지사는 이미 퇴임한 뒤였거니와 일선에서 일을 추진한 건 저였으니 직원은 보호해야겠다는 생각이었는데, 실제로 혼자만 징계를 받았으니 그나마 다행이었습니다.

"이춘표 주택과장 참석했나요?"
"하계휴가 중입니다."

남경필 지사는 월례조회 중에 자리에 없는 이 과장을 칭찬하기 시작했습니다. 공공주택 필로티를 입주민이 독서실이나 휴식공간으로 쓸 수 있게 관련 규정을 바꾸었다면서, 국토부 등을 찾아다니며 도민편익 증진을 위해 큰일을 해준 이 과장에게 박수를 보낸다고 했습니다. 이런 성과가 있으면 자신이 한 일인 양 자랑하는 이가 많은데 남 지사는 달랐지요. 휴가 중이었던 이 과장에게 한동안 축하 전화와 메시지가 쏟아졌다는데, 이 덕분이었는지 이 과장은 이후의 인사에서 일약 광명시 부시장으로 발탁됐습니다. '나도 열심히 하면 인정받고 인사 특전을 누릴 수 있다'라는 희망을 심어준 셈입니다.

남 지사는 이 일 말고도 새로운 창안이나 모범적인 사업 실적을 거두면 해당 부서와 당사자 이름을 일일이 거명하며 격려하곤 했지요. 특별한 성과가 없어도 마찬가지였습니다. 각종 행사가 끝나면 으레 주관 부서 직원을 불러내 많은 사람 앞에서 박수를 유도했지요. 매월 한 차례 열리는 도 단위 기관 · 사회단체장 모임인 기우회(畿友會) 행사에서는 모범 도민과 기업인을 초청해 표창하고 감사의 말을 아끼지 않았습니다. 도민을 받들고 공을 다른 사람에게 돌리면 그만큼 활력이 더 생긴다는 걸 잘 아는 지사였지요. 칭찬받을 일에는 자기가 나서고 곤란할 일은 다른 이에게 떠넘기는 공직자가 적지 않습니다. 특히, 새 단체장이 전임 단체장의 잘못을 들추어 경찰에 고발하거나 상급 기관에 감사를 의뢰하는 예도 있는데, 자기는 전임자와 다르다는 것을 과시하고 싶어선지 모르지만, 이럴 때 별 잘못이 없는 공직자까지 애꿎게 곤욕을 치르게 된다는 걸 알았으면 좋겠네요. 공은 직원에게 돌리고 책임은 자신이 지는 게 지도자의 덕목입니다. 단체장이 그럴 때 직원들이 믿고 열심히 일하기 마련이지요. 남을 부각하는 게 자신을 더 부각시키는 거라는 걸 왜 모르는지 모르겠습니다.

소통, 함께 땀 흘리면 쉬워진다

"부시장님! 잠시 쉬었다 가지요."
"아니, 날 더러 뒤처지지 말고 힘들면 쉬엄쉬엄 가도 된다더니…."
"죄송해요. 산을 이리 잘 타시는 줄 몰랐어요."

2009년 7월 파주시 부시장으로 일하게 된 첫 주말, 산행에 나섰지요. 감악산이 있는 적성면의 안배옥 면장 안내로 두 과장도 함께했습니다. 안 면장은 별명이 '감악산 다람쥐'라고 할 만큼 산 구석구석을 꿰차고 있는 분이라고 들었지요. 그 자신도 헤아릴 수 없을 만큼 감악산을 오르내렸다 하더군요. 그래서인지 별명이 싫지 않은 듯했습니다. 두 과장 중 한 사람도 산을 잘 탔습니다. 평소에 테니스 등 운동 많이 해서 그런 듯합니다. 그런데 다른 과장 한 사람이 신통찮았습니다.

"박 과장은 등산이 별로인가 봅니다."
"네, 꺾기 운동이 훨씬 좋죠."

그가 손을 까딱 술잔을 기울이는 시늉을 하며 답한 말에 저는 그만 마시던 물을 내뿜고 말았습니다. 사실, 1995년에 사무관이 된 때부터 저는 꾸준히 산에 다녔습니다.
파주에 갔을 때는 이미 산행 12년인데, 사실을 미처 몰랐던 것이지요.

이에 앞서 2007년 1월 과천시 부시장으로 일하게 되었을 때도 산행을 즐겼습니다. 부임해 처음 시도한 것이 직원들과 산에 드는 일이었지요. 산악회장을 만나 매주 토요일, 시간 되는 직원과 함께 관악산이나 청계산에 가자고 제안했습니다. 또, 매월 한 차례의 정기산행은 다른 산으로 가자는 약속도 했습니다. 정기산행에서 치악산, 오대산 등을 다녀왔고 무박 2일로 지리산에도 갔었지요. 그런데 어느 날, 산림과장이 단속 얘기를 꺼냈습니다.

"부시장님! 관악구청과 합동으로 관악산 정상에서 막걸리 파는 걸 단속해야겠습니다."
그의 말로는 과천에서 단속을 나가면 관악구 지역으로 자리를 옮겨 장사한다는 것이었지요.
"그냥 두는 게 좋겠는데…, 그들도 먹고살아야지요. 단, 자연을 해치는 일, 환경을 오염시키는 일은 하지 말아야 하니 함부로 나무나 바위에 손대지 말고 청소 잘하도록 지도하시지요."
산 정상에서 마시는 막걸리 한잔이 얼마나 꿀맛입니까. 이게 사라지면 내심 허전할 것 같은 생각도 들었지요.

아무튼 이렇게 토요일에는 산행하고, 일요일에는 축구동호회 회원과 함께 공을 찼지요. 직원들과 함께 땀 흘리며 어울리는 시간이 많아지면서 친밀도 높아지고 일하는 데도 도움이 되니 얼마나 좋습니까. 산을 좋아한다는 소문이 돌아 많은 직원이 저에게 동행을 요청했지요. 이 때문에 일정을 조정해야 했습니다. 작게는 네댓 명에서 보통 열 명 정도 함께했는데, 감악산 산행은 서른 번 가까이 됩니다. 감악산 말고도 고령, 파평, 비학, 월롱 등 파주에 있는 웬만한 산에는 거의 다 갔었지요. 이를 두고 김만구《중부일보》기자가 '기자의 눈'이라는 칼럼에서 이렇게 말했지요.

'홍 부시장이 부임한 지 1년이 지났다. 그는 파주시 부시장이라는 완장을 찼지만 거들먹거리지 않았고, 책임 있는 완장이라는 진정한 의미의 완장을 보여줬다. (생략) 직원들의 사기를 고려하면서 조직에 활력을 불어넣어 주는 일에도 남다른 열정을 쏟아왔다. (생략) 직원과 함께 등산을 즐기며 감악산 등 파주의 웬만한 산은 다 탔다. 등산 후 막걸리 한 사발도 잊지 않았다.'

"어떤 새끼야? 그렇게 빨리 가면 어떡해. 따라오느라 힘들어 죽는 줄 알았네!"

용인시 부시장(재직 2012.7~2013.12)으로 일할 때도 주말엔 용인 지역의 산, 매월 한 차례 정기산행은 용인 외로 떠났습니다. 연천의 고대산을 찾았을 때입니다. 임도수 산악회장이 길라잡이를 역할을 하는 대장이 그날따라 오지 않아 저에게 대신 앞장서 달라고 부탁했습니다. 그런데 총무팀장 등 몇몇과 오르다가 후미가 보이지 않아 '칼바위' 앞에서 잠시 쉬고 있을 때였지요. 교통과장이 헐떡이면서 올라오더니 버럭 화를 냈습니다. 졸지에 '어떤 새끼'가 된 저는 짐짓 못 들은 척 딴전을 피웠지요. 그러다가 그 어떤 새끼가 저라는 걸 알고는 당황해서 어쩔 줄 몰라 했습니다.

"어이구, 부시장님! 죄송합니다. 절대로 부시장님을 두고 한 소리가 아닙니다. 그저 너무 힘드니까 욕이 나온 겁니다."

산행에 함께한 직원들은 정상에서 막걸리를 마시다가 이를 알고는 배꼽을 쥐고 웃었지요. 월요일, 이 일은 시청 전체에 순식간에 퍼져 한바탕 웃음바다가 되게 했습니다. 부시장은 행정업무를 총괄합니다. 도시계획, 인사 등 각종 위원회 위원장 역할도 수행합니다. 시장이 최종 책임자이지만, 실질적으로는 부시장이 내부를 관리합니다. 이 때문에 조직 구성원의 복지와 사기를 높이면서 일을 잘할 수 있게 하는 게 매우 중요하지요. 그러려면 소통이 우선시해야 합니다. 함께 산을 찾고 공을 차는 동호회 활동은 그래서 필요합니다. 회식도 유대관계 형성에는 좋지요. 그렇지만 많은 인원이 함께하기 어렵고, 곁들이는 술이 지나치면 난장판이 되기도 하지요.

민선 시장 체제로 전환해 부시장은 입지가 애매모호해진 점이 있는 게 사실입니다만, 나름대로 일을 잘할 수 있었던 것은 직원과 함께하며 소통을 통해 자연스럽게 협력할 수 있었던 덕분이라고 생각합니다. 제 경험이 후배들에게도 도움이 되면 좋겠습니다.

위급상황일수록 차분하고도 재빠르게

관선 시절, 새해가 되면 도지사는 시군을 돌며 새해 설계를 보고받고 주민과 대화하며 도정을 소개하는 연두순시에 나섰습니다. 이것 말고도 지사는 갈 데가 많았지요. 시군에서 열지만 지사가 참석해야 하는 행사가 많고, 민간 주도 행사에도 가야 하는 예가 적지 않았습니다. 그래서 바쁜 일정을 소화하기 위해 헬기를 이용하기도 했지요.

경기도는 서울보다 17배나 넓은 데다 1980년대에는 교통 여건이 좋지 않아 이동 시간이 오래 걸렸습니다. 이러한 불필요한 시간 낭비를 줄이기 위해 헬기가 필요할 때가 있는데, 승용차로는 3시간 이상 걸리는 일정을 소화할 때가 특히 그렇지요. 수행비서로 일하는 동안 저도 수없이 헬기를 탔는데, 시간이 지날수록 무서웠습니다. 5인승 작은 헬기라서 진동이 심하고, 계기(計器)가 자동시스템이 아니라서 비나 눈이 올 때면 불안했지요.

수행비서에서 내근 비서로 업무가 바뀌었을 때의 일입니다. 지사의 일정을 조율하고 관련 자료를 취합하는 일이 주요 업무였지요. 그날, 지사의 일정은 안성군에 있는 미리내 성지에서 오전 행사를 마치고 양주군청으로 이동하는 것이었습니다. 당시에는 양주군청이 의정부시에 있어서 의정부 공설운동장으로 이동할 헬기를 미리내에 대기하게 했지요. 그런데 양주군청으로 헬기가 이동할 시간, 수행비서로부터 전화가 왔습니다.

"홍 비서님! 가방…."
헬기 소음이 요란해 잘 들리지 않는데, 이 비서가 외마디를 남기고
전화를 끊었습니다.
'가방이라니? 뭔 소리지?'

도무지 감을 잡을 수 없었습니다. 궁금증은 이내 풀렸지요. 안성군 행정계장이 전화해 알린 내용인즉 수행비서가 가방을 차에 둔 채 헬기에 탔다는 것이었습니다. 그러면서 그 가방을 비서실로 보내겠다고 했지요. 참으로 황당한 일이었습니다. 그 가방에는 행사와 관련된 자료와 축사, 격려금 등이 들어 있는데 그걸 두고 내리다니….

사정을 정리하자면 이랬습니다. 큰 강당에서 열린 안성의 행사장에 지사가 들어가자 수행비서는 밖에서 휴식하며 행사가 끝나기를 기다렸습니다. 그런데 참석했던 사람들이 모두 빠져나가도록 지사가 보이지 않았습니다. 지사는 사제(司祭)가 출입하는 문을 통해 밖으로 나가 안성 군수의 차를 타고 헬기장으로 이동했던 것이지요. 안성의 미리내 행사 시간이 길어져 양주에 갈 시간이 촉박해지자 지사가 헬기를 띄우도록 요청했고, 도지사의 승용차는 별도로 의정부 공설운동장으로 출발한 뒤였습니다. 난감해진 수행비서가 안절부절못하는 것을 발견한 안성 군수가 급히 차를 다시 헬기장으로 돌렸습니다. 이번에는 지사가 아니라 수행 비서를 태우고 다시 헬기장으로 향한 것이지요. 다행히 헬기를 타고 막 공중으로 올랐던 지사가 황급히 달려오는 차를 발견했습니다. 그 차에 수행비서가 타고 있을 거라고 직감, 조종사에게 착륙을 부탁했습니다. 문제는 그다음이었지요. 헬기가 내리자 냅다 달려가 탑승하긴 했는데, 너무 당황한 나머지 가방을 차에 두고 내렸던 것입니다. 그래서 헬기에서 지사 몰래 사

실을 알린 건데, 소음 때문에 제대로 들을 수 없었던 거지요. 초비상이었습니다. 양주군청에 행사 자료를 급히 팩스로 보내고, 행정계장에게는 자세한 설명은 나중에 할 테니 일단 지사 명의의 격려금을 봉투에 담아 준비해 달라고 부탁했지요. 양주에 도착해 사과하는 수행비서에게 걱정하지 말라며 조처 사항을 전했더니 후~! 하며 안도의 숨소리를 뱉더군요.

안성에서 주인 없이 한동안 버려졌던 가방은 이미 도착해 있었고, 행사는 무사히 끝났습니다. 일정을 마치고 돌아온 수행비서는 그때까지도 얼굴이 상기된 채 머리를 조아렸지요. 지사는 아는지 모른 척하는 건지 아무 말이 없었습니다. 지사 집무실에 들어갔다가 나온 비서실장이 한마디 툭 던졌습니다.

"어이! 헬기를 세운 사나이!"
"죄송합니다, 실장님! 그런데 헬기를 세운 사람은 제가 처음이겠지요?"

수행비서의 말에 비서실이 웃음바다가 됐습니다. 그날 저녁 마음고생이 심했을 수행비서를 위로하려고 조촐한 자리를 마련했지요. "헬기를 세운 사나이를 위하여!"라는 건배 구호가 요란했습니다.

세상에…
부하를 고발하는 상관도 있네!

'저는 공직생활 마지막 3년, 사표를 반려받으면서까지 감사를 받았으나 상급 기관에서 불문(不問)으로 끝났습니다. 물어볼 필요가 없다는, 즉 기각이었습니다. 상반기를 마무리하는 날, 이른 새벽에 흐르는 눈물을 참을 수가 없어 넋두리합니다.'

용인에서 함께 일했던 공직 후배가 페이스북에 올린 글을 보고 울컥했지요. 국장 시절 민원이 생겨 감사관실 조사를 받았는데 특별히 하자 있는 행정행위는 없었다고 합니다. 다만, 이 과정에서 파견 나온 감사관이 복귀하기 직전 경기도에 징계를 요청하고 떠나는 바람에 문제가 됐습니다. 경기도 인사위원회에서는 징계 사유가 되지 않는다고 기각을 결정했지만, 그는 아무 죄 없이 오랫동안 마음고생이 심했고, 그 괴로움을 못 이겨 스스로 용퇴를 선택했습니다.

산업단지 인허가 업무를 담당했던 또 다른 국장의 일도 가슴 아픕니다. 시장이 일 처리를 잘못했다는 이유로 아랫사람인 그를 경찰에 고발했다고 합니다. 어쩌다 우리 사회가 이 지경이 됐을까요. 민원이 생기면 감사를 통해 확인하고 그에 따라 조처하면 될 일, 경찰에 고발하다니, 자신은 깨끗하고 청렴하다는 걸 과시하고 싶어서였는지는 몰라도 자칫하면

한 사람의 인생을 망칠 수 있는 일이라는 걸 알아야지요. 한 집단을 가족이라고 흔히 표현하는데, 동생이나 자식 같은 직원을 고발하는 건, 기가 막힐 일입니다. 이건 자신을 고발하는 것과 같지요. 구성원의 잘못은 이를 관리하는 조직의 장(長)도 책임이 있으니까요. '뇌물이나 향응, 성추행' 등의 중대 범죄가 아니면 직원을 보호해야 한다는 게 제 생각입니다. 어쨌든 고발과 관련한 결과가 3년이 다 되도록 결론이 나지 않아 올해 상반기 명예퇴직 대상인 그는 퇴직조차 못 하는 실정입니다.

저는 경기도에서 인사 담당 과장 · 국장으로 일할 때, 직원이 수사를 받고 기소되면 일단 직위를 해제하고, 징계 수위는 재판 결과에 따라 결정하곤 했습니다. 무죄 추정의 원칙이 있지 않습니까. 이게 맞는 행정행위라고 저는 봅니다.

용인시 부시장으로 일할 때, 경기도에서 25명의 감사반이 2주간 일정으로 정기종합감사를 시행한 적이 있습니다. 저는 감사가 시작된 첫날, 감사반장을 만나 용인시의 현안과 개발에 따른 직원 고충, 경전철 사업과 관련한 채무상환 문제 등의 어려움을 자세히 설명했지요. 감사를 받다가 소통이 잘 안 된다고 찾아온 직원에게는 조금 기다려 보라고 말하고, 감사반 담당자를 찾아 정확한 사실을 그 대신 전하기도 했습니다. 한 달 남짓 지난 후, 감사 결과를 접한 직원들은 무척 기뻐했습니다. 이렇게 징계 건수가 적은 건 사상 처음이라면서 말이지요.

대부분 단체장은 직원의 잘못을 선처해 달라고 호소합니다. 인사위원장인 행정부지사에게 직접 찾아가 사정을 상세히 설명하고 적절한 처리를 부탁하기도 합니다. 자식이 잘못하면 꾸짖고 가르치는 게 부모이듯 단체장도 그래야지요. 아랫사람을 경찰에 고발하는 건 어른이기를 포기하는 겁니다. 자체 감사 능력은 못 믿겠다, 조직 관리를 잘못했다 스스로 인정하는 것이기도 합니다. 강력한 통제와 엄벌로 다스린다고 조직문화가 바로 서는 건 아니지요. 자신부터 솔선수범하고 사랑으로 다독여야 직원도 바른길로 가는 겁니다. 더러 개혁을 앞세워 전임 단체장의 결정을 깡그리 무시하는 이도 있는데, 직원은 개혁의 대상이 아니라 함께 개혁할 주체입니다. '공무원은 영혼이 없는 사람'이라는 다소 조롱 섞인 말이 있습니다만, 단체장의 수족이 아닙니다. 정권이 바뀌든 상사가 바뀌든 공무원은 법령에 따라 일하는 거지요. 공무원은 어느 개인을 보고 일하는 게 아니라 오직 국민을 보고 일하는 겁니다. 말 그대로 공복(公僕)이지요.

"가까운 사람부터 포용하세요"

경기도 관광과장으로 일할 때, '2005 경기 방문의 해'를 준비하면서 관광 명소가 많은 시군을 참 부지런히 돌아다녔지요. 이때 축적한 경험 덕분이었는지 경기관광공사 대표로 일하게 됐습니다. 말하자면 관광이라면 저도 어느 정도 자신감이 있었다는 얘기이지요. 그런데 웬걸요. 공사 직원의 관광에 관한 수준 높은 전문성이 상당하다는 걸 실감했습니다. 그 때문이기도 하지만, 저는 기본적으로 장(長)은 조직원이 일을 잘할 수 있도록 길라잡이 구실 정도 하면 된다고 보는 사람이지요. 내부 조직보다는 경기도와 도의회, 시군이나 관계기관 협력에 치중한 것도 그래서입니다. 도내 관광업계뿐 아니라 서울 · 인천과 협업하고, 나아가 세계적인 관광 브랜드로 평가받는 Trip Advisor와도 손을 잡았지요.

저는 CEO 전용 고급 승용차를 카니발 승합차로 바꿨습니다. 공용 휴대전화를 쓰지 않았고, 나라 밖 출장에 한 번도 비즈니스 좌석을 이용한 적이 없습니다. 먼저 모범을 보여야 한다는 생각에서였지요. 경기도 관광 발전을 위해 국내외를 가리지 않고 뛰어다녔습니다. 처음에는 반신반의하던 직원들도 매사가 그런 식이었으니 차츰 잘 따라주었지요. '한국문화관광산업대상' 수상 등 많은 상을 받았고, '공기업=만년 적자'라는 오명에서도 벗어나게도 했습니다. 국민권익위원회가 평가한 '전국 공기업 청렴도 평가'에서는 내부 만족도 전국 1위를 차지했지요. 장은 외부에 치중하는 경향이 많은데, 저는 내부가 튼실하지 못하면 외부와 아무리 좋은 관계를 맺는다고 해도 소용없다는 생각입니다. 가까이에 있는 사람이 중요하지요.

가까이 있는 사람을 기쁘게 하면 멀리 있는 사람이 찾아온다(近者悅遠者來)는 말은 정치, 기업경영, 가정사, 친구 관계 등 모든 분야를 망라해 통용되는 덕목입니다. 예로부터 재주와 덕을 갖춘 이를 일러 성인(聖人)이라 하고, 이것이 없으면 우인(愚人)이라 했지요. 또, 덕이 재주보다 많으면 군자요, 그 반대이면 소인이라 했습니다. 덕이 없는 재능은 위험하지요. 덕은 남을 먼저 생각하고 공동이익을 우선하는 것을 말합니다. 이의 출발 지점은 내부입니다. 안에서 새는 바가지가 밖에서 안 샐 리가 없지요.

CEO는 족장 같아야 한다는 말이 생각납니다. 사냥이나 채취를 통해 먹을거리를 충분히 마련하는 것이 중요하지만, 결과물 배분 역시 그에 못지않다는 얘기지요. 함께했으면 함께 수고한 노력에 상응하게 나누는 것이 당연합니다. CEO라면 집단을 위해 일한 사람에게 '이런 사람이라면 내 인생을 맡기고 일해도 되겠다.'는 마음을 갖게 해야지요. 그러려면 그를 믿어주고, 맡기고, 성과에 따른 보상을 적절하게 배분해야 합니다. 그래야 구성원이 사력을 다해 일하고 몸담은 조직을 자랑스러워하게 되는 법이지요. CEO가 가슴 깊이 이런 생각을 담고 솔선하면 어느 조직이든, 어느 사회든 그 집단은 결집력이 강해지고, 그것이 발전의 담보가 됩니다. 저도 이런 바탕을 쌓으려고 무던히 애썼지요.

세상에 완장을 찬 사람은 참 많습니다. 돈도 완장이고, 권력도 완장이고, 명예도 완장입니다. 말 잘하는 사람이나 글 잘 쓰는 사람도 완장일 수 있고, 주차관리원이나 환경미화원도 완장일 수 있지요. 어떤 종류로든 크든 작든 소위 '갑질' 비슷한 걸 할 수 있으면 다 일종의 완장입니다. 그런데 내가 찬 완장을 남에게 기꺼이 채워줄 수 있는 사람, 넉넉한 마음을 가진 사람은 찾기 쉽지 않지요. 당장 앞가림하기에 급급하고 실적 올리기에만 몰두하다 보니 더 먼 것이 보이지 않는 것입니다.

미래를 함께할 사람이 따로 있지 않습니다. 바로 내 옆에 있지요. 가까운 사람을 기쁘게 하지 못하면서 어찌 멀리 있는 사람을 기쁘게 할 수 있을까요. 가진 게 없어도 가까이하고 싶은 사람, 완장을 채워주고 싶은 사람은 바로 내 옆 가까이에 있습니다. 몸을 안으면 포옹, 마음도 안으면 포용. 가까운 사람부터 포용하세요.

"오늘은 일찍 퇴근해 본가에서 자!"

"아버지! 저 보고 도지사 수행비서 하라는데요?"

관선 시대 도지사는 시장과 군수 임명 권한이 있는 등 권력이 막강했지요. 6명의 후보자 중 제가 발탁된 건 기쁜 일이지만, 위세 등등한 도지사를 수행한다는 건 당시 저의 공직 경험이 10년 넘었어도 걱정되는 일이었습니다. 그래서 어려운 일이 생길 때마다 상의하고 가르침을 받던 아버지께 이때에도 의견을 물었지요.

"비서? '따까리'는 양반이 할 일이 아니야. 그냥 인사계에서 일해."

아버지는 두말할 필요도 없다는 듯 단호하게 말씀하셨습니다. 따까리는 잔심부름을 도맡아 하는 사람이라는 뜻이지만, 함부로 대해도 괜찮은 사람쯤으로 사용되곤 하지요. 아버지로서 아들이 고생만 하고 깔봄을 당할까 봐 걱정하셨을 겁니다.

결정을 못 하는 심란한 마음을 달랠 겸 일부러 옹진군으로 출장 갔는데 과장이 전화해 내일 아침 비서실에서 대기하라는 지사의 지시가 있었다고 전하더군요. 별수 없이 임사빈 지사 수행비서로 일하게 됐습니다.

"지사님! 여섯 후보 중 왜 저를 택하셨습니까?"

수행업무 시작 후 일주일가량 지나 약간은 따지듯 물었지요.

"내가 도청 간부를 비롯해 여러 사람에게 물어봤는데 홍 비서를 추천하더군. 책임감도 있고, 입이 무거워 말없이 일을 잘하니 적임자라고 그러더라고. 그래서 낙점했지. 참! 그러고 어느 출입 기자가 말하기를, 윗사람이 잘못했는데 자기가 사표를 쓴 일이 있다면서 그만큼 심지 있는 사람을 찾기 어려울 거라고도 그랬지."

2년 넘게 맡은 수행비서 일은 참 고단했습니다. 하지만 지사 옆에서 많은 것을 배웠고, 보람도 있었지요.

"김 기사님! 차 좀 잠깐 세워주세요."

어느 날이었습니다. 광주에 있는 도립 종축장에서 용인으로 가는 길에 아버지의 모습이 눈에 들어왔지요. 엉겁결에 기사가 차를 세웠지만, 이내 '아차' 하는 생각에 가슴이 덜컥 내려앉았습니다.

"갑자기 왜 그래?"

"아, 아닙니다, 지사님! 아버지가 보여 저도 모르게 그만…. 죄송합니다."

"아버님? 그래? 그럼 당연히 인사드려야지, 무슨 소리야."

지사가 차에서 내렸고 저는 당황했지요. 지사라고 소개했더니 아버지도 깜짝 놀라셨습니다. 갑자기 도백(道伯)을 만났으니 그럴 만했지요.

그걸로 끝이 아니었습니다. 아버지가 길모퉁이를 돌아서는데 지사가 차를 세우더니 오늘은 일찍 퇴근해서 하룻밤 자고 오라며 돈을 건넸습니다. 뜻밖이었지만 웬 떡이냐 싶어 냉큼 받아들고 차에서 내렸지요. 고기를 사 들고 들어가 잠시 부모님과 지낼 수 있게 배려해 준 지사가 정말 고마웠습니다. 임 지사는 퇴임 후에도 아버지 회갑 날 직접 찾아와 양복 티켓을 선물했지요. 돈까지 주며 하룻밤 묵게 한 일, 아버지께 양복 티켓을 선물한 일은 두고두고 자랑거리였습니다. '공무원은 머슴처럼 살아야 한다.'고 강조했던 임사빈 지사. 맏형님이란 별칭에 걸맞은 넉넉한 인품, 후덕한 마음씨, 친한 아저씨 같은 편안한 포용력…. 어느 자리 누구와 만나도 격의 없이 어울리는 모습이 그저 경이롭고 존경스러웠습니다. 임 지사는 경기도 체육회관 건립, 서울올림픽과 제70회 전국체전 수행 등 공로가 많은 분이지요. 특히, 새마을운동에 열정적이어서 '새마을 지사'라는 별칭도 붙었습니다. 이후에도 국회의원 등을 역임하면서 경기도에 남다른 애정을 보였는데, 예순넷 아까운 나이에 그만 돌아가시고 말았지요. 먼 훗날, 하늘나라에서 다시 모실 기회가 오면 좋겠습니다.

"새참 안주는 손으로 집어야 제 맛이지"

1980년대 말, 극심한 가뭄이 닥쳤을 때입니다. 당시만 해도 농업이 중요한 소득원인 시절이었지요. 모내기할 때인데, 오랫동안 비가 내리지 않아 논밭이 갈라지고 농부의 마음이 시커멓게 타들어 갔습니다. 한 해 농사를 좌우하는 모내기철에 비가 오지 않으니 걱정이 이만저만이 아닌 일, 이 때문에 개울이나 저수지 물을 퍼 올리는 양수 작업이 벌어졌습니다. 벼농사가 그만큼 중요했지요. 거리가 먼 논엔 양수기 5대를 연결한 5단 양수로 물을 퍼 올리기도 했습니다.

가뭄 극복을 위해 임사빈 지사도 양수 작업을 하는 현장으로 달려갔지요. 어느 날, 남양주 일대를 돌아보는데 5단 양수를 하는 농민이 보이자 얼른 신발과 양말을 벗었습니다. 준비한 장화를 건넸지만, 지사는 들은 척도 하지 않고 바지를 접어 걷어 올린 채 성큼성큼 걸어갔습니다. 군수와 수행원도 별수 없이 맨발로 따라갈 수밖에요.

5대의 양수기를 연결해 수백 m가 넘는 저수지에서 물을 퍼 올리는 일은 간단한 일이 아닙니다. 그나마 저수지라도 있어서 물을 퍼 올릴 수 있는 게 다행이었지요.

"어이쿠! 지사님과 군수님이 이곳까지 오셨네! 고맙고 힘이 납니다."

땀 흘리며 양수 작업을 하던 농민 몇몇이 지사와 군수를 보고
반가워했습니다.
"군수 얼굴조차 보기 힘든데 지사님을 뵙다니…."

피곤함을 잊은 채 웃는 얼굴들이 힘이 나는 듯 보였지요. 잠시 뒤 아낙들이 새참을 가져왔습니다. 두부김치와 김치 부침, 막걸리. 이 새참은 땀 흘리며 일할 때 보약이지요. 지사께서도 미리 준비해 간 막걸리 한 통을 내놓았습니다.

"지사님! 먼저 한 대포 하시지요."

연세 지긋한 농부 한 분이 막걸리를 가득 부어 권했습니다. 그러자 양재기를 받아든 지사가 죽 들이키고는, 막걸리에 담갔던 엄지손가락을 입으로 쪽쪽 빨아댔지요. 기다렸다는 듯 옆에 있던 군수가 젓가락으로 두부김치를 집어 지사에게 내밀었습니다. 지사는 손사래를 치며 한사코 젓가락을 거부하며 손으로 두부김치를 집어 들며 말했지요.

"들에서 막걸리를 마실 땐 이렇게 먹어야 제 맛이지!"
그러면서 나이 많은 농부에게 술잔을 건네곤 다 마시기를 기다렸다가
두부김치를 손으로 집어 입에 넣어주었습니다.
농부는 잠시 당황해하는 듯했으나 싫지 않은 표정이었지요. 지사는
일행에게도 막걸리를 권하고 여지없이 두부김치와 김치전을 손으로
집어 입에 넣어주었습니다.
"지사님이 손으로 안주를 집어 주시니 더 맛있는 거 같습니다."
"간이 간간한 게 그만이죠? 저도 농사꾼의 자식이라 잘 압니다."
웃으며 이야기를 나누는 동안 막걸리와 안주가 순식간에 동이 났지요.
"지사님! 점심 드셔야지요?"

이동하는 시간에 말씀드렸으나 지사는 괜찮다며 밥보다 양수 작업하는 현장에 한 곳이라도 더 가보자고 했습니다. 이 바람에 우리는 그날 밥 구경을 못 했지만, 준비해간 막걸리를 가는 곳마다 농부들과 나눠 출출함을 느끼지는 않았지요.

밤늦도록 이어진 양수 작업 현장 격려를 마치고 돌아오는 길, 지사는 차 안에서 곧바로 잠에 빠져들었습니다. 온종일 현장을 누비며 농부들과 막걸리를 나눴으니 당연하겠지요. 저는 밥을 먹지 못해 뱃속 한구석에 헛헛함이 없는 건 아니었지만, 마음은 넉넉했지요.

굳이 말하지 않아도 마음은 저절로 밖으로 드러난다고 하지요. 끼니를 거르면서 늦도록 강행군을 한 지사의 진정성을 느낄 수 있었고, 존경스러웠습니다. 특히, 격의 없는 소탈함, 배려의 몸짓, 따뜻한 말 한마디는 가슴을 울렸습니다. 힘든 강행군이었지만 지사와 막걸리 · 두부김치를 함께 먹으며 행복하게 활짝 웃던 농부의 주름진 얼굴도 떠올랐지요. 내일도 가뭄에 메마른 논밭에서 타들어 가는 농민의 마음을 적셔주어야겠다는 생각이 밤하늘의 별처럼 마음속에 반짝거렸습니다.

"신발, 새지만 않으면 돼!"

"이 구두를 번갈아 신을 테니 닦아놓아요."

1980년대 말, 새로 부임한 임사빈 지사께서 구두 한 켤레를 비서실에 내놓았습니다. 그런데 새것이 아니라 오래 신은 구두였지요. 지사는 두 켤레의 구두를 번갈아 신었는데, 가끔 낡은 구두창을 바꿔 달아야 했습니다.

"이 구두가 지사님 구두 맞아요? 무슨 문제가 있는 건 아니고,
구두를 바꿀 때가 한참 지난 것 같아서 그럽니다."
도청에 상주하면서 구두를 닦고 수선하는 사람이 의아하다는 듯
묻더군요. '검소한 것도 좋지만 사회적 체통이 있는데' 하는 생각이
들었지요.
"지사님! 구두 닦는 사람이 구두가 낡았다며 지사님 구두가 맞느냐고
하는데 이참에 새로 하나 장만하시죠?"
"그래? 물 안 새면 되지 뭐."
아차! 뒤통수가 뜨끔했습니다.

임사빈 지사 후임으로 온 이재창 지사(재직 1990.6~1992.4)는 소위 엘리트입니다. 서울법대를 나와 행정고시에 합격 후 내무부에서 일했고, 인천직할시장을 거쳐 경기도지사로 영전했지요. 강직하고 꼼꼼한 성격에

일에 대한 열정이 대단했습니다. 첨부된 자료까지 꼼꼼히 살피면서 결재 서류를 검토하기 때문에 직원들이 긴장할 수밖에 없었지요. 공관까지 서류를 갖고 와 밤늦도록 검토하는 일도 잦았습니다.

아침에 공관으로 가서 모시고, 퇴근하면 다시 공관으로 모시면서 종일 지사를 보좌하는 게 저의 임무였습니다. 그런데 지사의 가방이 적어도 10년은 훨씬 넘었을 법하게 낡았습니다. 그 속에는 가방이 터질 듯이 서류가 가득 들어 있을 때가 많았습니다.

그래서 실 · 국장은 물론, 많은 도청 직원이 가방을 바꿔드리라고 권했지요. 하지만 '아직은 쓸 만하고 개인 가방을 공금으로 쓰면 안 된다'는 지사의 고집을 꺾을 수 없었습니다.

이를 안 부지사가 지사의 생일을 맞아 당일 아침에 축하의 뜻으로 가죽가방을 선물했습니다. 십시일반 직원들의 정성을 모은 거라며 반강제(?)로 안겨드렸지요. 하지만 지사는 과한 선물이라며 극구 사양했습니다. 일단 비서실에서 보관하기로 했지요. 그런데 지사의 생일인 그날 오후, 예기치 못한 '사건'이 터졌습니다. 점심 후 사무실로 돌아오는 길에 지사가 카폰으로 출입 기자와 통화하게 된 게 발단이었습니다.

부지사에게 얘기를 들은 어느 국장은 주무과장에게 취지를 설명하며 함께 참여하는 게 의의가 있고, 분담하는 게 개인 부담을 줄일 수 있다는 뜻을 피력했습니다. 그런데 주무과장은 이를 과(課) 공통경비에서 마련했지요. 이를 못마땅하게 여긴 직원이 출입 기자에게 제보했고, 기자가 확인을 위해 지사에게 전화했던 겁니다.

한바탕 시끄러웠지요. 가방은 백화점으로 돌아갔고, 부지사와 그 국장은 졸지에 역적(?)이 됐습니다. 인사청문회 때 후보자가 들고 온 낡은 가방이 화제가 된 적이 있었지요. 갈색의 큰 가죽가방은 옆면이 다 해져 희끄무레했고, 손잡이는 닳아서 누렇게 변색이 돼 있었습니다. 나중 청와대로 가 일하다가 불명예스럽게 물러나긴 했지만, 이때만 해도 검소함과 청렴의 상징처럼 보였지요.

10년 전인 2011년 서울시장 선거에 출마한 후보자의 낡은 구두도 관심거리였습니다. 올해 2021년의 4 · 7 서울시장 보궐선거에서도 찢어진 구두와 낡아서 해진 운동화를 신어 눈길을 끌었던 후보자가 있었지요.

글쎄요, 이들의 가방과 신발은 임사빈 지사나 이재창 지사의 그것과는 다르다는 게 제 생각입니다. 세상이 달라져서 거지도 낡은 가방이나 해진 신발은 거들떠보지 않는데, 가난을 흉내 낸다고 가난뱅이가 되나요. 외려 이들은 재산이 상당한 것으로 밝혀지기도 했고, 아무리 보여주기 용도나 선거용이라 하더라도 자연스럽지 않아 보였습니다. 낡은 가방을 들었다고, 해진 신발을 신었다고 서민이 되지 않습니다. 오히려 서민의 낡은 가방, 해진 신발을 벗게 해주는 게 정치인의 할 일이지요.

수해 지역 상주, 복구 진두지휘

"홍비서! 임 지사, 참 좋은 분이지? 그런데 말이야, 공무원은 사람을 모시는 게 아니야! 오로지 공익을 위해 일하는 거지."

"네, 개인이 아니라 도지사를 모신 거고, 앞으로 그럴 겁니다."

임사빈 지사에 이어 이재창 지사 수행비서로 일하게 됐습니다. 지사가 바뀌면 비서실 직원은 다른 부서로 가겠다는 의사를 인사부서에 전하는데, 실장만 바꾸겠다고 해 다시 수행비서 일을 하게 된 것이지요.

수행 일주일이 지났는데, 지사의 특별한 지시가 없었습니다. 불안했지요. 노윤표 비서실장에게 새로 온 지사가 좀 어렵다 토로했더니 아마 보고를 드렸나 봅니다. 그 이후 좀 순조로워졌지요. 이 지사는 서울법대 졸업에 행정고시 합격 후 요직을 두루 거친 엘리트 공무원입니다. 특히, 흐트러진 모습을 볼 수 없었습니다. 단정하게 빗어 넘긴 머리, 깔끔한 정장 등에서 나오는 분위기가 범접하기 어렵게 했지요. 이런 차림새와는 안 어울릴 것 같은 낡은 가방을 들고 다녔는데, 그것이 오히려 카리스마를 더했습니다. 퇴근 후 공관까지 와서 결재서류를 꼼꼼하게 검토하니 직원들은 늘 긴장할 수밖에 없었는데, 지사가 가끔 수고했다는 메시지를 남기면 그걸 받아 든 간부가 한턱낼 정도였지요. 그만큼 일 처리가 완벽했습니다.

"홍비서! 삼군 사령관 좀 연결해!"

1990년 9월 새벽 4시경, 때늦은 닷새간 집중호우로 고양군(1992년 시로 승격) 일산 지역의 한강 제방이 무너졌다는 급보가 날아들었습니다. 비상대기 중이었던 이 지사가 상황실로부터 보고를 받고 현장에 나가보겠다고 헬기를 대기시키라고 했지요. 그러나 5인승 소방헬기는 계기비행이 안 되고 비바람 때문에 운항할 수 없다는 것이었습니다. 모두 당황하며 우왕좌왕하자 이 지사가 군에 도움을 요청, 삼군 사령관이 직접 헬기를 타고 도청 운동장으로 날아왔지요.

헬기를 타고 고양군 상공에 다다랐을 때, 지사는 연신 한숨을 내쉬었습니다. 상공에서 바라본 홍수 피해가 너무나 끔찍했기 때문이지요. 얼핏 봐도 제방이 200m 이상 무너졌고, 논밭이 흔적조차 보이지 않았습니다. 일산과 지도읍 지역의 마을은 지붕만 보일 뿐, 소나 돼지 따위의 가축이 그 위에 간신히 발을 딛고 있거나 흙탕물에 둥둥 떠 있었지요.

백성운 고양 군수로부터 군 전체 면적의 60% 이상이 물에 잠겼다는 보고를 받은 이 지사는 망연자실했습니다. 새벽에 닥친 날벼락에 5만 명 가까운 주민은 목숨만 겨우 건졌을 뿐 이미 모든 것을 잃은 뒤였지요. 그날부터 이 지사는 이 지역에 거의 상주하면서 수해복구를 진두지휘했습니다. 극에 달했던 주민의 분노를 가라앉힌 밑거름이 되었지요. 도청 공무원들은 물론, 도민도 이 지사를 존경했습니다. 정말 올곧은 성품으로 원칙을 고수하면서 열정을 다해 일하는 모습은 타의 추종을 불허했습니다. 훗날 경기도청 출입 기자단이 역대 지사 중 '가장 열심히 일 잘한 지사'로 이 지사를 뽑았지요. 당연합니다. 자기관리도 철저했지요. 이 지사의 친척이 교통사고로 입원해 쾌유를 비는 위로금을 건넸는데 돌려준 일도 있습니다. 늘 모든 일을 공들여 정성으로 일하고, 선비처럼 올곧고 청렴했던 이재창 지사. 그분을 모셨던 건 복이었지요. 이 지사는 이후 환경부 장관, 새마을 중앙회장, 경기도민회장을 거치면서 봉사했습니다. 저도 본받으려 했는데 턱없는 일이더군요.

"나랏일을 나이나 선후배 순으로 하나?"

"비서실로 올라와서 일 좀 해주세요."
"지사님! 죄송합니다만 제가 관선 시절 다섯 분의 도지사를 모셨던 터라 비서 일이라면 징그러울 정도로 이골이 납니다. 이제 다른 일을 하고 싶습니다."
"오래 안 걸릴 거예요. 비서실 기능이 자리 잡을 때까지만 합시다."
2년 가까이 방송계장으로 일하다가 세외수입계장으로 옮겼는데, 전보된 지 3개월 만에 또 비서실이라니….

관선에서 민선으로 바뀌었을 뿐 비서실 일이야 익숙한데, 막상 일해보니 다른 점이 적지 않더라고요. 관선 지사 때보다 외부 방문객도 다양했고 정무진과 협업도 만만치 않았습니다. 아무튼, 약속대로 3개월 조금 넘어 비서실에서 홍보계로 자리를 옮길 수 있었지요.

갑자기 서울사무소장 발령을 받게 된 건 홍보계장을 맡은 지 2년 4개월이 됐을 때입니다. 월반 승진이기 때문에 난처했지요.

"지사님! 저 아직 정년이 10년 이상 남았습니다. 선배가 즐비한데, 지금 승진하면 남은 공직생활이 힘들 수 있습니다. 더욱이 서울사무소장직은 아무나 할 수 있는 게 아니잖습니까. 기자 · 국회의원 보좌관 등과 만나야 하고, 중앙부처 동향도 살펴야 하는데 저는 부족합니다. 재고해 주십시오."

"나랏일을 나이로, 선후배 순으로 해야 한단 말인가요?"

"그건 아니지만, 너무 이릅니다."

"나도 욕먹을 각오로 결정한 거니 받아들이세요."

지사의 고집이 강경했습니다. 아닌 게 아니라 주변 질투가 적지 않았지요. 다행히 어느 정도 업무가 안정된 다섯 달 후 비서실로 돌아올 수 있었습니다. 서기관 보직에서 사무관 자리로 직급이 낮아진 셈이니 강등으로 볼 수도 있겠지만, 사실 원위치한 거지요. 정말 마음이 편했습니다.

문화정책과장으로 일할 때는 이런 일이 있었지요.

"홍 과장! 고양에 30만 평쯤 땅을 살 준비를 하세요."

"30만 평이오? 추경으로는 재원 마련이 쉽지 않을 텐데요?"

"한류열풍이 좋은 먹거리가 될 텐데 우리 경기도가 그 바탕을 놓아 봅시다. 예산이 얼마나 필요한지 판단해 봐요"

너무 큰 규모라 입이 다물어지지 않았습니다. 다양한 경로를 통해 알아보니 3000억 원 정도나 들어갈 일이더군요. 자체 예산은 1100억 원, 나머지 1900억 원은 기부채납 방식으로 충당하기로 했는데 추진 과정이 정말 힘들었습니다. 승인이 필요한 행정자치부는 물론 여러 명의 심의위원을 일일이 찾아다니며 설명하고 설득하느라 고생했지요. 결과적으로 땅을 사는 데 성공했고, 지금은 관광 · MICE · 방송영상 등을 아우르는 복합 관광문화 단지를 조성 중입니다.

당시 임창열 지사는 김대중 대통령으로부터 직접 재가를 받아 추진한 파주 LG디스플레이 단지 건설(정식 발표, 착공 2004년)을 비롯해 판교 테크노 밸리(2004년 인가, 2006년 착공)와 킨텍스(2005 개장)도 강력히 추진했지요. 백남준 아트센터, 경기도 미술관, 도립 국악당, 문화재단 청사 건립 등 문화예술 지원에도 적극적으로 나섰습니다. 특히, 상수원보호구역에 묶여 불편을 겪던 팔당 수계지역 7개 시,군 주민 지원을 위해 관련법을 제정한 것은 대단한 일이었지요. 지방에서 법을 만드는 건 꿈도 못 꾸던 때, 그걸 해냈으니 이 지역주민은 지금도 임 지사를 칭송하고 있습니다.

경제부총리 출신인 임 지사의 능력은 출중했지요. 중앙부처 경험을 바탕으로 굵직굵직한 일들을 거침없이 해결했습니다. 그때 경기도청 직원의 일하는 수준이 한 단계 높아졌다고 많은 사람이 입을 모으고 있지요. 임 지사의 출중한 능력에 더한 강력한 추진력, 선 굵은 경영 스타일에 배울 게 많았고, 제가 훗날 고위공직자로 일하는 데 좋은 가르침이 됐습니다.

비난 감수하며 상대 당에 자리 양보

"제가 1990년 경인일보에 입사해 새내기 기자로 사회부에서 일할 때 정표 선배가 직속 선임이었습니다. 이듬해 정표 선배 아버님이 돌아가셨을 때는 상가에 가서 심부름도 했었습니다. 이런 인연이 맺어지려는 게 아니었겠습니까."

2013년 12월, 40년 가까운 공직생활을 마감하고 명예 퇴직한 저는 일상을 좀 헐렁헐렁하게 지내고 있었지요. 그해 6 · 4지방선거에서 승리한 남경필 당선인이 비서실장을 맡아달라고 요청했습니다. 처음에는 내키지 않았지요. 하지만 동생인 정표의 후배 기자였다는 얘기, 특히 아버지 장례 때 허드렛일도 했었다는 얘기에 마음이 움직였습니다. 도청에서 32년간 일한 제 경험이 남 지사의 빠른 도정 업무 안착에 도움이 되지 않겠나 하는 생각도 들었지요.

아내의 반대가 만만찮았습니다. 당장 연금이 중지되고 명예퇴직금도 반납해야 했으니까요. 주변에서도 만류했습니다. 1급 관리관으로 명퇴한 사람이 4급 서기관 비서실장으로 간다는 게 말이 되느냐는 거였지요. 틀린 말은 아니었습니다. 하지만 지사가 바뀌고 비서실 직원도 모두 바뀌면 아무래도 소통 창구가 좁아져 도청 후배들이 답답할 것 같다는 생각이 들었지요. 동생 정표가 '생각이 건전하고 개혁적인 참신한 이미지를 가진 사람'이라며 적극적으로 권유한 것도 비서실장직을 받아들이게 하는 계기였습니다. 남경필 경기도지사는 인수위원회도 없이 바삐 움직였지요. '뽀로로 대통령'으로 부르는 김일호 오콘 대표를 비롯해 혁신위원 7명의 조언을 받아 큰 방향을 정하고, 의욕적인 행보를 보였습니다. 취임 첫날, 경승용차를 직접 몰고 출근하는 파격적인 모습을 보였지요. '소방재난안전센터'에서 취임식을 마친 직후에는 성남 중앙시장으로 달려가 많은 상인의 고충을 직접 청취했습니다. 후의 일이지만, 직접 만나서 도민 사정을 듣는 게 좋겠다며 매주 금요일 개최한 '도지사 좀 만납시다.'도 참 신선했지요. 많은 도민이 크게 환영했음은 물론입니다.

연정(聯政)은 특히 돋보였습니다. 도의회 다수당이자 야당이었던 더불어민주당과 연정에 합의한 후, '사회통합부지사'를 상대 당 사람에게 맡긴 일은 놀라운 사건(?)입니다. 이어 보건복지를 포함한 3개국과 경기복지재단 등의 산하 공공기관도 더불어 민주당이 관장토록 했는데, 말에 그치는 상징적 연정이 아니라 실질적인 연정의 틀을 갖추게 했다는 점에서 의의가 크지요.

이와 관련, '경기 연정 실천-도지사와 부지사가 찾아갑니다.'라는 민원상담은 큰 호응을 얻었습니다. 도지사가 연정부지사, 각 조직 실장 · 국장과 함께 경기도 내의 시군을 돌며 개최했던 이 행사는, 메르켈 총리의 독일 모델이었는데, 경기도 연정이 우리나라 정치 구조 개혁 도화선이 됐다고 봅니다.

다만, 그가 추진한 연정은 내부에서도 적지 않은 비판을 받았지요. 다른 당 도의원만 좋은 일 시켰다는 비난이 쏟아졌습니다. 연정이 뿌리내리기엔 우리 정치 토양이 부족했던 탓이지요. 남 지사의 정책 기조는 창의적 정책 실현, 재난 안전 대응 시스템 강화,현장 소통행정으로 요약할 수 있습니다. '한국정책학회'가 선정하는 '최우수 광역단체장'이 된 것도 이의 실천이 큰 몫을 했기 때문이지요. 한마디로 제가 본 남 지사는 유연하고 순발력 있고 넓은 시야를 갖고 있으면서 잘잘못을 가감 없이 인정하는 정치인입니다. 참 배울 점이 많지요. 남 지사와 일하면서 개혁과 미래라는 화두를 공유했던 건 좋은 경험이었습니다. 건강관리정보회사 '빅 케어(Big care)' 대표로 정치보다 훨씬 더 '가슴 뛰는 일을 찾았다'는 남 전 지사의 앞날을 기대합니다.

"유지들은 나와! 천막 안은 시민 자리야!"

2003년 추석 연휴 때 사상 유례가 없는 대형 태풍 '매미'가 경남지방을 덮쳤습니다. 지금은 창원시가 된 마산은 하필 마산만 만조에 태풍이 해일을 동반해 더욱더 피해가 컸지요. 저는 그때 고향에 내려가 쉬는 중이었는데 연휴 마지막 날 '마산의 수해복구 봉사활동을 위해 각 과에서 1명씩 차출하라'는 지시가 내렸다는 전화를 받았습니다. 망설임 없이 저를 명단에 넣으라고 하고 서둘러 집으로 돌아왔지요. 명절 연휴 마지막 날이었지만, 누구를 차출해도 싫어할 것이 당연할 것이므로 차라리 제가 나서는 것이 좋겠다고 생각했습니다.

그런데 마산에 도착해 어시장에서 봉사활동을 하다가 손학규 지사의 일하는 모습을 보고 깜짝 놀랐습니다. 기관장은 잠시 일하는 모습을 사진으로 남기고는 보통 행사(?)를 끝내는 게 상례인데, 이분은 전혀 달랐지요. 비지땀을 흘리며 손수레를 끄는데 대단했습니다. 체력이 좋아서인지, 책임감 때문인지, 아니면 그런 일에 익숙해서인지 수행비서가 도저히 보조를 맞출 수 없을 정도였습니다. 결국, 교대로 도지사를 따라다녀야 했지요. 점심 도시락으로 가져간 김밥을 먹고 오후 늦게까지 봉사활동이 이어졌습니다. 마산 어시장 번영회장 등 상인들은 "이렇게까지 열심히 일할 줄은 몰랐다"며 정말 고마워했지요. 그날 일을 잊지 않고 이듬해에는 회를 가지고 도청까지 찾아와 함께 먹었던 기억이 생생합니다. 3년 전인

2017년으로 기억합니다만, 양기대 광명시장도 리더가 어떠해야 하는지를 잘 보여주었습니다. 주말농장 개장식이 있는 날이었지요. 일찌감치 행사장에 도착한 그는 현장을 보고 국장을 불러 자리 배열을 고치라고 지시했습니다. 보통은 시장을 포함한 기관단체장과 시의원 등 지역 유지가 천막 안에 앉고 시민은 밖에 앉는데 위치를 바꾸라 한 것이지요. 즉, 시민이 천막 안에 들어가 앉을 수 있게 하고, 자신을 포함한 공무원과 지역 유지는 밖에 앉도록 한 것입니다. 처음에는 어리둥절하던 시민도 시장의 낮은 몸짓에 곧 우레와 같은 박수를 쏟아냈지요. 이후 양 시장은 국회의원에 당선돼 당당하게 여의도에 입성했는데 당연한 일이라는 생각입니다.

세종대왕 재위 10년째인 해에 '김화'라는 사람이 자신의 아버지를 죽인 끔찍한 사건이 발생했지요. 세종은 심히 탄식하며 "내 덕이 없는 까닭이다"라면서 크게 자책하고, 신하들과 '백성교화대책'을 논의했습니다. '형벌 제도가 관대해 생긴 일이니 법을 강화해 엄히 다스려야 한다.'는 주장과 '법을 강화해서 될 것이 아니라 교훈이 될 만한 이야기를 통해 스스로 효를 행하게 하자'는 주장이 맞섰지요. 세종은 강한 법을 만들기보다 모범이 될 만한 효자, 충신, 열녀의 행실을 모아서 교화서인《삼강행실도》를 만들어 백성이 교훈으로 삼도록 했습니다.

LH 사태 이후 공직자의 공정성과 투명성을 확보하기 위한『이해충돌방지법』이 제정되었습니다. 이 법은 공직자가 직무를 수행할 때 사적인 이익을 추구할 수 없도록 이해충돌 상황을 막자는 것이지요. 국회의원, 공무원, 공공기관 직원, 지방의회 의원 등 약 190만 명이 이 법에 적용받게 됩니다.

개발 관련 정보는 국회의원이나 고위직 공무원일수록 정보에 접근하기 쉽습니다. 말단 공직자는 거의 불가능하지요. 그래서 고위층이 솔선수범하는 게 중요합니다. 권력으로 조직을 이끌고 형벌로 질서를 잡으려는 리더가 많습니다만, 그러면 사람들은 등을 돌립니다. 리더가 몸가짐을 바로 해야 시민도 따르는 법입니다.

‘안 된다’라고 말할 줄 알아야

“부시장님! 저 7월 말에 그만두게 되었습니다.”
“이제 1년밖에 안 됐는데 왜?”
“그게 그렇게 됐습니다.”

지난해인 2020년 도청에서 일하다가 명예퇴직하고 공기업 본부장으로 일하는 후배가 퇴직하게 된 사정을 설명했습니다. 어느 날, 자신의 후배가 전화해 ‘선배님 잘 계시느냐, 거기(공기업)는 일하기가 어떠냐’고 물어서 그냥 도청보다는 편하다고 말했다고 합니다. 그저 안부를 묻는 정도로 생각했으니까 가볍게 대답했다는 거지요.

까맣게 잊고 있다가 그 전화했던 후배가 문득 떠오른 건 잠깐 보자는 인사처장의 연락을 받고서였다지요. ‘왜 갑자기 보자는 거지? 인사처장이 혹시 해임을 얘기하려는 거 아니야?’ 생각이 이에 미치자 후배가 자기 자리에 오려고 넌지시 물었을 거라는 직감이 번개처럼 스쳤습니다. 지난해 근로계약을 체결할 때, 2년 계약이 관례이지만, 1년은 당연히 더할 것으로 생각하고 1년짜리로 계약한 것이 실수였다는 생각, 그걸 알고 있던 후배가 자기 자리를 넘봤다는 생각에 자책감과 환멸감이 들었답니다. 하지만 이제는 마음을 어느 정도 가라앉혔고 다른 길을 찾아보겠다고 하더군요. 그런데 그의 후배라는 사람이 엊그제 퇴임 인사에서 웬만한 아부는 저리 가라 할 만한 명언(?)을 남겼지요. 이날의 발언으로 '풀잎 국장'이라는 별명도 얻었다지요.

"혹시 풀잎이 빛나는 것 보셨나요? 풀잎이 언제 빛을 내느냐 하면 태양이 비출 때 빛이 납니다. 저는 풀잎에 불과한데, 태양이신 지사님의 빛을 받아 공직생활을 마무리하는 시기에 빛날 수 있었습니다. 영화로 치면 지사님은 감독이자 주연이고, 저 같은 사람은 조연입니다. 조연배우로 경기도라는 아주 좋은 영화, 국민의 사랑을 받은 영화에 참여할 수 있게 해줘 감사합니다. 늘 사랑하고 존경합니다."

이렇게 말한 후 웃으며 '손가락 하트'까지 날렸다고 합니다.

그렇게 태양으로 여길 정도로 존경하면 지사라면 계속해서 태양이신 지사가 빛나도록 도청에서 도울 일이지, 그 도청의 산하단체인 공기업 본부장으로 잘 있는 선배의 자리는 왜 넘보는지…. 그것도 퇴직하려면 6개월이 남았는데, 앞당겨 그만두면서까지 꼭 그래야 했는지, 지켜야 할 선(線)을 한참 넘었다고 봅니다. 이런 국장을 상사로 모시고 일한 후배들도 '참 힘들었겠구나!' 싶더군요.

도청의 국장은 아무나 하는 게 아닙니다. 그것만으로도 충분히 만족할 만한 결실입니다. 그런데 얼마를 더 일하겠다고, 아니 얼마나 더 돈을 벌고 명예나 권력을 연장하겠다고 선배까지 밀어내나, 혹시 태양까지 소환한 아부로 취업할 수 있었던 건 아닌지 헛웃음이 나왔습니다.

저는 경기도청에서 30년 일했습니다. 완벽했다고 말할 수는 없지만, 나름대로 올곧은 가치관으로 일했지요. 퇴직 후 가끔 후배를 만나면 '도청 국장쯤 되면 승진하려고 기웃거리지 말고 안 되는 건 안 된다고 말할 줄 알아야 한다'고 말합니다. 그런데 이번 일을 지켜보면서 이제 그런 충고는 그만두어야겠다고 생각합니다. 한편으론 도청에 있을 때, 선배로서 역할을 제대로 못 해 그런 일이 생긴 것 같은 자괴감도 들고요. 도청에서 문화정책과장으로 일할 때 '안 된다'라고 직언한 적이 있는데, 화를 냈던 지사가 며칠 후 '홍 과장 말이 맞았다.'고 인정하더군요. 호랑이처럼 무섭기로 소문난 임창열 지사 시절에도 '안 된다'고 직언하는 간부가 제법 있었습니다. 그런데 이젠 그런 공무원을 찾아보기가 어렵네요. 올곧게 중심을 잡고 일하면서 '안 된다'고 말할 수 있는 후배가 있으면 좋겠습니다. 문득 빗속을 걷고 싶다는 생각이 들었습니다.

물갈이가 꼭 좋은 건 아니다

파주시 부시장으로 일할 때입니다. 당시 1년간 모시고 일하던 한나라당 류 화선 시장이 3선에 도전했지만 실패하고, 민주당 이인재 후보가 새 시장으로 당선됐지요.

저는 선거 기간 시장 직무대행으로 일했는데 참 곤혹스러웠습니다. 한 사람은 선거 전까지만 해도 가까이에서 모셨던 시장(류화선)이고, 또 한 사람의 후보(이인재)도 제가 경기도 문화정책과장으로 일할 때 직속상관인 문화관광 국장이었기 때문이지요. 실제로 한쪽에서는 '시장을 모셨다고 경거망동하지 마라!' 하고, 또 한쪽에서는 '도청에 있을 때 모신 적이 있나 본데 오해받을 짓 하지 마라!'며 양쪽에서 모두 협박인지 경고인지 충고인지 모를 전화를 해댔습니다. 안 그래도 극도로 경계해야 할 일. 선거 기간이라 행사가 많이 줄었지만, 그래도 행사가 없는 건 아니어서 공식적이고 불가피한 경우를 제외하곤 참석하지 않았지요. 참석하더라도 끝나자마자 곧바로 되돌아오곤 했습니다.

어쨌든 선거 결과, 시장이 바뀌게 됐지요. 류 시장이 퇴임 전 제게 묻더군요.
"홍 부시장은 도청으로 가시나요?"
"글쎄요. 가야 하는데 마땅한 국장 자리가 없어서 고민입니다."

통상적으로 선거를 통해 시장이 바뀌면 부시장도 바뀌는 게
관례이지요. 그래서 묻는 것이겠거니 했는데, 다음 말이 의외였습니다.
"그러면 파주에 더 계세요. 일을 잘하니 모두 좋아할 겁니다."

참 고마웠습니다. 하지만 인사권은 새로 부임할 시장에게 있는데…. 알고 보니 당선인이 취임 전, 인사에 관해 도움을 요청했다고 합니다. 이때 류 시장이 저를 파주시에 남겨 두는 게 좋을 거라고 조언했다지요.

얼마 후 당선인에게서 연락이 와 만나게 됐습니다.
"부시장님! 도청에 가지 말고 여기에서 1년만 더 일하시죠!"
"아닙니다. 모시던 시장과 경쟁했던 분과 일한다는 게 모양새도
그렇고, 직원들도 떨떠름하게 생각할 겁니다."
"부시장님! 제가 공직을 떠난 지 7년이 넘어 감이 떨어져서 그러니
도와주세요."

거듭된 거절에도 불구하고 계속 요청하는 바람에 '며칠 말미를 달라'고 했습니다. 취임을 열흘 남짓 앞두고 다시 만났는데, 가장 친하게 지냈던 건설국장과 비서실장이 함께 있더군요.

"김영구 국장님! 이종춘 실장님! 제가 홍 부시장님과 일하고 싶은데
어떻게 생각하세요?"
"저희는 좋지요. 홍 부시장은 최곱니다."
거절하지 못하도록 미리 각본을 짠 것이었지요.

새 시장이 취임했지만, 자리 이동이 거의 없었습니다. 실 · 국장, 과장, 비서실장 등 대부분이 그대로였지요. 조직 안정과 화합을 위해서라지만, 쉬운 결정이 아니어서 모두 놀라워했습니다. 시장이 바뀌면 으레 인사 태

풍이 불 것으로 생각했던 것은 기우였지요. 취임 후 처음 열린 8월 월례조회에서 이인재 시장이 저를 일으켜 세워 뒤를 돌아보게 하더니 직원들에게 이렇게 말했습니다.

"시장이 바뀌었는데 부시장이 그대로 있는 게 이상하다고 생각할지 모르겠습니다만, 홍 부시장은 제가 도청에 있을 때 함께 일해 봐서 잘 압니다. 능력도 인품도 훌륭해 삼고초려로 붙잡았는데 잘했죠?"

"네" 하는 소리와 함께 박수가 쏟아졌습니다. 얼떨결에 직원들을 향해 인사하면서 고맙다는 생각이 들었지요. 제가 찜찜하게 생각할 여지를 아예 없애 주었으니까요. 더욱이 이 시장은 모든 일을 부시장과 상의하라고 힘을 실어주기도 했습니다.

민선 단체장이 바뀌면 곧바로 대대적인 인사가 단행되는데, 일종의 줄 세우기입니다. 관선 때는 거의 없던 일이지요. 시장, 군수도 직업 공무원이니까요. 하지만 민선 단체장은 '새 술은 새 부대에 담는다'라는 명분을 내세워 인사를 통해 내 편 만들기를 하기 일쑤입니다. 하지만 물갈이가 반드시 좋은 것만은 아니지요. 6개월 정도 관찰하면 누가 일을 잘하는지 보이니까 그때 인사해도 늦지 않을 일을 줄 세우기 식으로 서둘러 처리해서는 안 됩니다. 단체장은 신중해야지요. 특히, 지나치게 선거를 의식해 일하게 되면 시민도 불행해집니다.

안 될 일은
오래 붙잡아도 안 되는 법

"홍 부시장! 저랑 내기 하나 합시다."
"무슨 내기를…?"
"관내를 돌아보고 불법 현수막을 발견하면 내가 저녁을 사고,
못 찾으면 홍 부시장이 저녁을 사는 거요."

파주시 부시장이 된 지 일주일쯤 지났을 때 류화선 시장이 이렇게 제안해 저는 속으로 쾌재를 불렀지요. 몇몇 시군에서 일해 봤지만, 불법 현수막이 없는 데라고는 한 곳도 없었기 때문입니다.

점심 먹고 관내를 돌아봤지요. 그런데 예상과 달리 불법 현수막이 전혀 보이지 않았습니다. 기진맥진 상태로 돌아와 시장에게 저녁을 살 수밖에 없었지요. 그해 파주는 전국 옥외광고물 최우수기관에 선정돼 대통령 표창을 받았습니다.

'신세계첼시 프리미엄아울렛'은 2010년 4월 파주 통일동산 내
8만 6000㎡ 땅을 샀는데 파주시가 6월 개발 행위를 허가했습니다.'
류 시장이 신청 하루 만에 허가해 부시장이었던 저도 깜짝 놀랐지요. 졸속 심사를 한 게 아니냐는 기자의 질문에 류 시장은 이렇게 대답했습니다.

"어차피 해줄 일이면 빨리하는 게 좋은 거 아니겠습니까. 안 될 일은 한 달을 붙잡아도 안 되는 법입니다."
류 시장의 '스피드 행정'은 유명했는데, 공무원 생활 30년 넘게 나름대로 일 좀 한다고 자부했던 제가 초라해 보일 정도였지요.

이 무렵 지역경제 활성화를 위한 예산 조기 집행이 지방행정의 화두였습니다. 파주시는 2009년부터 2년 연속 예산 조기 집행 전국 1위를 차지해 대통령 표창을 받았는데, 모든 공사를 10월 전에 끝내는 '클로징(closing) 10' 시책을 추진했지요. 시청 기술직 공무원으로 이루어진 '합동설계반'을 발족, 세밀한 공정계획을 바탕으로 공사를 체계적으로 진행한 것이 특징입니다. 다른 시군이 새해 예산을 편성한 후 설계와 공사를 발주하는 것과 비교해 미리 설계했으니 예산 조기 집행이 가능했던 것이지요. 기획재정부 등의 중앙부처에서도 이 '클로징 10'을 벤치마킹하고, 감사원은 전국 우수 사례로 선정했습니다.

류 시장은 대기업, 언론 등에서 다양한 경험을 한 분이지요. 능력이 출중해 파주시 행정 수준을 크게 높였다는 평가를 받았는데, 전국 시장 · 군수가 뽑는 '가장 일 잘하는 사람'으로 2년 연속 선정된 것이 이를 증명합니다. 앞서도 언급했지만, 그는 빠른 민원처리로 호평을 받았지요. 기초단체장으로서는 유일하게 대통령 직속 '지역균형발전위원회' 위원으로 위촉받아 활동할 수 있었던 것도 능력과 행정력을 높이 사서였을 것입니다. 정치권의 반발로 무산되기는 했으나 이명박 대통령은 그를 행정자치부 장관으로 내정하기도 했었지요. 사심 없는 공평무사한 행정 처리로 시민에게도 절대적인 지지를 받았는데, 퇴임 후에는 공기업인 '그랜드코리아레저' 대표를 거쳐 경인여대 총장으로 6년간 일했습니다. 그와 함께 일을 하면서 저도 참 많이 배웠지요. 부시장, 부군수 자리는 직업공무원이라면 누구든 가져보는 꿈입니다. 그러나 그 꿈을 이루더라도 마음 맞는 단체장을 만나지 못하면 제대로 능력을 발휘하기 어렵게 되지요. 아무리 일을 잘해도 시장이나 군수를 넘어설 수는 없으므로 사람 잘 만나는 것이 그야말로 복입니다.

결이 다르면 마음고생을 하게 되고 실제로 단체장과 맞지 않아 부단체장이 바뀌는 일이 비일비재하지요. 그나마 관선 때는 자신이 부단체장으로 일했던 시군의 단체장으로 금의환향하는 일이 있었지만, 민선으로 바뀐 후에는 불가능해졌습니다. 그러니 부단체장은 더는 올라갈 곳이 없는 정점의 자리지만 단체장의 지시를 받아야 하는 사람이지요. 직원들의 인식도 떠날 사람 취급하는 게 보통이지만, 그래도 저는 도청과 도의회를 부지런히 오가며 나름대로 인정을 받았지요. 무엇보다 전국에서 가장 일 잘하는 시장과 함께 일할 수 있었던 것이 큰 행운이었다고 봅니다.

젊어도 늙은이,
늙어도 젊은이가 있다

"부지사님! 1면에 지사 사진을 꼭 게재할 필요는 없다고 생각합니다. 도민 시선을 끌 수 있는 신선한 사진으로 바꾸는 게 어떨지요?"

'경기방송국' 설립이 끝나 조직이 해체되고 무보직 사무관으로 석 달 남짓 일할 때였습니다. 정무부지사가 주관하는 《주간경기》(현재의 월간 G-Life)' 편집회의 때 용기를 내 건의했지요. 하지만 '지사 사진을 자주 게재할 수 있는 것도 아닌데'라는 등의 이유로 반대가 있었지요. 저는 지사 사진은 다른 면에 실으면 된다고 재차 1면 편집 개선을 주장했지요. 최경선 정무부지사가 결국 제 손을 들어 주었습니다.

이후 1면이 풍경 사진으로 바뀌었습니다. 사진기자와 함께 민속촌에 가서 이제 막 물이 녹아 흐르는 물레방아 모습을 촬영했는데, 이것이 첫 번째였지요. 평가가 좋았습니다. 내부에서도 그랬고, 독자의 반응도 대부분 칭찬이었지요. 부지사가 편집진에서 가장 나이가 가장 많고 직위도 높았지만, 유연한 생각으로 기존의 틀을 바꾼 겁니다.

'꼰대'는 선생, 아버지, 늙은이를 이르는 은어이자 속어입니다. 영국 BBC는 한국어 '꼰대(kkondae)'를 '오늘의 단어'로 소개하면서 자신은 항상 옳고 남은 그르다고 주장하는 나이 든 사람이라고 해석했습니다. 요즘 유행하는 '나 때는 말이야'는 내 생각을 다른 사람에게 일방적으로 전할 때 쓰이지요. 옛날이나 지금이나 이른바 그 '꼰대질'은 변함이 없는 듯합니다. 기원전 1700년경 메소포타미아문명을 일으킨 수메르족의 점토판에도 잔소리가 빼곡히 나열돼 있다지요. '제발 철 좀 들어라, 왜 그렇게 버릇이 없느냐', '왜 선생님을 존경하지 않느냐' 등등. 나이 든 이가 볼 때 젊은이는 미성숙해 보이니 불안할 터이고, 젊은이가 볼 때 나이 든 사람은 일방적으로 자기주장만 하는 게 마땅찮을 테지요. 어느 시대, 어느 지역에서나 세대 차이는 어쩔 수 없나 봅니다.

세상은 그야말로 빛의 속도로 빠르게 바뀌고 있습니다. 한창 일을 왕성하게 나이의 중장년조차 그 변화를 따라가기 어려울 정도이니 노년 계층은 '석기시대 인간' 취급을 받기에 십상이지요. 하지만 나이가 들었다고 무조건 꼰대로 치부하는 게 과연 옳은 일인지는 곱씹어볼 문제입니다. 정무부지사의 열린 생각이 주간경기의 모습을 바꾼 것처럼 직위가 높거나 나이 많다고 다 꼰대는 아닙니다. 일흔이 넘은 윤여정 배우가 아카데미 조연상을 받게 되면서 솔직하고 거침없는 말솜씨와 패션으로 젊은이의 환호를 받았지요. 나이가 많아도 노력하면 존경받고 닮고 싶은 어른이 될 수 있다는 걸 보여준 기분 좋은 일이었습니다. 젊은이는 내일을 얘기하고 늙은이는 어제를 얘기한다고 하지요.

나름대로 국가 발전이나 민주화 진전에 공이 있다 하더라도 그건 어제의 일입니다. 과거에 갇혀 자꾸 뒤만 돌아보면 미래는 잘 보이지 않지요. 특히, 선거 때만 되면 후보자들이 이미지 변신을 위해 안 하던 짓을 하는 사례가 많은데 제가 보기에는 꼴불견입니다. 가죽점퍼 입는다고 록스타가 되는 것도 아니고, 선글라스를 낀다고 유명 배우가 되는 게 아니지요. 나이가 문제가 아닙니다. 말은 줄이고 생각을 바꿔야 할 나이에 가르치려고만 드니 꼰대의 굴레에서 못 벗어나는 겁니다. 젊어도 사고가 닫혀 낡아 있으면 늙은이이고, 늙어도 사고가 열려 신선하면 젊은이이지요. 우리 시대에 필요한 건 꼰대가 아니라 어른입니다. 나이가 들수록 어른스러워야죠. 포용, 배려, 나눔으로 모자라는 부분을 채우는 것이 어른이 할 일입니다.

소리의 높낮이 따라 한숨도 장단

다듬이질이 있었습니다. 돌로 만든 다듬이 위에 옷감을 접어 올려놓고 홍두깨로 두들겨 다듬는 일이었지요. 다듬이질은 어려웠던 시절을 살던 우리 어머니들의 말 못 할 심정을 달래는 타악기이기도 했습니다. 다듬이질할 때 그 내려치는 소리의 강약에는 가슴 속에 숨겨져 있는 마음이 고스란히 담겼지요. 사람들은 다듬이질 소리를 들으며 그 소리의 고저(高低)로 아낙네들 한숨의 장단(長短)도 가늠할 수 있었습니다.

우리의 어머니들은 케케묵은 가부장제와 남존여비 관습에 얽매이고 시어머니와 시누이 등 시집 식구의 참견과 질책에 억눌려 살아야만 했지요. 말 못 할 스트레스를 받으며 살았던 그 울분이 한으로 맺히기 전, 분출시킬 수 있는 것이 다듬이질이었습니다. 다듬이질 소리가 밤이 깊어질수록 요란하게 울렸던 것은 그만큼 맺힌 사연이 구구절절했다는 방증이지요. 다듬이질 소리에 가만히 귀를 기울이면 정말로 애원하고 하소연하는 듯 들립니다. 고혹한 달빛을 타고 들려올 때는 제법 운치 있는 가락으로 안겨들기도 하지요. 할머니와 어머니가 마주 앉아 양손에 홍두깨를 들고 박자를 맞추어 두드리는 소리는 참으로 절묘하고, 저절로 신명이 나기도 합니다. 하지만 어느 한쪽이 자칫 방심하면 엇박자가 나기도 하지요. 네 개의 홍두깨가 섞이다 보니 조금만 소홀히 하면 서로 부딪치기도 합니다. 마음이 하나가 되지 않으면 속도와 박자를 맞출 수가 없지요.

피 한 방울도 섞이지 않은 두 여인이 한 집안에 시집와서 시어머니가 되고 며느리가 된 것은 운명입니다. 어쩔 수 없는 숙명을 짊어지고 살다 보니 고운 정, 미운 정이 쌓였을 테지요. 그래서 응어리진 한을 깨부수듯 어금니를 질끈 물고 홍두깨를 움켜잡아 내리치면서 북받쳐 오르는 서러움을 다듬이질 소리에 담았을지도 모릅니다.

애틋한 사연이 담긴 삶의 응어리를 거침없이 풀어내는 다듬이질 소리는 바람을 일으키고 큰 산을 흔들지요. 밀어치고 당겨치고, 맺고 풀어내며 어둠을 빛으로, 미움을 사랑으로 바꾸어 놓습니다. 그렇게 휘몰아치다가 잔잔해지면서 우리가 잊고 있었던 꿈이나 추억을 일깨우고 돌아올 기약 없이 먼 길을 떠납니다.

눈 오는 밤이면 화롯가에 둘러앉아 군밤이나 군고구마를 먹으며 눈송이가 날아들 듯 정겹게 안겨 오는 다듬이질 소리를 들었습니다. 어머니는 아무 말 없이 저희를 바라보며 빙그레 웃었지만, 이마에 맺힌 땀방울은 다듬이질로 지쳤다는 걸 말해주었지요. 잠시 쉬면서 함께 군고구마를 먹으며 어머니는 가끔 옛날이야기를 들려주셨습니다. 그 얘기가 아득하게 꿈결같이 느껴질 때쯤이면 스르르 잠이 들었습니다.

다듬이질하는 할머니와 어머니 모습은 더없이 보기 좋았지요. 다듬이질 소리가 커지면 '무언가 못마땅하고 화나는 일이 있구나!' 숨죽이며 지켜보곤 했습니다. 하지만 별다른 일없이 일정한 가락의 다듬이질로 잘 다듬어진 옷감은 금세 가족의 옷이 됐지요.

어머니의 손길로 만들어진 옷, 그 따뜻한 사랑이 있어 어려운 시절을 이겨낼 수 있었습니다. 지금도 생생하게 귓전을 울리는 다듬이질 소리, 달빛을 타고 들려오는 그 소리에 눈을 감으면 어느새 어머니의 얼굴이 떠올라 웃음 짓곤 합니다. 세월이 흐르고 연륜이 더해져 마음으로 세상을 보고, 세상의 소리를 듣는 여유를 갖게 되었습니다. 비록 완전하지는 않지만 작은 일에 집착하거나 얽매이지 않는 여유로움도 얻게 되었지요. 세상이 바뀌면서 사라진 것이 많이 있지만 사무치게 그리운 얼굴과 귓전을 맴도는 다듬이질 소리는 하늘나라로 떠난 어머니와 어린 시절 기억 속의 고향을 소환하곤 합니다. 문득문득 어머니와 다듬이질 소리가 그리운 것은 추억 때문만은 아니지요.

자식 인생은 온전히 자식이 누릴 가치

"아버지! 은기가 저보다 할아버지가 더 좋데요!"
어느 날, 며느리가 뜬금없이 한마디 던졌습니다.
"그럴 리가…?"
"아닙니다. 실제 상황이에요."
엄마를 따라온 온 손주에게 물었지요. 엄마보다 할아버지가 좋다는 게 상식적으로 얼른 이해되지 않아 궁금하기도 했습니다.
"은기야! 왜 할아버지가 더 좋아?"
"엄마는 잔소리가 많은데 할아버지는 그렇지 않잖아요."
'할아버지가 부모보단 잔소리 덜 하는 데 당연하지. 이제 손주 녀석이 다 컸구나!' 하는 생각이 들었습니다.

어린 시절, 아버지는 제게 한 번도 공부하라는 소리를 하지 않았지요. 공부를 못 하면 그걸 빌미로 농사일이나 도우라고 할 수 있지만, 공부를 잘하면 그럴 수도 없기 때문이 아니었을까 싶습니다. 그래서인지 아버지는 제가 중학교를 졸업했는데도 고등학교 얘기는 전혀 하시지 않았지요. 저는 방과 후 농사일을 돕겠다며 고교 진학을 간청했습니다. 어머니도 승표가 공부 잘하니 보내자고 거들었고 담임도 찾아와 아버지께 술잔을 건네며 "승표는 아까우니 고등학교에 보냅시다."라고 설득했지요. 이런 과정을 거쳐 어렵사리 고교에 진학한 저는 공부를 열심히 하면서 약속대로 시간 날 때마다 농사일도 도왔습니다. 저 역시 하나뿐인 아들에게 한 번도 공부하라고 하지 않았지요. 다그친다고 잘하는 것도 아니고, 사실 정신없이 일하다 보니 잔소리할 시간적 여유도 없었습니다. 아들이 입대하기 전날 저에게 '살아오는 동안 아버지는 한 번도 잔소리를 안 하고 크게 야단친 일도 없었지요. 그게 아버지의 교육 방법이라는 걸 나중에 깨달았어요.'라는 편지를 남겼지요. 실제로 저는 아들에게 매를 댄 적은 당연히 없고, 크게 꾸짖은 일도 없습니다. 아들이 군에 있을 때는 편지로 안부를 묻고 집안 소식을 전하는 것 외에 사회적 현상 이야기도 했지요. 사람의 도리나 인성에 관한 생각도 전했는데, 나름대로 설득력이 있고 가치 있었을 거로 생각합니다.

부모와 자식은 천륜이라지만 서로 생각이 달라 실망하는 일도 생겨나고 갈등의 골이 깊어져 꽤 오래 냉랭함이 계속되기도 하지요. 하지만 언제나 앉을 자리가 확보된 곳이 집이고, 언제나 받아들일 준비가 돼 있는 관계가 가족입니다. 어느 부모가 그러지 않으랴만, 사실 생각대로 행동은 잘 따라가게 되지 않기 마련이지요. 부모는 자식이 하고 싶은 일을 잘할 수 있도록 도와줘야 한다는 건 너무나 당연한 말이지만, 그게 쉽지 않습니다. 자식이 부모에게 듣고 싶은 소리는 '우린 너를 믿는다. 우린 언제나 네 편'이라는 말보다 부모의 웃음소리라고 하지요. 그런데 자식 앞에선 유난히 어른답고 엄하게 대하는 게 보통 부모들의 몸짓입니다.

어릴 때는 잘 보호해주는 것이 중요하지만, 어느 정도 크면 스스로 결정할 수 있도록 걱정이 돼도 모른 척할 필요가 있기도 합니다. 비록 선택이 실패했을 때라도 자식에게 보냈던 신뢰를 깨서는 안 되지요. 이를 무너뜨리는 순간 자식은 실패를 딛고 일어서기 어렵게 되거나 회복하는 데 시간이 오래 걸리게 됩니다. 자식의 선택을 존중하고 배려하기란 남에게 하는 것과는 아주 다르지요. 자식에 대한 부모의 기대, 혹은 욕심을 버린다는 게 그만큼 어렵고 인(忍)이라는 글자를 수없이 되풀이해야 가능한 일입니다. 집착에서 벗어나야 하고, 그래야 자식도 자유로워질 수 있지요. 자식의 인생은 온전히 자식이 누려야 할 가치라는 걸 잊지 말아야 합니다.

묘소는 보고와 고백 공간

1960년대만 해도 끼니를 걱정하는 집이 많았습니다. 아버지는 가끔 굴뚝에 연기가 나지 않는 집이 있다며 쌀을 봉지에 담아 나가곤 하셨지요. 그러다가 "우리도 궁색한 처지에 다른 집 걱정하는 게 가당한 일이냐"는 어머니의 역정에는 슬그머니 사라지기도 하셨습니다. 아버지는 홍수로 둑이 터져 온 동네가 피난했을 때도 이웃에게 먹을 걸 나눠주었습니다. 가진 건 적지만 인정이 많고 남을 배려할 줄 아는 분이었지요. 이웃과 더불어 사이좋게 지냈고, 어머니와도 크게 다투는 걸 보지 못했습니다. 논밭까지 팔아가며 6남매를 공부시키면서 동네 사람들로부터 '분수를 모르는 짓'이라는 핀잔도 들었지요.

대학 진학에 대한 미련을 버리고 공직의 길로 들어서기로 마음먹고는 열심히 공부했습니다. 다행히 합격했지요. 그때 아버지가 "승표야! 기왕 공무원 생활을 시작했으니 잘해서 면장까지 해라" 하셨는데, 20년 만에 면장을 할 수 있는 직급인 사무관으로 승진했습니다. 아버지가 살아계셨으면 잔치를 벌였을지도 모르지요.

사무관 승진 후 아버지를 모신 산소에 달려가 큰절하며 얼마나 울었는지 모릅니다. 저는 승진하거나 자리를 이동하게 되면 늘 선산을 찾아 아버지께 보고를 겸해 인사를 올리곤 합니다. 일이 꼬이고 잘 풀리지 않을 때도 묘소 앞에 가 넋두리를 늘어놓곤 하지요. 그러면 막혔던 가슴이 후련해지고 하늘에서라도 도와주실 것 같은 생각이 듭니다.

1988년 신춘문예에 당선됐을 때의 일입니다. 고향의 아버지께 인사하러 갔는데, 당선 소식을 듣고는 밖으로 나가 버리시더군요. 그러고는 얼마 후 한잔 걸치고 들어와 제 손을 잡고 "미안하다. 너는 꼭 대학에 보냈어야 하는데…"라며 울먹거리셨습니다. 자랑스러웠지만, 미안했던 것이지요.

사실, 대학에 가지 못한 아쉬움은 늘 가슴 한구석에 응어리져 있었습니다. 사는 형편이 좋아지면서 뒤늦게 야간대학에 입학했지요. 내친김에 대학원으로 진학해 행정학 석사학위도 받았습니다. 젊은이들에게 뒤떨어질 수 없다는 생각으로 정성을 다해 공부했고, 수석 졸업의 영광도 안았지요. 아버지가 울지 않아도 될 일을 한 셈입니다.

공직의 길은 절대 가볍지 않았습니다. 일은 힘들고, 보이지 않는 경쟁도 치열했습니다. 객관적이고 공정하게 일한다는 것이 말처럼 쉽지 않았습니다. 그래도 어려운 만큼 보람과 행복감이 다른 일에 견줄 바가 아니었지요.

"말단 공무원으로 시작해 고위직에 올랐고, 공기업 CEO까지 했으니 큰 성취를 이룬 셈입니다. 하늘에 계신 부모님이 기뻐하실 겁니다. 부모님과 경기도에 부끄럽지 않도록 열심히 잘하겠습니다."

경기관광공사 사장으로 취임한 뒤 처음 도청 간부회의에서 지사의 인사 권유를 받고 이렇게 말했지요. 말을 하면서 저도 모르게 울컥했습니다. 아버지는 때로 우물가에서 한동안 앉아 계실 때도 있었습니다. 사는 게 힘들 때, 세수하는 척 앉아 우셨다는 걸 나중에 알고 얼마나 속상했는지 모릅니다. 그렇게 고생한 아버지는 예순둘 나이에 거짓말처럼 이승으로 떠났지요. 얼마 전 돌아가신 큰아버지는 아흔둘이니 아버지보다 30년을 더 사신 겁니다. 너무 일찍 돌아가신 아버지가 생각나 사흘 내내 울컥 울컥했고, 돌아가신 아버지가 절절히 뵙고 싶었지요.

저에게 아버지는 마음속에 살아계신 든든한 버팀목이자 큰 가르침을 주는 불멸의 신이지요. 가진 건 없지만 넉넉했던 웃음소리와 이웃을 배려하며 사셨던 아버지가 그립습니다.

돌아가신 후에야 "사랑합니다"

살다 보면 뜻밖의 상황을 맞게 되고, 그럴 때면 당황스러워지지요.

"남자가 열일곱이면 술도 마실 줄 알아야지."

고등학교 2학년 봄, 할머니 제사를 마친 후 아버지가 저를 부르더니 술잔을 내밀었습니다. 그러고는 저를 앉혀놓고 주법을 가르치셨지요. 술잔이 몇 순배 돌아가니 긴장이 풀렸던 것인지 큰 산 같던 아버지가 달리 보였지요. 평소 못 하던 말을 서슴없이 뱉었던 기억이 어렴풋합니다. 겪어보지 않았던 일, 깨고 나니 당황스러웠으나 그날 일은 신선한 충격이었지요. 지금 돌이켜봐도 참 감사한 일이었습니다.

넉넉지 못한 가정 형편상 대학은 꿈도 못 꾸었습니다. 그 대신 고3 여름방학 때 공무원시험에 응시해 합격했지요. 졸업을 앞두고 임용통지서를 받자 아버지가 제 손을 이끌고 동대문 시장에 가 바지와 점퍼를 사주셨습니다.

"열심히 해! 그러면 면장은 할 수 있을 거야!"

버스에서 그렇게 툭 한마디 던지곤 말씀이 없으셨지요. 그런데 고교 시절 '전국고교생 문예작품 현상공모'에서 저는, 글쓰기를 계속해 1988년 경인일보 신춘문예에 당선됐습니다. 자랑할 겸 고기를 사 들고 부모님을 찾아 뵈었지요.

"대단한 일이고 고맙다. 사람들도 우리 동네 인물 났다고 좋아하더라!"

칭찬이나 사과에는 인색하셨던 아버지의 말이 가슴을 울컥하게 했지요.

아버지는 많지 않은 농사로 6남매를 키우는 게 힘겨웠는지 토목 일도 하셨습니다. 정식 면허가 없었으니 사업자로부터 아래도급(하청)을 받아야 했는데, 한번은 공사가 잘못돼 꽤 많은 빚을 져야 했지요. 우물가에 나가 세수하는 척 눈물을 흘리던 뒷모습을 보고 숨죽여 울었던 기억이 생생합니다. 사실, 제가 살던 곳 같은 시골에서 6남매를 고등학교와 대학에 보낸다는 것, 당시에는 기적 같은 일이지요. 그러느라 아버지는, 저와 형과 여동생이 공무원으로 일하면서 형편이 좀 나아질 무렵의 그나마 풍요도 맛보지 못하신 채 예순둘 나이에 세상을 떠나셨습니다. 저에게 아버지는 마음속 살아 숨 쉬는 든든한 버팀목이자 큰 가르침을 준 스승입니다. 불멸의 신(神)이지요. 지금도 절절하게 아버지가 보고 싶습니다.

아버지가 세상을 떠난 후, 어머니는 홀로 남아 쓸쓸히 지내셨지요. 이천에서 철물점을 하는 집에서 큰 어려움 없이 자랐는데, 생면부지 농촌 총각에게 시집와 6남매를 낳고 살았으니 고생이 이만저만 아니었을 겁니다. 그런데도 현명하고 살뜰하게 집안 살림을 하셨으니 아버지나 자식들은 복을 받은 거지요. 내색하진 않았지만 때때로 친정에서 돈을 빌려오는 어머니가 안쓰러웠는데, 저의 고교 진학을 앞둔 어느 날, 아버지에게 이렇게 말씀하시더군요.

"아무리 힘들어도 공부 잘하는 애를 학교에 안 보낼 수는 없잖아요."

우리 6남매가 공부할 수 있었던 건 이렇듯 어머니 힘이 컸습니다. 고단한 삶이었지만 현명했고 자식들 기죽이지 않으려고 애쓰셨던 어머니, 어머니는 일흔다섯에 하늘나라로 가셨지요.

부모님은 배운 게 많지 않았고 힘겨운 삶을 사셨지만, 내일을 생각하는 분들이었습니다. 해거리로 논밭을 팔아가며 6남매 공부시키는 걸 두고 동네 사람들은 미친 거 아니냐고 비아냥거리기도 했지요. 그렇지만 꿋꿋하게 지내셨고 눈물겨운 삶의 역경 속에서도 인정을 베풀고 남을 배려할 줄 알았습니다. 부부 사이도 참 좋았지요. 두 분이 다투는 걸 본 적이 없으니까요.

효도에 내일은 없습니다. 어버이날이 따로 있을 수 없지요. 우리가 사는 하루하루가 바로 어버이날입니다. 살아계실 때 "사랑합니다."라는 말 한마디 못 드렸지만, 저는 마음 깊이 부모님을 존경하고 사랑합니다.

"아버지, 어머니! 돌아가신 후에야 사랑한다는 말을 전하는 못난 아들을 용서하시고, 부디 평안하옵소서!"

'그곳' 가린 수건이 벗겨지는 바람에…

지난해인 2020년 '코로나 19'가 창궐한 후, 여름휴가를 가지 못하고 방콕(?)에서 에어컨을 빵빵하게 틀고 책 읽고 글 쓰며 지냈습니다. 매년 여름휴가를 함께 가는 모임이 있는데, 네 가족이 함께 떠나곤 했었지요. 그런데 지난해에 이어 올해에도 가지 못했으니 아쉽습니다.

몇 해 전, 강원도 속초에 있는 아무개 기업의 휴양시설로 여름휴가를 갔었지요. 비교적 깔끔하고 조용한 곳이었는데, 우리는 방 2개를 빌려 남녀가 나누어 이용했지요. 설악산 조망이 좋고 바닷가와도 가까웠습니다. 밤에는 야외에서 생맥주를 마실 수 있고, 노래방과 사우나를 무료로 이용할 수 있었지요. 지하에는 사우나와 연결된 수영장도 있었습니다.

"우리, 수영장에 갑시다. 깨끗하고 넓은데, 시설도 최곱니다."
일행 중 한 사람이 새벽같이 일찍 사우나에 갔다가 수영장이 있는 걸 알고 들러본 모양입니다.
"수영복 가져왔나요?"
일행 중 나이가 제일 많은 분이 물었지만, 우리는 모두 머리를 가로저었습니다.
"그럼 수영복 하나씩 사 들고 가면 되잖아요?"

"…………."

아무도 선뜻 대답하지 않자 그는 못내 아쉬운 듯 30분만 다녀올 테니 우리에게 기다려 달라고 말했습니다. 그런데 나간 지 10분도 안 돼 그가 헐레벌떡 뛰어왔습니다.

'무슨 일이지?'

사정이 이랬습니다. 수영은 하고 싶은데 수영복이 없어서 그가 생각해 낸 것이 수건 두르기였지요. 수건 석 장을 허리에 두르고 수영장에 들어간 것까지는 좋았는데, 문제는 그다음에 벌어졌습니다. 한 손으로 흘러내리는 수건을 움켜쥐고 다른 한 손으로 물을 가르며 여유 있게 수영을 즐긴 지 얼마 안 됐을 때, 별안간 한쪽에서 수영복을 입은 여러 명의 여성이 한꺼번에 몰려왔답니다.

그 수영장이 남녀 공용이기는 하지만, 공교롭게도 여성 사우나와 연결돼 있었던 것이지요. 너무 갑작스러운 일이라 그는 당황했고, 오로지 빨리 수영장을 벗어나야겠다는 생각뿐이었다고 합니다. 그런데 너무 서두르는 바람에 허리에 둘렀던 수건이 그만 훌렁 벗겨지고 만 것이지요. 한 손으로 잡고 있던 수건을 자기도 모르게 놓아 버렸답니다. 일순간 비명이 진동하면서 수영장은 아수라장으로 변했다는데, '안 봐도 비디오'라고 상상이 가고도 남을 일이었지요.

혼비백산이 되어 돌아온 그에게 자초지종을 듣고 우리 일행은 한참 배꼽을 잡고 때굴때굴 굴렀습니다. 그런데 아침을 먹으러 순두부집에 간 우리는 다시 한 번 눈물이 나도록 웃어야 했습니다. 식당에 하필 사고 목격자가 있었던 것이지요.

"나, 참! 세상에 별일을 다 봤네, 글쎄 웬 미친놈이 수건을 두르고 수영을 하다가 그 수건이 벗겨진 거야, 생난리가 난 통에 물에 들어가 보지도 못하고…. 세상에 살다 살다 별 미친놈을 다 봤어. 기막혀 말도 안 나오네!"

이 사고는 같은 방을 썼던 남자들만의 비밀입니다. 국가기밀 수준으로 관리하기로 했지요. 식당에서 잔뜩 흉을 본 그 여성은 그날 사건의 주인공이 바로 자기 남편이라는 것을 모를 테니까요. 알게 되면 아마 기절초풍할 일, 우리는 사모님께 사건의 전모를 밝히겠다고 겁박(?)해 두 차례나 그에게 밥을 얻어먹었지요.

지금도 그때의 일을 생각하면 실없는 사람처럼 웃음이 저절로 나옵니다. 휴가를 못 가고 지내다 보니 여름휴가 때 있었던 그때 그 일이 문득 떠올랐습니다. 이런 일이 또 생기더라도 내년에는 마음 놓고 여름휴가를 즐길 수 있었으면 좋겠습니다. 입추가 지나서인지 매미와 쓰르라미가 펼치는 막바지 여름 콘서트가 요란합니다. 공들여 정성으로 오곡백과가 익어가는 풍요로운 가을이 되기를 소망해봅니다.

각박한 세상, 감성이라도 적셔야 살지

"홍 형! 아무래도 그만두어야 할까 봐."
경기도에서 인사 담당 과장으로 일하던 어느 날, 퇴근 무렵 찾아온 어느 과장이 느닷없이 한마디 내던지곤 긴 한숨을 몰아쉬었습니다.
"무슨 일 있어요?"
"일은 무슨 일…, 내가 무능해서 그렇지."

사연인즉 새로운 국장과 일하게 되었는데 도무지 궁합(?)이 맞지 않더라는 것이지요. 생각이 다를 수도 있고 실수할 때도 있는데 사사건건 시비를 거는 바람에 도무지 견디기가 어려워 그만두고 싶다는 생각이 간절했다는 것입니다. 더욱이 많은 동료직원이 보는 자리에서 반말 투로 "능력 없으면 때려치우라"라는 말까지 해 큰 충격을 받았다는 것이지요. 열 살 가까이 어린 상사에게 인격 모욕을 당하고 나니 이렇게 살아야 하느냐는 자괴감에 울컥했다는 겁니다. 공직생활을 통틀어 이런 치욕은 처음이었다지요. 무작정 그의 손을 잡고 포장마차엘 갔습니다. 술잔을 기울이는 그의 손이 떨리고 이미 눈매는 젖어 있었지요. 한동안 아무 말 없이 술잔을 기울였습니다. 저도 사표를 내던지고 방황하던 기억이 떠올라 순간 울컥했지요. 제가 서른둘 7급 공무원이었던 시절, 자료를 검토하던 상사가 몇 줄을 첨삭한 게 문제가 돼 언론에 대서특필되었을 때, 실무자로서 책임을 져야 한다는 생각에 사표를 던지고 정처 없이 방황했지요. 아내에게는 말도 못 하고 광교산 자락이나 원천유원지 등을 전전하다가 어둠이 내리면 술 한잔 걸치고 집으로 들어가곤 했습니다.

"야, 이 사람아! 일 안 하고 집에만 있어도 먹고살 만해?"
사표를 낸 지 사흘째 되던 날 진실이 밝혀졌고, 상사의 호출을 받고 들어갔더니 사표를 갈기갈기 찢어버리며 호통을 쳤습니다.
"당신이 잘못한 게 아닌데 왜 사표를 내! 가서 일이나 잘해!"
저도 모르게 눈물이 왈칵 쏟아졌습니다.

웃는 것보다 우는 게 중요하다고 합니다. 살다 보면 목 놓아 울고 싶을 때가 있지요. 그러나 마음 놓고 울지도 못하는 게 삶의 그늘입니다. 저는 일이 꼬이거나 사는 게 힘겹게 느껴질 때면 소주 한잔 걸치면서 목 놓아 울곤 하는데, 그러면 막혔던 가슴이 뻥 뚫리고 후련해집니다. 돌이켜보면 살면서 어려운 일이 참 많았지만, 어금니를 질끈 물고 와신상담 살아왔습니다. 그런데도 지천명을 지나 이순에 이르니 눈물이 많아지더군요. 요즘의 눈물은 그냥 눈물이 아닌 듯합니다. 인생에 대한 회한이랄까, 뭐 그런 눈물인 것 같습니다. 어둠이 짙어져 가는 시간, 홀로 술잔을 기울이는 일은 슬프고 외롭습니다. 눈물이 녹아든 술잔을 기울여본 사람에게 삶의 깊이가 생긴다고 합니다만, 눈물이야말로 각박한 세상살이의 메마른 감성을 다시 촉촉하게 적셔주는 좋은 보약이라는 생각입니다. 내 맘대로 살아지지 않는 게 현실이지요. 살아 보니 그게 인생이라는 생각도 듭니다. 그래도 죽을 힘을 다하면 무언가 이뤄지지요. 바로 이 때문에 세상은 살만하기도 하다는 게 제 생각입니다. 참 마음대로 되지 않는 인생살이, 그럴 때 저는 만나지요. 눈물 섞어 마시는 소주 한잔, 그리고 그 속의 수많은 기억, 그것을 바탕으로 위안을 삼고 저 자신을 곧추세워 다시 일어나곤 합니다.

책임의 상징, 무거울수록 무서워해야

윤흥길의 소설 《완장》 주인공 종술은 동네 건달입니다. 빈둥거리던 그가 어느 갑부의 저수지를 관리하는 양어장 감시원이 됩니다. 일거리가 생긴 건 좋지만, 그가 차게 된 '완장'이 문제였지요. 사람들에게 고함을 지르거나 호통을 치고, 물고기를 몰래 잡던 동네 사람을 때리기도 합니다. 완장의 위력을 알게 된 그는 읍내에서도 '갑 질'을 하지요. 갑 질은 갑의 위치에서 을에게 일삼는 저급한 행태를 일컫습니다. 그가 갑 질을 하며 나대는 것은 최 사장이라는 뒷배가 있었기 때문이지요. 하지만 지나 친 만행으로 완장을 박탈당하고 동네를 떠나야 하는 신세가 됩니다.

완장은 자격이나 지위 등을 나타내지요. 그런데 팔에 두르지 않아도 완장을 찬 사람은 많습니다. 크든 작든 지휘권이나 통제권을 갖고 있으면 다 완장을 찬 사람이지요. 그 완장을 차면 없던 책임감도 생기는 법입니다. 집단이나 사회 발전, 또는 공익을 위해 정성을 다해 봉사하게 되지요. 하지만 개중에는 감투를 앞세워 저급한 '갑 질'을 부리는 사람도 있습니다.

기업에서는 인사권을 쥔 일부 간부의 행패가 대표적이지요. 충격적이었던 '땅콩 회항' 사건은 그동안 구체적으로는 잘 몰랐던 기업체의 갑 질 실상을 제대로 드러내 주었습니다. 이 사건을 일으킨 여성의 어머니마저 운전기사에게 폭언과 폭행을 퍼부은 사실이 적나라하게 드러나 파장이 더욱더 컸었다는 것은 다른 많은 분도 기억하시겠지요. 이러한 연유에서 이겠으나 '갑 질 신고센터'까지 생겨난 건 우리 사회의 부끄러운 단면입니다. 다 완장에 걸맞은 품격이 따라야 하는데 그렇지 못해서이지요. 완장을 찼다고 반말을 일삼고, 인사 안 한다고 폭행하고, 느닷없이 목소리를 높이며 거들먹거리고, 이권에도 개입하고…. 땅콩 회항 사건 외에도 예를 들자면 한둘이 아닙니다만, 이는 하나같이 완장을 권력으로 인식해서 빚어지는 일들입니다. 하지만 빈 수레가 요란한 법이지요. 든 게 없으니 불안하고, 불안하니 짜증이 나고, 짜증이 나니 만만하게 보이는 데에 화풀이하는 겁니다.

이른바 '셀프 완장'도 있지요. 골프장, 아파트, 물류단지 등이 들어서면 대책위원회를 만들어 스스로 위원장 감투를 쓰고 행세하는 사람이 있습니다. 주민을 선동해 투쟁하고, 발전기금 명목의 기부(?)를 받기도 하고, 정치인으로 변신하기도 하지요. 누가 완장을 주지 않으니 스스로 완장을 차 세상 한번 맘대로 주물러 보겠다는 심보인데 그게 맘대로 되나요.

완장의 무게는 무겁습니다. 완장을 찼을 때나 차지 않았을 때나 자신은 별다르게 행동한 것 같지 않은데 "자리를 차지하더니 사람이 완전히 달라졌어"라는 말을 듣게 됩니다. 완장을 착용했다는 자체만으로도 비판의 대상이 되는 것이지요. 이게 완장의 숙명이기도 합니다. 사실, 완장을 차자마자 그 완장의 힘을 이용하는 사람은 드뭅니다. 초기에는 안 그러다가도 예우를 받다 보면 자기도 모르게 변하게 되는 것이지요. 그러다 보면 완장에 대한 욕심이 더 많이 생기고, 결국 잘못된 길로 걸어갈 수가 있습니다. 가진 게 많은 것도 완장일 수 있지요. 부자라는 것 자체가 완장인데 사장이나 회장이랍시고 거들먹거리며 갑질하는 사람이 있습니다. 그런 사람일수록 자신의 이익을 위해 다른 사람을 서슴지 않고 희생시키지요. 돈만이 아니라 재주가 많은 것도, 명예가 높은 것도 다 완장입니다. 민원을 처리해야 하는 공직도 완장입니다.

특히, 공익을 위해 주어지는 완장의 상징성은 매우 크고 중요하지요. 중국 후베이성 우한(湖北省 武漢)에서 발원된 '코로나 19'로 지구촌이 온통 불안에 떨 때입니다. 많은 나라가 특별전세기를 보내 우한에 있던 자국인을 본국에 귀국하도록 했는데, 우리나라에서는 거꾸로 우한 총영사가 부임했지요. 얼마나 대단한 일입니까. 국가와 국민을 위해 기꺼이 희생과 봉사하는 사람이야말로 진정으로 완장을 찰 자격이 있지요.

완장은 권력이 아닙니다. 책임의 상징입니다. 완장은 찰 사람이 차야 완장답게 쓰이고 세상이 바로 섭니다. 완장은 베풀라고, 나누라고 준 겁니다. 완장의 무게가 무거울수록 무서워해야지요.

문화예술 부문도 선진국 되길

"홍 과장! 나하고 미국에 가서 백남준 선생을 만납시다."

경기도에서 문화정책과장으로 일할 때, 임창열 지사가 불쑥 '백남준이라는 이름의 아트센터를 경기도에 만들자'고 했습니다. 지사의 지시를 받고 자료를 수집하던 중인데 느닷없이 미국 출장을 가자는 것이었지요. 이미 '백남준아트센터' 건립을 구상하고 에이전트(Agent)를 통해 접촉했는데 직접 만나보고 싶다는 연락을 받았다는 것입니다. 때마침 외자 유치를 위한 미국 출장 일정이 잡혔으니 가는 길에 만나는 게 좋겠다는 것이었지요. 갑작스러운 일이었으나 미국에서 세계적인 비디오 아티스트인 백남준을 만날 수 있다는 생각에 설렜습니다. 부랴부랴 준비를 마치고 지사를 단장으로 하는 외자유치단과 함께 출장길에 올랐지요.

생전 처음 미국 뉴욕에 도착해 서둘러 약속 장소로 갔습니다. 잠시 후 부인 구보타 시게코(久保田 成子) 여사와 함께 나타난 백남준 선생을 만났지요. 지사와 선생은 대화를 나누며 서로의 의중을 타진하기 시작했습니다.

"1992년 첫 번째 전시회를 '과천 국립현대미술관'에서 가졌으니 경기도와 인연이 깊습니다. 지난해(2020년) 뉴욕 '구겐하임미술관 회고전'이 큰 성공을 거둔 걸 축하드립니다." 지사의 말에 백 선생이 호감을 보였지요. 이어 지사가 언제 공부했는지 백남준의 본관이 수원 백씨이니 사후(死後)에 수원이나 용인에 모시겠다고 말하자 감격했습니다. 이런 과정을 거쳐 백남준의 많은 작품을 사들이는 계약을 맺는 데 성공했고, 건립 공사를 거쳐 설립한 백남준 아트센터는 경기도 관광의 명소가 됐지요.

"이 작품, 가격이 어느 정도 됩니까?"
세계 4대 박물관으로 손꼽는 대만의 고궁박물원을 돌아보던 고 이병철 삼성그룹 회장이 박물관장에게 물었다고 합니다.
"이 유물은 파는 게 아닙니다. 그러니 가격 또한 정해진 게 없습니다."
"그래도 추정 금액이 있지 않나요?"
이 회장의 말에 한참 망설이던 박물관장이 이렇게 말했습니다.
"제주도와 맞바꾸자고 하면 모를까, 누구도 생각해 보지 않았을 겁니다."
"네, 미안합니다. 살 수 없다는 건 알면서도 너무 좋은 작품이라 도대체 어느 정도 가치가 있는 건지 궁금했습니다."

이 회장은 헛헛한 웃음을 날리며 돌아섰다고 합니다. 고궁박물원에 갔을 때 가이드에게 들은 말이지만, 이병철의 미술품에 대한 남다른 관심과 애정을 확인할 수 있었던 일화이지요.

이병철의 아들인 고 이건희 삼성그룹 회장의 유족이 국보급을 포함한 2만 3000여 점의 미술품을 기증해 화제였습니다. 문화체육관광부는 '국가 기증 이건희 소장품관' 후보지를 '서울 국립현대미술관' 인근(송현동)의 대한항공 용지와 '용산 국립중앙박물관'으로 정했다고 밝혔습니다. 덧붙여 40개 시군에서 유치를 신청하는 과열 현상을 보여 지역 균형 발전 열망이 강하다는 것을 알고 있지만, 더 많은 국민의 문화 향유권과 접근성을 고려해 서울에 건립하기로 했다면서 1000억 원 이상을 들여 2027년

완공을 목표로 건립을 추진하겠다고 말했지요. 과천시 부시장으로 일할 때, 국립현대미술관을 돌아보면 쌓였던 스트레스가 말끔히 사라지고 마음이 편했습니다. 다만, 찾는 이의 발길이 뜸해 아쉬웠지요. 유럽 여행 때 '루브르박물관' 등에 수많은 인파가 몰려드는 것을 본 것이 생각나 안타깝다는 생각도 들었습니다.

먼 미래를 내다보는 혜안이 부족한 듯합니다. 우리나라가 선진국 대열에 합류했다고는 하지만 과연 문화 수준이나 국민의식은 이에 걸맞은지 살펴볼 때가 아닌가 합니다. 유럽 여행에서는 박물관이나 미술관 관람이 필수코스인데, 왜 우리나라를 찾는 외국인은 주로 먹고 마시는 곳, 노는 곳, 의류, 화장품, 의료 같은 것에만 관심을 둘까요? 이건희 소장품관 건립을 계기로 대한민국의 문화예술 수준과 품격이 높아지는 계기가 되기를 기대해 봅니다.

버리는 게 아니라 더 큰 걸 얻는 것

'초록우산 어린이재단'에서 제 이름을 '초록우산 명예의 전당'에 등재하고 증서와 함께 탁상시계와 초록우산을 기념품으로 보내왔습니다. 1989년 정기후원회원으로 등록한 후 30년 넘게 소년 · 소녀 가장 돕기를 했기 때문이지요. 사실, 40년의 공직생활 동안 감사패나 공로패 같은 것을 적지 않게 받았지만, 명예의 전당에 헌액(獻額)된 것은 특별히 의미 있고 소중하다는 생각입니다. 비록 작은 정성이지만 매월 한 차례씩 한 번도 거르지 않고 30년 넘게 해온 저 자신이 흐뭇하고, 그런 조그만 씨앗이 어느새 싱그러운 과실이 된 듯해 기분이 좋았습니다.

말단 공무원 시절이었지요. 어느 소년소녀가장이 어려움 속에도 용기를 잃지 않고 열심히 살아가고 있다는 이야기를 듣게 되었는데, 문득 어려웠던 저의 어릴 때가 떠올랐습니다. 저는 시골에서 태어났지요. 우리 집은 많지 않은 논밭에 농사를 지으며 6남매를 키우는 가정이었습니다. 이 때문에 살림살이가 넉넉지 못한 환경에서 학교에 다녔는데, 학용품을 제대로 갖추지 못할 때가 적지 않았지요. 그때를 생각해 소년소녀가장 후원자로 등록하고, 정기적으로 후원금을 전했습니다. 공직에서 은퇴한 후에도 거르지 않았지요. 국민 세금으로 살아왔으니 이웃을 위해 작은 정성이라도 보태야겠다는 생각이었습니다. 이는 저 자신도 나눔의 행복을 느끼는 일이라고 믿었기 때문이기도 하지요. 대한적십자사로부터도 '적십자회원 유공장 금장'을 받았습니다. 지난해 전달식을 하려 했는데 '코로나 19'로 취소됐고, 대신 우편으로 전달받았지요. 15년 전, 경기도청에서 적십자사 업무 담당과장으로 일할 때, 대한적십자사 경기도지사와 협업하면서 적십자에 대한 관심이 커졌습니다. 도청 차원에서 대한적십자사 경기도지사와 함께 '적십자 특별회비를 위한 1m당 1원 기부 걷기대회' 등 다양한 협업 관련 행사를 열었지요. 저도 적십자 회원으로 가입해 매월 정기적으로 조금씩 기부하기 시작해 공직 은퇴 후에도 계속 후원하고 있는데, '적십자회원 유공장 금장' 수상은 이런 배경 덕분입니다. 어린이재단 명예의 전당에 등재된 것도 그렇고, 그 후 2년 만에 적십자사 금장까지 받게 된 것은 일에만 매달려 재미없게 살아온 저에게 나름의 위안이 됐습니다.

'경기도 사회복지 공동모금회'에도 조금씩 기부를 계속해오고 있지요. 8남매의 막내로 태어나 사업가로 성공한 이수영 회장의 766억 원 KAIST 기부와 비교하면 보잘것없기는 합니다. 하지만 기부는 규모의 문제가 아니라 마음과 정성이 중요하다는 생각이지요. 작은 액수라도 누군가에겐 소중하게 쓰이고, 그것이 꿈과 희망을 키울 수 있는 밑거름이 된다고 믿습니다. 어려운 이웃을 도와야 한다고 흔히 말하지만, 실제로 직접 나서서 돕는 사람은 그리 많지 않지요. 말보다 실천이 중요합니다. 남을 돕는 것은 내 것을 버리는 게 아닙니다. 상생의 길에 동참하는 것이고, 궁극적으로는 나 자신을 돕는 일이지요.

저는 공직생활 동안 누구보다도 앞장서서 봉사활동에 참여했다고 자부합니다. 3년간 경기관광공사 대표사원으로 일할 때는 농촌 일손 돕기에 앞장섰고, 홀로 사는 어르신들에게 매년 2000포기의 김장을 전했지요. 군부대에는 작은 도서관을 만들어주기도 했습니다. 또, 가끔 특강을 하게 되면 강사료를 모두 어려운 이웃을 위해 기부하면서 가는 곳마다 다른 공무원에게 기부 활동을 권유하기도 했지요. 채우는 것도 기쁘지만, 나누는 것은 그 이상입니다. 오랜 세월 국민의 세금으로 먹고산 공무원이었으니 비록 은퇴했더라도 기부를 계속할 생각이지요. 다른 많은 분도 '백 마디 말보다는 한 번 실천하는 게 좋다(百言不如一行)'는 말을 가슴에 담고 어려운 이웃을 생각하며 살면 좋겠습니다.

‘나눔’이 ‘더불어 삶’의 출발

코로나 19가 한창 창궐할 무렵, ‘희망브리지 전국재해구호협회’에 100만 원을 기부한 어느 배우가 곤욕을 치렀지요. 일각에서 기부금액이 적다고 지적하며 문제 삼았고, 그의 선행은 한순간 조롱거리로 전락하고 말았습니다. 억대의 금액을 기부한 스타들과 비교하며 중견 연기자로서 너무 적게 기부했다는 비난이 쏟아진 것이지요. 일부 네티즌들은 “이미지 메이킹이 목적인 것 같다”, “생색내기 위한 것이 아니냐?”는 등 악성 댓글을 남겼습니다. 이러한 비난에 그는 해당 게시물을 삭제했고, 인스타 그램 활동을 중단했지요. 공인으로 산다는 게 어렵다는 걸 실감했을 겁니다.

양주에 있는 ‘두리랜드’는 임채무 배우가 만든 어린이 놀이공원입니다. 190억 원이 들어갔다는 이 공원은, 개장 이래 지난 30년 동안 입장료를 받지 않고 운영해왔지요. 그런데 올해 어린이날을 기점으로 재개장하면서 입장료를 받기 시작했습니다. 그동안 190억 원을 투자했는데, 이 중 150억가량을 대출받아 이를 갚기가 벅차 더는 무료 운영이 어려웠기 때문이지요. 그런데 무료로 운영하다 요금을 받으니 일부에서 비난이 뒤따랐습니다. 이에 대해 그는 “그래도 긍정적으로 봐주는 분이 더 많았다”며 너털웃음을 지었지요. 그의 진심이 담긴 말 한마디가 묵직한 울림으로 남아 있습니다.

“이걸 돈 벌려고 하겠습니까. 돈 벌고 싶으면 안 쓰고 갖고 있는 게 낫겠죠. 하지만 내가 죽더라도 '두리랜드'가 어린이들에게 오래 기억됐으면 해요. 그건 '자긍심'입니다. 사실, 이곳에 오는 사람들의 표정을 보면서 내 표정도 좋아졌어요."

저는 이 말을 믿습니다. '주변의 많은 사람이 돈도 안 되는 걸 왜 하느냐고 만류했지만, 오직 아이들을 사랑하는 마음으로 놀이공원을 만들었다'는 말에 진정성이 보여서이지요. 빚더미 속에서도 아이들을 위한 놀이공원 운영을 멈추지 않았던 그 열정이 오히려 부러울 따름입니다.

'뽀빠이' 이상용 방송인은 600명에 가까운 심장병 어린이를 수술하게 했는데, 성금 일부를 유용했다는 오해로 곤혹스러운 일을 겪었습니다. 그는《우정의 무대》진행자로 유명했지요. 이렇게 방송 출연하는 것으로도 모자라 밤무대에 서면서까지 심장병 어린이를 도왔는데, '어린이의 우상'이었던 그가 순식간에 추락했지요. 오랜 날이 지나 재판에서 무혐의로 결론이 났지만, 이미 그의 인생은 치명타를 맞은 뒤였습니다. 미국으로 떠나 궂은일을 하다 돌아왔지만, 그가 설 곳은 없었지요. 그 일이 한이 맺혀 지금도 '무혐의 불기소 증명원'을 지니고 다닌다고 합니다. 너덜너덜해진 가슴의 상처가 쉽게 아물지 않은 것이지요.

100만 원을 기부한 배우를 비난한 사람에게 묻고 싶습니다. 당신은 단돈 100원이라도 기부한 적이 있느냐고 말이지요. 자신은 행하지 않으면서 남을 비난하는 건 옳지 않습니다. 오랫동안 놀이공원을 무료로 운영하다가 은행 빚 때문에 유료로 전환할 수밖에 없었던 배우를 비난하는 것도 이해할 수 없습니다. 오히려 박수를 받아야 마땅하지요. 기부는 많고 적음의 문제가 아닙니다. 배틀이 아니니까요. 그 자체로 소중한 겁니다. 사람들은 자신을 제대로 살피지는 않으면서 다른 사람을 곧잘 비난하곤 합니다. 남을 비난하기에 앞서 과연 자신이 그럴 자격이 있는 사람인지 돌아봐야지요. 자신에게는 관대하면서 남에게는 한없이 비판의 잣대를 들이대는 것은 비판이 아니라 비방으로 전락하기 쉽습니다. 거울을 들여다보며 늘 자신을 비춰봐야지요. 잘못은 앞에서 말하고 칭찬은 뒤에서 말해야 하는 법입니다. 미움을 앞세우면 상대의 장점이 사라지고, 사랑을 앞세우면 상대의 단점이 사라지는 법입니다. 기부는 내 것을 주는 게 아니라 나누는 것입니다. 나눔이 더불어 사는 것의 출발이지요.

아이를 도울 줄 알아야 진짜 어른

파주에서 일할 때 초빙한 강사가 사정이 생겨 우연히 특강을 하게 됐는데, 강의를 마치면서 다소 뜬금없이 물어봤습니다.

"다만 얼마라도 어려운 이웃을 위해 정기적으로 기부하는 사람이 있으면 손들어 보시겠습니까?"

열 사람이 채 안 되었지요. 다시 한마디 던졌습니다.

"사회복지는 국민 복리 향상을 위한 일입니다, 그중에서도 어려운 이웃을 돕는 일이 중요한데 실망스럽네요. 일선 사회복지 담당 공무원이야말로 이웃을 배려하는 마음을 가슴에 담고 솔선수범해야 하는 분들 아닙니까."

꼭 제 말 때문이랄 수는 없겠지만, 이후 사회복지 담당 공무원이 매월 월급의 1%를 모금해 어려운 아이들을 돕기 시작했지요.

저는 사회복지 직렬 공무원뿐만이 아니라 시청의 공직자가 모두 참여하는 분위기를 만들자고 시장에게 제안했습니다. 그러면서 과연 직원들은 어떻게 생각하는지 미리 살펴보고 이를 토대로 시행 여부를 결정하기 위해 설문조사를 했습니다. 그런데 참여 의사를 밝힌 공직자가 98%를 넘어 저도 깜짝 놀랐지요. '공직자라는 사명감이 이 정도일 줄이야', 새삼 시청의 직원들에게 감동했습니다. 이를 근거로 시의회와 협의, 공직자 모금액만큼의 금액을 일반예산에 반영하는 성과도 거두었습니다. 내친김에 더 나아가 'LG 필립스' 노조 위원장을 만나 좋은 일을 하는 거니 기업체도 동참해줬으면 좋겠다고 했는데, 며칠 후 흔쾌히 수락 의사를 밝히더군요. '경기도 사회복지 공동모금회'도 함께했지요. 지방정부, 의회, 기업, 공익단체가 한마음으로 이듬해 1월부터 소년소녀가장과 시설 어린이들에게 매월 5만 원씩 후원했습니다. 또, 후원으로 그친 게 아니라 주말마다 사회복지시설을 찾아 위문품을 전하고, 잡초 뽑기나 도배 등의 봉사활동도 병행했지요.

아이를 돕는 일을 펼치자 공직자에 대한 시민의 인식과 평판이 좋아졌습니다. 이렇게 되니 모두 뿌듯했겠지요. 세간의 칭찬이 긍정적인 효과를 낳은 측면이 없지 않겠지만, 돕는 보람을 느끼게 된 것이 훨씬 더 컸다고 봅니다. 서로 힘을 모으면 가치 있는 결실을 보게 된다는 것, 이를 깨달은 건 참으로 의미 있는 일이었습니다. 이 사례는 '2010년 대한민국 휴먼대상' 우수상을 받으며 전국적인 관심으로 이어졌지요.

> '어린이를 도울 때 진짜 어른이 됩니다.'라고 크레파스로 쓴 글귀가 생각납니다. 옛 성현도 '어르신이 편안하게 지낼 수 있게 하고(老者安知), 친구와 신의를 지키며(朋友信知), 아이를 품에 보듬고 잘 이끌며 살아야 한다(少者懷知)'라고 강조했지요.

사실, 미래를 말하면서 그 미래의 꿈과 희망은 어린이라고 말하지만, 선뜻 나서서 실제로 도와주는 사람은 드뭅니다. 말과 행동이 다른 이율배반이지요. 우리의 미래는 청소년이라는 말은 너무나 당연하지만, 그 당연한 것이 당연하게 나타나지 않으니 문제입니다. 오늘을 사는 아이들이 우리의 미래이고 희망이라는 사실이 당연하다면 당연히 행동이 뒤따라야지요. 시골에서 자란 저도 어렸을 때 학용품을 제대로 못살 때가 있었습니다. 그때를 생각해 시작한 소년소녀가장 후원이 어느새 30년이지요. 매월 적십자 기부도 15년이 훌쩍 넘었습니다. 제 이름 석 자가 '초록우산 명예의 전당'에 헌액되고, '적십자회원 유공장 금장'을 받은 것도 이런 후원 덕분입니다. 공직 은퇴 후에도 후원은 단 한 번 거른 적이 없는데, 국민 세금으로 살았으니 아이들을 위해 작은 정성이나마 보태야겠다는 생각 때문이지요.

술 한 잔 덜하면 되는 적은 돈이라도 정기적으로 기부하는 게 중요하다고 저는 생각합니다. 비록 작은 정성이지만 누군가에게는 기쁜 마음으로 학용품을 살 수 있게 하는 것이니 얼마나 좋은 일입니까. 의미 있는 일을 멈출 수는 없지요. 아이들을 도울 줄 알아야 진짜 어른 아니겠습니까.

자신에겐 냉정하게, 남에겐 따뜻하게

사는 일이 간단치 않습니다. 뜻대로 되지 않는 게 인생이라고 하지요. 저는 틈이 나면 철학 강의를 듣습니다. 삶에 대한 화두를 풀어보자는 생각도 있지만, 강좌를 진행하는 김해영 철학박사의 이야기에 매료되었기 때문이지요. 이분은 5년 전부터 매주 한 차례씩 시민을 위해 '태장마루도서관'에서 무료로 철학을 강의합니다. 듣다 보면 동서고금을 넘나드는 박식함에 저절로 고개가 끄덕여지곤 하지요.

강의도 강의지만, 그의 삶에서 배울 게 많습니다. 이분이 일곱 살 때, 직업군인이었던 아버지가 4남매를 남겨두고 돌아가셨습니다. 이 때문에 어려서부터 자장면 배달을 시작으로 자동차정비소, 전파사, 주유소 등에서 20여 가지 일을 했지요. 그렇게 살면서도 학이 시습(學而時習). "사람은 공부해야 한다. 공부하지 않으면 어두운 밤길을 가는 것과 같다"라는 아버지의 유훈을 받들어 배움의 끈을 놓지 않았다고 합니다.

그는 가정이 어려워 초등학교 졸업 후 검정고시 중 · 고등학교 과정을 마쳤지요. 아르바이트로 학비를 마련해 대학교에 진학, 철학을 전공해 학사 · 석사 · 박사 학위를 취득했습니다. 이후 정치, 사회복지 분야 등의 다른 공부도 했는데 2개의 박사 학위, 3개의 석사 학위를 받았지요. 20여 종의 자격증은 치열한 삶의 부산물입니다. 이분을 보면서 제 말을 가끔 떠올립니다.

"대나무가 높이 자랄 수 있는 것은, 속을 비운 데다 중간중간 생겨난 매듭이 지탱해주기 때문이지요. 그동안 큰 어려움 없이 지내다가 처음 어려운 고비를 맞은 것인데, 튼튼한 매듭이 하나 새로 생겼다고 생각하면 앞으로의 행보에 좋은 보약이 되지 않겠습니까."

공직에서 물러나 쉬고 있다가 우연히 다시 공직에 몸담은 일이 있었지요. 그때 모시던 분이 어려운 일을 겪고 있을 때, 제가 조심스럽게 드렸던 말입니다. 살아가다 보면 의도치 않게 돌발변수가 생겨날 때가 있지요. 아지랑이 아른거리는 봄 골목길을 걷는데, 담장을 돌면서 갑자기 휘몰아쳐 오는 회오리를 맞는 것처럼 마른하늘 날벼락은 곳곳에 숨어 있습니다. 그 당황스럽고 황당한 일 앞에서 나는 한없이 초라해지기도 하지요. 이를 이겨내지 못해 극단적인 선택을 하는 사람도 있습니다. 앞으로 겪을지 모를 더 큰 사건 앞에서 그 사건은 하잘것없는 사건, 아무리 어려운 일도 지나고 나면 추억일 수 있는 일로 여기기가 쉽지 않았겠지요.

고비를 극복하는 건 자신의 몫입니다. 마음을 정리하고 내려놓는다는 것이 쉽지 않지요. 시간이 필요하고 고생이 뒤따릅니다. 하지만 매듭이 있어야 내공도 깊어지고 사는 맛이 생겨나지요. 살면서 길을 가다가 넘어져 보지 않은 사람이 있겠는지요. 넘어질 수는 있지만, 엎어져 있지는 말아야 합니다. 넘어져 봐야 다시 일어서는 방법도 터득하는 것 아니겠는지요.

그렇습니다. 자신에게는 한없이 엄격해야 합니다. 사고는 냉정하게, 행동은 치열해야 합니다. 하지만 매듭만이 대나무의 궁극은 아니지요. 다른 사람이 볼 때는 별것 아니게 보일지 몰라도 나에게는 무척 큰일로 느껴질 때가 있듯 내가 볼 때는 별것 아니어도 다른 이에게는 무척 큰일일 수 있습니다. 내가 큰일 앞에서 누군가의 손길을 그리워했듯 그의 큰일에 내가 손을 내밀어주어야 하고 그게 사람 사는 도리입니다. 대나무가 매듭을 맺는 것은 자신을 튼실하게 하는 데만 있지는 않지요. 키 큰 숲이 되어 따뜻한 울타리가 돼주고 시원하게 그늘을 드리워주는 주는 데에도 있습니다. 인생의 매듭이 그러한 것이지요. 매듭이 있는 사람이 자신에게는 냉정하지만 다른 이에게는 관대하고 따뜻하게 배려할 줄 압니다. 그런 사람이 우리 사회를 넉넉하고 살만하게 해주는 든든한 울타리가 되곤 하지요. 그게 사람 사는 세상의 상도(常道)이고 순리입니다.

모든 사람 속여도 나 자신은 못 속인다

'자신을 속이지 말라. 세상의 모든 사람이 너를 보고 있다. 열 사람의 눈이 너를 지켜보고 있다. 이 얼마나 무서운 현실이냐!'-증자(曾子)

살다 보면 남을 속일 때가 있지요. 하지만 잠시 다른 사람을 속일 수는 있어도 자기 마음마저 속일 수는 없습니다. 남을 속이는 것보다 더 나쁜 것은 자신을 속이는 일이지요. 마음을 속이는 건 자신이 무엇을 생각하는지 알지 못하기 때문입니다. 자신의 마음을 들여다보고 갈고닦을 필요가 있지요. 자신을 돌아보는 게 불편하고 쉽지 않은 일이긴 하지만, 성찰하며 살아야 합니다. 삶의 철학과 가치를 지키며 보이든 보이지 않든 자신을 속이지 말아야지요. 물론, 속이지 않고 세상을 살아가는 게 쉬운 일은 아닙니다. 올곧은 철학과 소신이 없으면 불가능하지요.

세상을 살아가는 동안 가장 힘든 일이 '아무도 보지 않는 곳에서 나를 속이지 않는 것'이라고 합니다. 조선의 선비들이 목숨처럼 중요하게 여겼던 삶의 철학이기도 하지요. 모든 사람을 속일 수 있어도 자신은 속일 수 없습니다. 공자는 마지막까지 '민신(民信)'을 포기하면 안 된다고 했지요. 사회적 신뢰가 무너지면 조직의 존립 자체가 불가능하다는 무신불립(無信不立)의 본질이기도 합니다. 다산 선생이 오랜 유배 생활 속에서도 무너지지 않았던 것은 '독처무자기(獨處無自欺)'의 철학을 지켰기 때문일 것입니다. 그러한 삶 속에서 저술한 책들이 오늘날에도 우리 삶의 나침판이자 길라잡이가 되고 있지요.

남을 속이고 자신까지 속이면서도 죄짓는다는 생각은 안 하는 사람이 있습니다. 그런 사람은 결국 신뢰를 잃게 되지요. 남들이 보지 않는다고 해서 자신을 속이고 떳떳하지 못한 일을 저지르면 언젠가는 허구가 드러나게 되는데, 지난해(2020년)에 바로 그런 일이 있었지요.

사회적 명성을 얻고 젊은이들의 존경을 받았던 사람의 민낯이 청문회를 거치면서 만천하에 드러났습니다. 우여곡절 끝에 대통령의 임명장을 받았지만, 오래 지나지 않아 물러나게 되고 말았지요. 특권층의 꼼수를 알게 됐으나 진영논리에 지배돼 나라가 내 편 네 편으로 갈렸다는 것이 가장 안타까웠습니다.

세상엔 고수가 참 많습니다. 때를 못 만나 능력과 뜻을 펼치지 못하고 있을 뿐, 깨우침이 넓고 깊어서 지위를 달 수 없을 만큼 경지에 올라 있는 사람, 겸손함과 여유로움으로 어떤 미혹함에서도 벗어나 있는 것 같은 사람을 만나면 '낮추면 높아지고 높이면 낮아진다'는 불변의 진리를 저절로 거역할 수 없게 되지요. 일을 그르치게 되는 것은 대부분 욕심 때문이지요. 욕심을 부려 나를 높이기보다 무엇이 가치 있는 일인지 깊이 생각해야 합니다.

세상에 완벽한 사람은 없습니다. 나 아니면 안 된다는 착각 속에 사는 건 위험한 일이지요. 중지를 모으는 것도 혼자만으로는 부족하기 때문입니다. 정도의 차이가 있을 뿐 한 꺼풀 벗기면 어디엔가는 반드시 모자람이 있기 마련입니다. 배운 게 좀 더 많고 가진 게 좀 더 많다고 해서 다른 사람 얕보고 군림하려 하다가는 큰코다치기 쉽습니다. 사후세계(死後世界)를 언급하는 사람이 많지요. 숱한 이야기가 많지만, 남을 속이지 않고,

자신을 속이지 않는 게 천국으로 가는 길이 아닐까 합니다. 저 역시 남을 속이지 않는 것은 몰라도 자신까지 속이지 않는다는 건 자신이 없지요. 자신을 속이는 건지 아닌지 모를 때가 적지 않지 않기도 하거니와, 자기 자신이 미처 의식하지 못한 사이에 본래의 나와는 다른 모습일 때가 있으니까요. 그래도 나름대로 설정한 가치와 철학을 지키면서 속이지 않는 삶을 살려고 애는 씁니다.

오기를 기다리지 말고 먼저 다가가야

'간극(間隙)'이라는 말이 있습니다. 사람 관계 속에서 생겨나는 처지나 의견 차이를 말하는 것이지요. 하지만 이 말은 행정순화용어 대상 단어입니다. '틈'이나 '틈새'로 쓰도록 했는데, 저도 이를 따릅니다.

틈을 좁히는 방법은 소통이 제일입니다. 그런데 누구나 소통이 중요하다고 말하지만, 제대로 소통하며 살아가는 사람은 찾아보기 어렵습니다. 마음을 열어야 소통이 된다는 걸 모르기 때문이지요. 하지만 마음을 연다는 것이 쉽지는 않습니다. 내려놓는다는 것과 일맥상통하는 일인데, 상당한 내공이 쌓여야 가능하지요. 그런데도 사람들은 마음을 비웠다는 말을 너무 쉽게 합니다.

거짓과 진실 사이의 틈새는 누구도 알 수 없습니다. 당사자들만 알 수 있다지만, 당사자 자신조차 거짓인지 모를 때가 있습니다. 거짓을 오래도록 마음에 담아두면 그것이 진실이라고 착각할 수 있기 때문이지요. 이렇게 되면 틈을 좁히는 일은 사실상 불가능하게 됩니다. 거짓을 진실이라고 믿는 사람과 화두를 나누는 건 시작부터 잘못된 일이지요. 마음이 닫혀 있어 자신의 주장만 옳다고 믿고 상대의 의견은 포용할 줄 모르면 영원한 평행선인 철로와 같습니다. 열린 생각부터 필요하지요. 열린 생각이라는 건 모든 가능성을 열어놓고 사는 것입니다. 세상을 내 마음대로 살 수는 없지요. 함께 살아가야 합니다. 그런데 생각이 닫혀 있다면 함께할 수가 없지요. 상대방에게 양보하고 배려하려는 열린 마음가짐이 없으면 좋은 관계를 유지할 수 있는 법입니다. 이런 사실을 모를 리 없으나 마음이 행동으로 옮겨지지 않으니 관계 형성이 어려운 것이지요. 가지려는 욕심이 내려놓으려는 마음보다 강하기 때문입니다.

내려놓는 건 힘든 일입니다. 마음을 여는 일도 쉬운 게 아닙니다. 저도 마음을 늘 활짝 열어놓았다고는 자신 있게 말할 수 없습니다. 다만, 문은 열어놓고 지냈지요. 사무실 문을 열어놓기 시작한 것은 과장으로 일할 때부터지요. 문을 열어놓으면 좋은 점이 많습니다. 우선 밖에서 직원들이 보고 있으니 늘 긴장할 수밖에 없지요. 또, 민원인이 불시에 찾아와도 창구에 있었던 것처럼 자연스럽게 만날 수 있고, 민원인 또한 밖에 있는 직원을 의식해 무리한 요구나 엉뚱한 짓(?)을 하지 않게 됩니다. 혹시 잘못이 있더라도 낮은 목소리로 말하게 되고, 그러면 혼날 줄 알았던 직원도 더 열심히 일하게 되지요.

문을 여는 게 마음을 여는 첫걸음입니다. 부시장 시절, 사업을 하는 어떤 분이 자꾸만 문을 닫으려고 해 극구 만류한 일이 있지요. 알고 보니 허가사항을 신속하게 처리해줘 고마운 마음에 선물을 준비했었다는 것을 알게 됐습니다만, 자칫하면 큰일 날 뻔 했던 일이었습니다. 접견실을 도의원 상담실로 개방한 것도 그런 차원이었지요.

바람이 강한 제주의 돌담이 잘 무너지지 않는 것은 다른 돌이 맞추어 서로 자연스레 잡아주기 때문입니다. 하나의 모양이 거칠고 울퉁불퉁해도 다른 하나의 모양이 그 거친 모양에 맞추어 감싸주기 때문에 견고하게 결합하는 것이지요. 사람 사이도 마찬가지입니다. 상대방의 마음이 울퉁불퉁하다고 해서 그 사람을 피하고 미워해선 틈새를 좁힐 수 없지요.

그 마음에 내가 어떻게 맞추어 줄 수 있는지 생각해 봐야지요. 그게 세상을 잘 사는 길입니다. 흔히 마음에 들지 않는다고 말하지요. 틈이 있다는 말입니다. 당연한 일이지요. 부모가 다르고, 다른 환경에서 자란 사람이 내 마음과 같을 수는 없습니다. 먼저 다가서야지요. 자신은 서 있으면서 상대방이 다가오기를 기다려서야 틈이 좁혀질 수 있겠는지요. 양보하고 배려하면서 내가 먼저 다가가야 좁힐 수 있는 것입니다.

더러 긴장감 유지를 위해 틈이 필요하기도 합니다. 틈이 지나치게 없어지면 오히려 쉽게 생각하고 함부로 행동할 우려가 있으니까요. 그렇기는 하지만 보통의 우리네 삶은 틈이 생겨야 하는 일보다는 생긴 틈을 메우는 게 많은지라 이에 초점을 맞추었습니다.

정신적 유산이야말로 소중한 자산

살다 보면 작은 일에 감동할 때가 있습니다. 수원의 먹자골목 인근에 소박한 쌈밥집이 있지요. 손님이 끊이질 않는 걸 보면 연세 지긋한 주인장의 음식 솜씨가 내공이 만만치 않음을 짐작하게 합니다. 20년이 넘도록 한 곳에서 장사하고 있으니 나름대로 경쟁력이 있다는 방증이겠지요. 하지만 경제가 나빠져 문을 닫는 곳이 많은데 여전한 걸 보면 특별한 비결이 있을 듯했습니다. 조심스레 물음표를 던졌는데 돌아온 답은 의외였지요.

> "제 음식 솜씨가 뛰어나서 그런 게 아닙니다. 건물주가 오랫동안 세를 올리지 않아 버틸 수 있었던 겁니다."

'아!' 탄성이 절로 나왔지요. 어떻게든 조금이라도 더 올리려 들 텐데 이렇게 오랫동안 그냥 놔두는 건물주가 있구나! 건물주가 이순신 장군의 후손인데 오랫동안 세를 올리지 않아 다른 건물의 절반도 안 된다고 했습니다. "장군은 나라를 구했는데, 후손은 어려운 사람을 구하는 것 같다." 라며 건물주 자랑도 했지요. 건물주를 존경한다는 느낌을 받았습니다.

어느 공직 선배가 기억납니다. '요즈음 경제가 어렵고 외환위기 때보다도 힘들다는 사람이 적지 않습니다. 얼마나 버거우십니까. 하지만 난관

속에서도 정성을 다해 살아가는 모습에 박수를 보냅니다. 조금이라도 도움이 될까 하는 마음으로 다음 달부터 임대료를 낮추겠으니 희망을 잃지 마십시오.'

임대료를 동결하기도 쉽지 않은데 내려주다니, 새삼 그 선배가 존경스러웠습니다. 옛 어른들은 가진 게 적어도 나눌 줄 알았지요. 옛날, 혼사를 앞두고 상대 집안의 가풍을 살피는 풍토가 있었습니다. 아무리 돈이 많고 인물이 번듯해도 집안 내력이 시원찮으면 '그 나물에 그 밥' 취급했지요. 경주 최씨 집안 가훈이 회자하는 이유가 있는데, 그 내용이 이렇습니다.

'과거를 보되 진사 이상은 하지 마라. 재산을 만 석 이상 모으지 마라. 과객을 후하게 대접하라. 흉년에는 재산을 늘리지 마라. 시집올 때 은비녀 이상의 패물을 갖고 오지 마라. 사방 100리 안에 굶어 죽는 사람이 없게 하라. 들어올 것에 맞춰 쓰라. 파장 물건은 사지 말고 값을 깎지 마라.

부모의 생각과 발자취는 자식에게 나침판이자 길잡이가 되지요. 그러므로 솔선수범으로 가치 있는 삶의 철학을 실천해야 합니다. 듣기 좋은 말을 백번 하는 것보다 행동으로 보여주는 것(百言不如一行)이 중요하지요. 소중한 자산은 재물이 아닙니다. 재물만 남겨주면 자식은 나태해지기 쉽고 서로 다투는 일을 흔히 보게 되지요. 자식에게 물려줄 유산은 물질이 아니라 정신이어야 합니다. '잘사는 것'과 '잘 사는 것'은 다르지요. 부자로 사는 것보다 잘 사는 게 무엇인지 보여줘야 합니다.

시골에서 태어난 저는 어려운 형편이었지만, 이웃을 도우며 양보하고 배려하며 사시던 아버지를 통해 돈보다 가치 있는 게 너무나 많다는 걸 배웠지요. 비록 가진 것이 모자라도 우리 형제들 역시 아버지처럼 살아왔다고 자부합니다. 내 삶의 보약 같은 자양분, 그것은 부모의 거름으로 가능했지요. 이를 바탕으로 가진 건 없었지만 부끄럽지 않게 늘 당당하고 위엄 있게 살 수 있었다고 생각합니다.

물불 안 가리고 돈을 벌어 부자가 되고 고관대작이 된들 잘 사는 모습을 보여주지 못하면 아무 소용없습니다. 요즘 시대에 가훈이나 가풍을 언급하면 구태라고 하는 사람도 있겠지요. 하지만 오늘이 없이는 미래도 있을 수 없듯 어제 없는 오늘도 없다고 생각합니다. 전통은 과거 유물이 아니라 오늘을 있게 한 정신적인 유산이지요. 가훈이나 가풍 역시 낡은 교훈이 아니라 미래를 잇는 소중한 가교가 될 것입니다.

존경받고 싶은가? 그러면 존중하라!

공직생활 20년이 조금 넘어 사무관으로 승진해 고양시청 과장으로 일할 때입니다. 계장 두 분, 방송과 사진기사 두 분 모두 저보다 일곱 살 이상 많더군요. 당연히 존댓말을 쓰고 '엉아'라고 부르며 지냈습니다. 분위기가 좋았던 건 서로 보이지 않는 선을 넘지 않았기 때문이지요. 그런데 '시민의 날' 행사를 주관한 날, 큰 사건이 벌어졌습니다. 시장 인사말 도중 마이크가 꺼지는 바람에 난리가 났지요. 민방위 훈련용 핸드마이크로 인사말을 마친 시장 얼굴이 일그러져 있었습니다. 지나가던 사람의 발걸음에 걸려 선이 빠진 것이라 곧바로 수습되긴 했지만, 쉰 살이 넘은 방송 기사는 사색이 됐지요. 행사가 끝나고도 계속 죄송하다며 울먹였습니다. 기사를 포함한 직원들과 뒤풀이를 하며 서로 위로 격려하는 시간을 가졌지요. 참 따뜻했습니다.

이후 '경기방송국' 설립을 지원하는 T/F팀 팀장으로 일했는데, 차석이 동갑내기였지요. 행정고시를 준비하다가 여의치 않아 7급 공채로 방향을 바꿔 공직에 몸담게 된 사람인데, 함께 일하는 동안 서로 소통이 잘 돼 처음 하는 일임에도 공보처를 제집 드나들 듯 일을 잘 진행했지요. 고맙기도 하고 인간적으로 배울 것도 많아 저는 그를 '덕한이 형'이라고 불렀습니다. 우리는 동갑이었지만 서로 존대했지요. 그는 내공이 만만치 않아 실력이 좋은 데다 인성까지 훌륭했습니다. 나중 사무관으로 승진해 홍보

팀장으로 일하게 된 것에는 이런 많은 것을 두루 갖춘 덕에 기자단도 반해 추천한 것이 결정적이었지요.

나중 일이지만, 두 곳의 부시장을 거쳐 경기도청 자치행정국장으로 일하게 되었을 때도 저는 제가 맡은 부서의 과장보다 나이가 적었습니다. 제가 총무과장일 때 그는 의전팀장으로 일했는데, 한 살이 많아 '택영이 엉아'라고 불렀지요. 그는 그러지 말라고 손사래를 쳤지만, 나이가 더 많은 그를 존중하자는 생각에는 변함이 없었습니다. 그는 지사가 참석하는 모든 의전을 도맡아 일을 잘 수행하면서 가끔 바른말도 잘했지요. 대쪽같이 곧고 깐깐한 김문수 지사의 총애를 받은 것도 그래서였습니다. 부임해서 보니 그런 그가 자치행정과장으로 일하고 있었던 거지요.

새해 승진 인사를 앞두고 의왕시장을 만난 저는 수원시와 행정구역조정 문제를 해결할 후임 부시장으로 그를 추천했습니다. 지사도 흔쾌히 결재했지요. 저는 기쁜 마음으로 취임사를 대신 써서 그에게 메일로 보냈지요. 그러고는 그가 취임하는 날, 축하차 의왕시청에 가서 제가 쓴 취임사를 그의 입을 통해 들었습니다.

이에 앞서 앞에서 든 예와는 반대로 경기도청에서 일할 때는 상사인 이인재 문화관광 국장이 저보다 네 살 적었습니다. 그는 일 욕심이 많은 데다가 추진력이 강하다고 소문이 나 있었습니다. 그래서 그가 있는 부서에 가기를 주저하는 사람이 많았지요. 그래서 문화정책과장 자리가 오래 공석이었습니다. 이 자리에 비서관이었던 저를 앉히려고 지사에게 요청했던 것이지요. 하지만 그 자리는 제 위치에서는 월반하는 것과 같아 선뜻 내키지 않았습니다.

"지사님! 저보다 선배 사무관이 많습니다. 제가 가면 지사님도, 저도 욕먹기 쉽습니다."

"아니에요. 모두 가기 싫다고 해서 국장에게 일임했더니 홍 비서관을
지목한 거예요. 오래 비워둘 수 없으니 가서 일하세요."

등 떠밀려서 갔지만, 열심히 일했습니다. 국장도 저를 '따거'(大哥:형)이라 부르며 예우해 주었지요. 처음에는 걱정 어린 시선으로 바라보던 눈길도 차츰 호감으로 바뀌었습니다. 그는 소문대로 일에 대한 집념과 실행의지가 강했지만, 성과와 칭찬은 직원에게 돌리는 좋은 면이 있었지요. 비 호감 부서였던 문화 관광국에 대한 인식이 바뀌는 데는 그리 오랜 시간이 걸리지 않았습니다.

육군의 아무개 부대 중대장인 아무개 중위의 '갑 질'이 사람들을 분노케 한 일이 있습니다. 스무 살이나 많은 상사에게 반말로 "상사나 원사가 중위보다 계급이 높아? 내가 누군지 몰라? 네가 원사 달 수 없다는 걸 내가 확실히 보여 줄게."라고 말했다지요. 상사의 고발로 그는 결국 법원으로부터 '벌금 300만 원'을 선고받았습니다. 저는 이 소식을 들으면서 '중위 완장도 저리 위세가 대단한데, 장차 영관장교나 장군이 되면 과연 어떨까?' 걱정이 들었습니다. 저는 공기업 CEO까지 40년 넘는 공직생활을 했지만, 한 번도 나이 많은 동료나 후배를 홀대한 적이 없습니다. 조직은 앞에서 끌고 가는 게 아니라 함께 가는 것이니까요. 존중하며 함께 해야 존경받는 상사가 되는 겁니다.

좋은 건 잊고 나쁜 건 안 잊히지

'자신을 얼마나 알고 있는가?'라는 물음에 알고 있다고 대답할 사람은 없습니다. 자신을 다 알고 있는 사람은 100% 없지요. 동서고금을 통해 많은 선각자가 '나 자신은 누구인가'라는 화두를 던지고 오랜 세월 명상과 수행을 했지만 명쾌하게 깨달은 사람은 없었습니다. 그런데 하물며 다른 사람에 대해 이렇다, 저렇다 하는 것은 말이 안 되지요. 남을 비난하기 전에 나 자신을 돌아보는 게 중요하다는 얘기입니다. '나는 누구인가?'라고 끊임없이 생각하고 성찰해야 자신의 잘못을 줄일 수 있고 다른 사람에게도 관대해질 수 있지요. 세상에 완벽한 사람이 어디에 있겠는지요. 사는 게 수학 문제처럼 100% 정답이 있는 게 아니니까요. 자신만 옳을 수는 절대로 없는 일, 그런 자신을 알수록 겸손해지고 현명해질 것입니다.

살아가다 보면 가끔 뒤를 돌아보게 되지요. 지난 발자취를 더듬어보면 잘 되었거나 잘못된 일들 모두 살아가는 데 좋은 길잡이가 되고 보약이 됩니다. 아니, 굳이 돌아보지 않아도 늘 가슴 한구석에 자리 잡고 떠나지 않는 번뇌가 있기 마련이지요. 좋은 일보다는 나쁜 일일수록 그 정도가 더 심하기 때문에 괴로움에 몸부림치곤 합니다. 이러한 나쁜 기억은 결국 스트레스로 쌓여 몸을 망치는 주범이 되기도 하지요. 가끔 이런 스트레스를 견디다 못해 스스로 생명줄을 놓거나 병이 되어 주검에 이르는 안타까운 일이 생겨나기도 합니다. 가끔 내려놓고 산다고 하는 분들을 만날 때가 있지만, 신이 아닌 이상 내려놓음은 불가능한 게 우리의 삶이요 인생이 아닐까 합니다. 이순(耳順)은 귀를 열어 많이 듣고 내려놓고 살라는 나이라는 뜻입니다. 질풍노도와 같은 젊은 시절의 치기를 내던지고 겸허하게 뒤를 돌아보며 살아야 하는 때라는 얘기이지요. 그런데 그게 쉽지 않습니다. 귀는 오히려 얇아져서 팔랑팔랑 중심을 잡지 못하고 하찮은 유혹에 쉽게 빠져버리곤 하지요. 그래서 나이를 헛먹었다는 핀잔을 듣게 됩니다. 청소년은 미래를 꿈꾸며 살고, 젊은이는 오늘을 위해 살며, 나이 든 사람은 추억을 먹고 산다고 하지요. 연령층에 따른 사고나 행동 패턴을 가름해 놓은 말이지만, 지난 일을 돌이켜 생각하는 추억이라는 것에 지나치게 사로잡히면 오늘의 삶이 정지돼 버리는 오류가 발생해 불행하게 할 우려가 큽니다. 인간은 좋지 않은 기억을 떠올리며 한 번씩 자책하게 되는 게 당연하지만, 누구도 이미 지난 일을 온전히 바로잡을 수는 없는 일이지요. 과거에 너무 집착하면 다시 일어서기가 어렵게 되고 맙니다.

인생살이, 마음먹은 대로 살아지는 게 아니지요. 지나가면 늘 부족해서 아쉬움으로 남는 게 세상살이입니다. 그래서 후회하고 자책하고 괴로워하기도 하는 것이지요. 하지만 그 정도가 지나치면 자신에게 화가 미칩니다. 여기에서 더 나아가면 목숨을 던져버리는 안타까운 일도 생기는 거지요.

지난 일에 너무 얽매여 사는 건 안 될 일이지만, 그렇다고 아예 잊어버리는 것도 바람직하지 않다는 생각입니다. 저 역시 지난 삶을 돌아보니 좋은 일보다는 나쁜 일이 더 많은 듯합니다. 좋은 일은 잊히고 나쁜 일은 가슴에 상처로 남는 법인지라 그렇겠지요. 그래도 '개똥밭에 굴러도 저승보다 이승이 낫다'는 말처럼 사는 건 행복하다고 이내 마음을 바꾸고는 합니다. 과거의 안 좋은 일은 오늘의 좋은 일로 바꾸기 위한 시련쯤으로 삼아 소주 한잔에 위안을 타 마시고는 하지요.

만 리를 가는 품격의 다른 이름

"난 냄새를 맡지 않는다. 난 개가 아니다."

'브래드 피트와 무슨 얘기를 나눴고, 그에게서 어떤 냄새를 맡았나?'라는 어느 외신 기자의 황당한 질문에 배우 윤여정은 담담하게 이렇게 답했지요. 이에 외신과 수많은 참석자는 '격이 떨어지는 질문에 대한 멋진 한 방'이었다며 환호했습니다. 연기 인생 50년이 넘은 일흔넷 나이에 한국인 최초로 아카데미 여우조연상을 받은 그의 연륜에서 우러나오는 말은 매력적이었지요. 수상 소감에서는 "브래드 피트! 우리가 영화 찍을 때 어디 있었나. 만나게 돼 영광이다"라는, 슬쩍 뼈 있는 농담으로 시작해 "진심이 통하는 걸 보여주고 싶었다. 요즘 세상은 진심이 안 통하는 세상"이라는 지적과 함께 "조연상을 받은 건 조금 더 운이 좋았을 뿐"이라고 겸손함도 잃지 않았지요. 그런가 하면 "먹고 살기 위해 절실하게 연기했다. 대본이 곧 성경 같았다"는 말로 묵직한 울림도 주었습니다.

윤여정 배우의 자연스러운 몸짓과 유머 넘치는 말은 우리에게 힘이 되었고, 외국에는 한국과 한국인에 대한 호감도(好感度)를 높였습니다. "한국 영화사라는 거창한 잣대로 보기보다는 윤여정 선생님 개인의 승리라고 본다."는 봉준호 감독의 말에 저도 공감합니다. "가장 개인적인 것이 가장 창의적이다. 내일 아침까지 축하주를 마시겠다."고 한 봉 감독의 수상 소감이 짙푸른 숲에서 풍기는 강렬한 향기였다면, "아카데미가 전부인 것도, 최고의 순간인 것도 모르겠습니다. 우리 모두 최고가 되려고 그러지 맙시다. 최종만 되면 되잖아요. 다 동등하게 살면 안 되나요?"라는 윤 배우의 수상 소감은 곱게 물든 단풍 숲에서 풍기는 은은한 향기처럼 느껴졌습니다.

공직을 은퇴하고 이순을 넘기면서 '현직 때보다 더 편하고 넉넉한 사람 냄새가 난다', '시골집 굴뚝에서 저녁 지을 때 풍기는 구수한 향기가 난다'는 말을 듣고는 합니다. 일에만 파묻혀 아옹다옹 살다 보니 마음의 여유가 없었는데, 스트레스 받을 일이 없으니 편해 보였나 봅니다.

사람은 저마다 향기가 있는데, 그 향기는 몸에 뿌리는 향수처럼 사라지는 그런 냄새가 아니지요. 내재해 있는 품성과 경륜으로 쌓은 내공에서 풍기는 분이기, 이를 '카리스마'니 '아우라'니 '포스' 등으로 표현하지만, 삶의 철학이나 가치관이 용해된 말 한마디나 행동 하나에 묻어 나오는 품격의 다른 이름일 것입니다. '난의 향기는 천 리를 가고 사람의 향기는 만 리를 간다(蘭香千里 人香萬里)'는 말도 이를 대변하는 명구가 아니겠는지요.

오랫동안 알고 지냈으나 매번 만나도 심드렁한 사람이 있는가 하면, 한 번 만났는데도 또 만나고 싶은 사람이 있습니다. 끌리는 게 있다는 건 그에게 인간적인 매력과 향기가 있어서일 텐데, 그런 사람은 다른 사람에게 위로가 되고 희망이 되지요.

가진 게 많다고, 고위직이라고, 속칭 가방끈이 길다고 좋은 향기가 나는 건 아닙니다. 더 노골적으로 말해 돈이나 권력이나 명예가 품격을 좌우하는 게 아니라는 말이지요. 올곧은 삶의 철학과 가치관으로 한결같이 언행일치를 실천하려는 이, 몸에 밴 절제력으로 상대방을 배려할 줄 아는 이, 정의롭지만 그것을 구호처럼 내세우지 않는 이, 욕심은 있되 욕망으로 나아가지는 않는 이, 그런 사람에게서 좋은 향기가 풍기는 법입니다. '세 사람이 길을 가면 반드시 스승이 될 만한 사람이 있다'는 가르침이 있지요. '가까운 한 사람을 기쁘게 하면 먼 곳에서 많은 사람이 찾아온다.'는 말도 있습니다. 늘 배운다는 자세, 늘 다른 사람을 배려하는 마음이 중요하다는 얘기겠지요. 참다운 인성과 품격을 가진 사람에게선 사람다운 향기가 저절로 풍길 것입니다.

앞에서 이런저런 얘기를 했습니다만, 뭐 거창하게 생각할 것도 없는 일이지요. 허물없이 만나고 삶의 기쁨이나 애환을 나누고 싶은 사람, 그런 사람이 향기로운 사람이라는 생각입니다. 사람의 향기는 오래 가꾸고 익어갈수록 넉넉해지는 법이지요. '나는 누군가에게 도움이 될 만한 사람인가? 나는 누군가에게 희망을 줄 수 있는 사람인가?' 끝없이 자신에게 반문하며 살아가는 사람이 많아지면 좋겠습니다.

"술은 오른손으로 따르세요"

조선 시대에는 왕실에서 쓰는 술을 관리한 '사온서(司醞署)'가 있었습니다. 왕실에서 사용할 최고 품질의 술을 만들기 위해서 별도의 관청을 두어 특별히 관리했던 것이지요. 좋은 술을 만드는 일이 그만큼 어려웠기 때문에 사온서에서 술을 만들고, 그 술은 내의원에서 관리하도록 했습니다. 내의원에서 전한 술에 관한 이야기 중에 아래와 같은 것이 있습니다.

> "술은 오곡의 정기라 적당하게 마시고 그치면 참으로 좋은 약입니다. 엎드려 바라건대 신들의 청을 굽어 좇으십시오."
> 가뭄이 들어 술을 마시지 않겠다는 세종대왕에게 신하들이 건의한 내용입니다. 당시에는 몸이 아프거나 허약할 때 약으로 술을 마시거나, 약과 함께 술을 마셨다고 합니다.

동서고금을 막론하고 술에 관한 전설이나 떠도는 이야기가 참 많습니다. 술에 관한 한 자칭 내로라하는 '주당(酒黨)'이나 '주신(酒神)' 또한 많지요. 그렇지만 실제로 술에 대해 제대로 아는 사람은 그리 많지 않은 듯합니다. 저 역시 술을 꽤 즐기는지라 꽤 알 것 보일 수 있지만, 실은 별로 아는 게 없지요. 저는 시골에서 자랐습니다. 들에서 일하는 어르신들의 새참 심부름을하면서 일찍 술맛을 알게 됐지요. 새참에는 흔히 두부김치와 막걸리를 곁들입니다. 그런데 술이 담긴 주전자가 무겁기도 하거니와 술에 대한 호기심이 발동해서 한두 모금씩 맛을 보다 보니 점점 주량이 는 것이지요. 아무튼 술맛을 알고부터는 힘든 줄 모르고 심부름을 자청했습니다. 열서너 살이 지나 농사일을 돕거나 땔나무를 할 때는 동네 형들이 주는 술을 어느 정도 합법적(?)으로 마실 수 있었습니다. 어른들은, 담배는 마주 앉아 피우는 것을 금했지만, 술은 한자리에서 함께 나누는 것에 관대했지요.

정식으로 주도(酒道)를 배운 것은 고등학교 2학년이 된 해였다고 기억합니다. 할머니 제삿날, 아버지는 "사내 나이 열일곱이 됐으면 술을 좀 해도 되지"라고 하시며 음복을 해보라고 권했습니다. 짐짓 놀란 척했지만, 아버지도 제가 술을 마신다는 걸 알고 계셨을 겁니다. 고마운 일이었지요. 정말 고마운 것은 술도 음식이므로 가려서 마시되 주법(酒法)이 있다면서 여러 가지를 전수해 준 것입니다.

옛 선비들은 마을 정자에 모여 시 한 수와 노래 한 가락에 술잔을 기울였습니다. 먼 산이나 강 자락을 바라보며 술과 함께 하는 풍류에는 정이 넘쳤지요. 모르는 사이일지라도 지나가는 사람이 있으면 불러서 술을 나누었습니다. 인사를 나누고 한 순배가 돌아가면 자리를 떠야 하는데 그렇지 않은 사람도 많아 술판이 점점 커지기도 했지요. 더러 한잔했으면 일어서 주기를 바라는 사람도 있는데, 이럴 때면 술잔을 왼손으로 건넵니다. 인제 그만 가라는 뜻이지요.

지금은 사라진 일이고 꽤 오래전이지만, 거지의 세계에서도 마찬가지였습니다. 고철이나 폐휴지 등을 주어 얻은 수입으로 가끔 회식하는데, 왕초가 마음에 들지 않는 거지에게는 왼손으로 술을 따릅니다. 다른 곳으로 떠나라는 뜻이지요. 그러면 절대로 잔을 받지 않고 더 있게 해 달라고 애원합니다. 이 세계에서도 왼손 술잔의 의미를 아는 거지요.

술은 잘 마시면 약이 되지만 그렇지 않으면 독이 될 수도 있습니다. 주량 자랑보다는 분위기에 맞게 처신하는 중요하지요. 술자리를 통해 의중을 떠보는 사람이 있다는 걸 기억해야 합니다. 저는 주법 스승이 아버지였기에 어느 술자리에서든 결례했다는 말을 들은 기억이 없지요. 아버지의 주도를 아들에게도 그대로 전수했습니다.

나도 진한 풍미가 나야 할 텐데…

"홍 과장! 어디 국밥 맛있게 잘하는 집 없나?"

경기도청에서 의전을 담당하는 일을 할 때입니다. '부처님 오신 날'을 앞두고 도청 앞 네거리 중앙에 세운 '경축 탑 점등식'이 끝나자 지사께서 뜬금없이 국밥집을 찾았습니다. 물론, 스님들은 일찌감치 저녁 공양을 마치고 참석해 행사가 끝나자 바로 돌아간 후였지요.

"순댓국 잘하는 데가 있는데 괜찮으세요?"
"좋지!"
수원역 앞 골목에 있는 오랜 단골집이 생각나 그곳으로 안내했지요. 머리고기 한 점을 맛본 지사가 씩 웃으며 기분 좋은 한마디를 던졌습니다.
"이렇게 맛있는 집을 지들끼리만 왔었어? 막걸리 한잔해!"

7급으로 승진해 공보실에서 도정 홍보자료를 작성하는 일을 할 때입니다. 추적추적 비 내리는 토요일 날, 일과를 마치고 처음으로 '일미집'에 순대국밥을 먹으러 갔지요. 예약한 2층 다락방에 팀원이 모여 반주를 시작했는데 그게 길어졌습니다. 밖에서 들리는 빗소리가 '참나무 숯불에 소등심 굽는' 소리로 들려 술맛을 더했기 때문이지요. 결국, 술로 배를 채우고 몇 사람은 좁고 가파른 나무계단을 엉금엉금 기어서 내려와야 했습니다. 그 후, '일미집' 단골이 됐는데 값이 싸고 푸짐한 데다 맛이 최상이었기 때문이지요. 팀장이 되고 과장, 국장으로 일할 때도 매주 한두 차례는 들리곤 했습니다. 때로 퇴직한 공무원 선배나 기자를 이 집에서 만나게 되는 건 덤이었지요.

'진성푸드'라는 순대 공장이 비위생적인 환경에서 제품을 만들었다는 언론에 보도된 이후 순대집들이 큰 어려움을 겪고 있습니다. 진성 푸드 측은 "퇴사한 직원이 앙심을 품고 악의적인 제보를 한 것"이라면서 부인했지만 소비자들 반응은 싸늘하지요. 모처럼 위드 코로나 이후 영업이 활기를 찾았는데 '순대 파문'이 터지면서 순대를 직접 만들어서 판매하는 자영업자들까지 피해를 보고 있습니다. 아무 죄 없이 같은 업종이라는 이유로 유탄(流彈)을 맞은 꼴이지요. 다른 건 몰라도 먹는 음식가지고 장난질을 치는 건 엄벌에 처해야합니다. 더구나 서민들이 즐겨 찾는 음식은 더더욱 그러하지요. 이번 순대 파문은 전형적인 후진국 형 범죄행위입니다. 나라가 창피한 일이지요.

순댓국은 서민이 즐겨 찾는 음식입니다. 시골에서 자랄 때, 잔칫날이면 돼지를 잡아 손님을 대접했습니다. 돼지 창자에 고기 · 야채 · 두부 등을 다져 넣고 만든 전통 순대와 순댓국은 술안주로도 최고였지요. 여기에 밥을 말아 먹는 순대국밥은 별미였습니다. 순대국밥이 그런 음식으로 인식돼 있는지라 가끔 서민 흉내 내려는 정치인이 순댓국집을 찾는 쇼를 벌이기도 하는데, 그렇게 먹어서야 제 맛이 나겠는지요. '일미 집'은 순댓국의 성지처럼 소문이 나 있는데 그 명성은 90년 세월 동안 겹겹이 쌓인 맛으로 이루어진 빛나는 결정체라고 생각합니다. 이집엘 40년을 다녔습니다. 수원 역 앞을 지켜온 세월도 어느덧, 자그마치 90년 된 집이지요.

저는 가끔 기분이 우중충한데 비가 내려 이유 없이 처량한 생각이 들 때면 터벅터벅 순댓국밥집에 가서 막걸리 한잔을 기울입니다. 그러면 세상 근심이 사라지고 입 꼬리가 올라가지요. '혼 밥'하기에도 더없이 좋은 식당입니다. 한 그릇을 시켰다고 눈치를 주지 않으니까요.

"이제 나이가 들어 보이시네요."

하긴 처음 간 게 거의 40년 전이었으니 저도 오래 끓인 순댓국 같겠지요. 모쪼록 저에게도 푹 끓인 순댓국처럼 진한 풍미가 있으면 좋겠네요. 90년이나 된 순댓국밥집은 흔치 않은데, 40년을 단골 음식점이 있다는 것은 행운입니다. 10년 후면 100년이고 저는 50년 단골이 됩니다..

세계인 입맛에 맞는 상품 개발 필요

제가 고향의 면사무소에서 회계와 새마을 업무 담당으로 일할 때, 토요일은 오전 근무였습니다. 어느 토요일 오후, 계장이 서울에 가자고 해 따라나섰지요. 서울의 마장동 시외버스 터미널에 계장 친구 한분이 기다리고 있었습니다. 그의 자가용에 타고 종로로 향하던 중 계장이 뭘 먹고 싶으냐고 묻더군요. 주저 없이 통닭이라고 답했습니다. 좋은 게 많은데 왜 하필 통닭이냐고 반문하더군요. 여름방학 때, 우리 집에 놀러 온 이종사촌 형이 왜 이곳엔 통닭집이 없느냐고 물은 적이 있는데, 그때는 본 적이 없으니 통닭이 뭔지도 몰랐었지요. 아무튼 제 의견대로 통닭집에 가게 됐습니다.

닭을 통째로 기름에 튀긴 것이 통닭, 정말 꿀맛이었습니다. 더구나 시원한 '소맥'(소주+맥주)에 곁들여 먹으니 환상적이었지요. 저녁을 먹어야 하니 그만 먹자 했지만, 저는 저녁을 안 먹을 테니 한 마리 더 시켜달라고 졸랐습니다. 그러고는 추가로 시킨 통닭을 혼자 다 먹어 치웠지요. 잘 먹는 게 좋아 보였는지 계장 친구는 통닭 정도는 얼마든지 사줄 수 있다고 말했습니다. 청계천 상가에서 공구 가게를 해 돈 좀 벌었다면서 말이지요. 통닭 맛을 잊을 수 없던 저는 이후 두어 달에 한 번씩 서울에 가곤 했습니다. 계장이 친구분을 만나면 굳이 누가 말하지 않아도 언제나 제 발걸음은 통닭집을 향하곤 했지요.

군 생활 때, 아버지가 혼자 첫 면회를 오셨습니다. 외출 허락을 받아 시내로 나갔는데 뭘 먹고 싶으냐고 물으시기에 이때도 망설임 없이 통닭을 꼽았지요. 한 마리를 거의 혼자 먹어 치우고, 다른 식당으로 자리를 옮겨 고기를 굽고 김치찌개까지 먹었으니 아버지 지갑이 헐렁해졌을 겁니다. 그래서는 아니었겠지만, 그 후 아버지 면회는 없었지요. 농사가 바빠 못 오셨을 겁니다. 이때 외에 외출했던 선후배가 귀대 시에 가끔 통닭을 사 들고 왔지만, 계장 친구나 아버지가 사 주셨던 맛이 아니었지요. 통닭은 튀기자마자 그 자리에서 바로 먹어야 제 맛이 나니까요. 고향마을엔 통닭집이 없어서 휴가를 나오면 통닭을 먹으러 도시로 원정했던 기억도 납니다. 제대 후에야 동네에도 통닭집이 생겼는데, 얼마나 기뻤는지….

아들도 통닭을 좋아했습니다. 다만, 명칭이 좀 달라졌지요. 1980년대 초 수원으로 이사했을 때만 해도 튀긴 닭은 통칭 '통닭'이라 했는데, 1990년대 들어 '치킨'이란 명칭이 대세를 이루기 시작했습니다. 통닭의 본래 뜻은 '자르지 않은 통째 닭'이지만, 통째로 '튀긴' 닭의 의미로 쓰였지요. 치킨도 본래 해석이라면 그냥 닭이지만 튀김(엄밀히 말하면 fried chicken)이 추가된 것인데, 통닭과 다른 건 닭을 조각 내 튀긴 것입니다. 요즘에는 통닭이든 치킨이든 다 치킨으로 통하지요. 아무튼 아들 덕분에 저도 통닭에서 치킨으로 입맛이 길들었는데, 아들이 성인 된 후에는 맥주까지 곁들여 풍미가 더했습니다. 아들의 입대 후, 아내에게 '치 맥'(치킨+맥주) 얘기를 꺼냈다가 "아들은 추위에 떨며 고생하는데 아비가 혼자 먹고 싶으냐?" 핀잔을 듣기도 했지요. 이 때문에 면회해야 아들과 치맥을 즐길 수 있었습니다. 휴가 나오면 거의 매일이었지요.

《별에서 온 그대》라는 드라마의 여주인공 '치 맥' 장면은 중국과 동남아에 열풍이 일게 했었습니다. 우리나라를 찾는 관광객은 '치 맥 체험'을 필수로 여길 정도였지요. 제가 경기관광공사 대표사원 시절, 중국 시안

(西安)에 출장을 갔었는데, 이때 중국 관광업계 대표들이 '치 맥'을 먹자 해 놀란 일이 있습니다.

수원의 통닭 거리는 관광명소로 유명하고, 매년 여름 닷새간 '치 맥' 잔치를 벌이는 대구는 이 기간 치킨 50만 마리와 맥주 수십만 리터를 팔지요. 우리나라 치킨업체의 국외 진출도 늘어나는 만큼 세계인의 입맛에 맞는 새로운 상품 개발이 필요합니다. 우리나라 브랜드가 세계적인 브랜드가 되기를 바라는 마음이 치킨을 먹다 떠오른 뜬금없는 생각이 아니기를 소망해 봅니다.

술은 장복해야 효과? 그럼 한 잔 더!

지금은 곤지암 읍이 된 실촌면의 면사무소에서 서기로 일할 때입니다. 1970년대만 해도 면사무소 업무에 농사 행정이 큰 비중을 차지했지요. 모내기와 벼 베기는 특히 중요한 일이었습니다. 모내기를 끝낸 후이면 직원, 마을 이장, 남녀 새마을 지도자를 합해 70여 명이 야유회를 했지요. 회식이 시작되고 술잔이 돌기 시작할 때입니다. 면장이 작은 수박을 반으로 잘라 속을 파낸 뒤 소주를 가득 따르고 건배사를 한 뒤 "이 자리에 함께한 모든 이의 건승을 위하여!"라고 외치고는 단숨에 '수박 술'을 벌컥벌컥 들이켰지요. 그러고는 왼쪽으로 돌아가며 한 명씩 간단히 건배를 제의하고 '완 샷' 해달라는 것이었습니다. 하지만 걱정되는 사람도 있었을 터, 어느새 열댓 사람 정도가 슬며시 사라졌지요.

술이나 음료 따위의 한 잔을 단박에 모두 마셔서 비우는 걸 '원 샷(one-shot)'이라 합니다. 그런데 원(one)을 원(願)으로 바꿔 원하는 만큼만 마신다는 뜻으로 해석하는 이가 생겨났지요. 아마 원(one)을 부담스러워한 이가 새롭게 해석한 말이 아닐까 싶습니다만, 원래 뜻이 왜곡되는 것을 그냥 지나치지 않은 이도 있었을 터, 완(完) 샷이라는 말이 등장했을 거라 봅니다. 사실, 건배(乾杯)의 건이 '마를 건'이니 적어도 건배는 완 샷에 속한다고 볼 수 있겠네요. 굳이 '완 샷'이라고 쓴 이유이기도 합니다. 회식 며칠 후, 면장께 괜찮았는지 물으니 껄껄 웃으며 이렇게 대답하더군요.

"홍 서기! 내가 수박에 술을 부어놓고 좀 길게 인사말과 건배사를
했잖아. 그동안 과육(果肉)에 알코올이 스며들어 희석됐으니
맹물을 마신 거나 다름없지."

경기도청 총무과장으로 일할 때입니다. 손학규 지사가 연말의 시장 · 군수 회의 후 송년회 자리를 마련했지요. 분위기가 무르익자 손 지사가 속칭 폭탄주를 직접 만들어 한 해 수고와 새해 건승 취지의 건배사 후 완샷을 주문했습니다. 비교적 무난하게 한 순배 돌았고, 제가 마지막으로 건배사를 했지요. 이미 많은 건배사가 나왔기 때문에 마땅히 떠오르는 게 없었습니다. 순간적으로 "술과 보약은 장복(長服)해야 효과가 난다"고 외치고 완 샷 했는데, 그사이 손 지사가 폭탄주를 다시 만들어 건넸습니다.

"홍 과장! 보약 한 잔 더해!"
그 한마디에 박수와 폭소가 한동안 이어졌지요.

경기관광공사 대표사원으로 취임 후, 첫 국외 마케팅 대상 지역이 중국 상하이였는데, 현지 여행사 대표와 항공사 관계자와 언론인 등을 초청한 경기도 관광 설명회 성격이었지요. 본 행사 후 만찬 자리에서 제가 주최 측을 대표해 건배를 제의했는데, 그때 제가 '백취하'라고 하면 참석자는 '당취평'을 외치도록 했습니다. '백주(白酒)에 취하면 하루가 즐겁고, 당신에게 취하면 평생이 즐겁다'는 뜻이었지요. 뜻이 좋아서인지 그 후에 다시 갔을 땐, 상하이 사람들이 저의 허락(?)도 없이 이 건배사를 외치는 걸 들었습니다. 건배사를 할 때면 이때 생각이 나 소주로 대체해 '소취하 당취평'을 즐겨 외칩니다.

오랜 세월 공직자로 살면서 수많은 회식이 있었습니다. 그때마다 건배사는 피할 수 없으므로 미리 몇 가지 준비하기도 했지요. 건배의 유래를

정확히는 모르지만, 술잔을 부딪치면서 나는 소리로 서로 마음을 통하게 한다는 의미라 합니다. 어쨌거나 맹숭맹숭한 분위기를 웃음소리 가득하게 하는 건배사는 하는 사람이나 함께 외치는 사람이나 기분 좋게 만들지요. 그런데 요즘에는 이런 풍경을 보기 어렵습니다. '코로나 19'가 그렇게 만들었지요. 어쩔 수 없는 일이기는 하지만 계속되는 사회적 거리 두기에 마음마저 멀어지지는 않았으면 좋겠습니다. 일상을 앗아가는 이 시국이 어서 잠잠해져 다시 건배사가 오가는 날이 오면 좋겠네요.

"그만 처먹어! 다른 사람도 입이 있어!"

"야, 이놈들아! 너희들만 처먹니? 그만 먹고 가!"

경기도청 공보실에서 언론에 도정 홍보자료를 제공하는 일을 할 때입니다. 당시 차트 보고가 많았는데, 홍보팀에 있던 제가 글씨를 좀 잘 쓰는 편이었거든요. 그래서 옆 부서인 문화재계 일을 가끔 도왔습니다. 매직펜으로 한자(漢字)를 섞어 쓰는 차트 보고서 일을 끝내면 으레 '꽁술'이 따라왔지요. 처음으로 일을 도와준 후 도청 앞 네거리 건너편에 있는 '소골집'에 갔었을 때입니다. 한참 맛있게 먹고, 추가로 고기와 술을 주문했는데 느닷없이 주인 할머니가 큰소리로 욕을 섞어가며 그만 먹고 가라는 거였지요. 할머니의 호통에 다들 주눅이 든 듯 "알았어요. 갑니다, 가요"라고 해 어안이 벙벙했지요.

다음날 궁금해서 물었습니다.

"엄 차관님! 어제 그 '소골집' 머리 하얀 할머니가 그만 먹고 나가라며 욕을 하던데…."

"그 할머니가 원래 그래. 입에 욕을 달고 사는데, 모두 그냥 웃으면서 받아들여. 그 욕쟁이 할머니는 한 사람당 고기 1인분과 소주 한 병 이상 안 팔아. 다른 사람 먹을 거도 있어야 한다는 거지."

이후에는 저도 그러려니 드나들었지요. 자꾸 들으니 친근함마저 느껴지더라고요. 아무튼, 그 집에는 도청 공무원들이 꽤 드나들었는데, 인사는 나누어도 권주(勸酒)는 자제하는 분위기였습니다. 금세 소주 한 병이 사라지니까요. 그런데 그 소골 집이 '도로가각(街角)정리사업'으로 사라지고 말았습니다. 이후 할머니를 본 사람도 없지요.

서울올림픽을 앞두고 공무원은 꽃길과 공원 조성, 옥외간판 정리 등으로 휴일이 거의 없었습니다. 당시 임사빈 지사도 경기가 열리는 지역을 중심으로 현장 점검을 강행했는데, 어느 일요일 성남시에서 저녁을 하게 됐지요. 이해재 성남시장이 일행을 한 식당으로 안내했습니다. 미리 연락했는지 나이 지긋한 여성 주인장이 마중 나와 있었지요.

"사장님! 지사님 오셨으니 잘 부탁합니다."
이 사장이 이렇게 말하자 주인장이 대뜸 욕을 퍼부었습니다.
"지랄하고 자빠졌네. 지사가 미쳤다고 일요일에 여길 오냐?"
그러곤, 이내 당황한 기색이 역력했습니다.
"어라! 진짜 지사네, 지사는 쉬는 날도 없나?"
그러고는 좀 무안했는지 얼른 주방으로 향했습니다. 지사도 빙그레 웃으며 방안으로 들어섰지요.
"지사님! 이 집 사장이 원래 저렇습니다. 욕쟁이지만 음식이 맛있어서 찾는 손님이 많습니다."
"괜찮아! 음식만 맛있으면 되지 뭐."
막걸리를 곁들인 저녁을 마치고 잔디가 깔린 뜨락으로 나서니 주인장이 서 있었습니다.
"지사님, 제 입이 걸어 죄송했어요."
"하하! 욕으로 양념해서인지 꼬리곰탕 맛이 아주 좋았습니다. 미친놈이 와서 맛있게 잘 먹고 갑니다."
한동안 웃음소리가 이어졌지요.

"야! 우리 지사 멋쟁이네, 고마워요."
"이 미친놈, 또 오리다, 욕쟁이 사장님!"
이후, 지사는 성남에 출장하면 으레 그 집을 찾아 사장과 농담을 주고받으며 친(?)하게 지냈지요.

요즘은 두 욕쟁이 할머니 같은 분이 안 보입니다. 그런 배짱을 가진 식당 주인도, 풍류와 여유가 있는 도백도 찾아보기 어렵네요. 경제 사정이 안 좋아진 탓인지 갈수록 세상이 삭막해지고 사람들도 날카롭기만 합니다. 요새 누가 '그만 처먹으라든지 지랄한다.'고 욕하면 어떤 반응을 보일까요? 저는 저 대신 큰소리쳐 주는 것 같아서인지 그런 욕이 정겹고 그립기만 합니다.

폐업 대신 영업 단축에 임금 자진 삭감

"안녕하십니까? 임태선이라고 합니다."

20년 전 도청에서 문화정책과장으로 일할 때입니다. 비가 살짝 내리는 날, 유명한 곱창 맛 집에서 그를 처음 만났지요.

"홍 과장! 임 국장 큰아들이야!"

경기문화재단 사무총장이 그를 소개했지요. 그는 아버지와는 사뭇 다른 모습이었습니다. 경기도청 국장인 아버지는 갸름하고 깐깐한 인상인데 그는 둥글둥글한 얼굴에 시원하게 웃는 모습이 인상적이었지요. 웃음만큼이나 술도 시원시원하게 들이켰습니다.

"총장님! 이 친구 물건인데요."

"그래, 일 잘하고, 성격도 좋고, 최고야!"

그날 저녁 술자리는 즐거웠고, 소주병이 꽤 많이 쌓였습니다. 호방한데다 유머러스하게 분위기를 띄우는 재주까지 있는 그의 덕분이기도 했지요. 그런데 얼마 후 그가 부모님과 상의를 하지 않은 채 경기문화재단 일을 그만두고 식당을 열었습니다. 그의 아버지인 임 국장은 '일언반구 얘기도 없이 멋대로 좋은 직장을 때려치웠다'고 노발대발했지요. 아예 집안 출입조차 금지했으니 얼마나 화가 났는지는 짐작이 가고도 남습니다.

두 달쯤 지나 제가 임 국장께 부부 동반으로 저녁을 함께하자고 했습니다. 그렇게 해서 이루어진 식사 자리에서 저는 저녁을 먹다가 종업원에게 귀한 손님이 왔으니 주인장이 와서 인사 좀 드리라고 했습니다.

"어!"

주인장이 육회 한 접시를 들고 들어온 순간, 임 국장 부부는 깜짝 놀랐습니다. 아들이 하는 식당인 줄 몰랐던 거지요. 식당 주인인 아들과 미리 각본을 짜서 벌인 일이었지만, 어쨌거나 그때를 계기로 집안에는 평화가 찾아왔습니다. 그해 여름 강풍으로 식당 처마가 날아갔는데, 완벽하게 복구해준 것도 그의 아버지였으니 이래서 피는 물보다 진하다고 하는 것이겠지요.

워낙 좋은 사람이고 음식도 맛있어서 그의 식당은 맛 집으로 입소문을 타며 번창했습니다. 여세를 몰아 갤러리아백화점 뒤편에 문을 연 2호점도 인기를 누렸지요. 그런데 그만 '코로나 19' 사태를 맞고 말았습니다. 한우 전문점으로 유명해진 본점도, 평소 저녁 예약이 필수였던 2호점도 직격탄을 맞았지요. 임대료를 감당하기 힘들어지자 그는 처음에는 2호점을 폐업할 생각이었습니다. 다만, 2호점 개업 초기인 5년 전부터 함께해 온 6명의 직원이 마음에 걸렸습니다.

고민 끝에 직원 월급이라도 주자는 생각에 고육지책으로 폐업 대신 '낮 장사'만 하는 것으로 마음을 바꾸었지요. 이에 직원들도 어려운 결정을 한 사장의 마음을 알았는지 낮 장사만 하는데 임금을 그대로 다 받을 수는 없다며 '임금의 40% 자진 삭감'을 역으로 제안했습니다. 문을 닫아야 할 곤란한 상황인데도 종업원의 처지를 생각해 폐업 대신 영업시간 단축을 결정한 사장이나 이런 사장의 마음을 알고 자진해서 급여 삭감을 결정한 종업원이나 참 감동적입니다. 2호점의 이러한 소식을 듣고 본점 직원 6명도 고통 분담 차원에서 30만 원씩 자진 반납했지요.

아무튼 이 같은 노력으로 식당은 조금씩 나아지기 시작했고, 여기에 재난지원금 지급과 '생활 속 거리 두기'에 기준에 따른 저녁 장사 재개 등으로 손님이 늘어나기 시작했습니다.

'중소기업 사랑 나눔 재단'은 '코로나 19' 사태로 힘든 시기를 겪는 국민에게 희망을 준 이 식당 사장을 '코로나 영웅'으로 선정해 시상했습니다. 어려움 속에서도 희망의 끈을 놓지 않고 직원들과 상생의 길을 가는 그의 발걸음이 더 가벼워지는 날이 오기를 바랍니다.

내가 내 이름을 한 번씩 불러보자

제가 아는 문인 중 박덩굴이라는 분이 있습니다. 그분 아들의 본래 이름은 '박차고 나온 놈이 샘이 나'이지요. 줄줄이 딸을 넷 낳고 다섯 번째 얻은 아들이었던지라 딸들이 샘을 내 그리 지었다고 합니다. 그 이름이 길어 '샘이나'로 줄여 부르는데, 한글날에 아름다운 이름으로 상도 받았지요. 사람이든 상점이든 이름은 얼굴입니다. 상호는 주인장의 생각을 가늠할 수 있는 단서이기도 하고요. 최근 들은 식당 이름 중 가장 인상 깊은 상호는 '간판 없는 식당'입니다. 간판을 걸었는데 간판 없는 식당이라니 기막힌 발상 아닙니까.

개그계의 대부이자 기인으로 불리는 전유성에게 후배가 찾아와 카페 이름을 지어달라고 했지요. 카페를 가보니 규모도 작은 데다 기존 건물을 손본 정도라 볼품이 없었습니다. 장고 끝에 악수 둔다고, 고민 끝에 상호를 '카페라고 하기엔 좀 쑥스럽지만'이라고 지어주었는데 정말 부르는 사람이나 찾아오는 손님이나 모두에게 쑥스러운 이름이었지요. 그 후 안타깝게도 이 카페에 불이 났습니다. 카페 주인이 경찰서에 불려가 조사를 받게 된 것은 당연한 일이었지요.

경찰관이 물었습니다.
"카페 이름이 뭡니까?"

"카페라고 하기엔 좀 쑥스럽지만…."

경찰관이 의아한 눈으로 쳐다보다가 다시 물었습니다.

"카페 이름을 말씀해주세요."

"카페라고 하기엔 좀 쑥스럽지만."

순간 경찰관의 언성이 높아졌습니다.

"지금 장난치십니까? 카페 이름이 뭐냐고요!"

카페 주인도 큰 소리로 외쳤습니다.

"아, 참! '카페라고 하기엔 좀 쑥스럽지만'이라니까요!"

관선 시절 임사빈 지사가 광명시로 순시에 나섰습니다. 신년 업무계획을 보고받고 시민간담회를 마친 후 기관장들과 저녁을 함께했지요. 김태수 광명시장이 건배사로 '세상 온통 광명 천지'를 외쳐 큰 박수를 받았습니다. 이름도 한 고을 책임자란 뜻을 가진 태수이니 참 잘 어울렸습니다. 지사가 경찰서장에게 잔을 권했습니다만 정작 서장은 술을 못했는데, 이름이 '권주만'이었지요. 반대로 교육장은 이름은 '노상술'이었는데 정말 주당으로 소문난 술꾼이었습니다. 지사가 광명의 3대 기관장 이름은 절대 안 잊어버리겠다며 호탕하게 웃었습니다. 강화군이 경기도에 속해 있을 때, 어느 신임 강화군수 얘기입니다. 장맛비가 억수로 쏟아져 관사에 짐을 제대로 풀지 못하게 되자 면사무소에 전화했지요.

"면장 좀 바꿔주시오."

"내가면장입니다."

"내가? 면장? 나, 새로 온 군순데…."

"앗! 네, 제가 내가면장 아무개입니다."

군수가 직제기구표를 보니 '내가면사무소'가 있었지요.

안성에는 죽일면, 죽이면이 있었습니다. 어감이 이상하다고 해 일죽면과 이죽면으로 바뀌었지요. 지금도 대가리, 망치리, 연탄리, 압사리 같은 특이한 마을 이름이 즐비합니다. 거제도에는 '쪽박'이라는 항구 이름이 있지요. 이렇게 특이한 지명, 상호, 이름을 만나게 되면 느낌이 이상하고 어색하지요. '임신중'이니 '유치한'처럼 듣기도, 부르기도 민망한 경우도 있습니다.

더러 이름이 뭐 그리 중요하냐는 이도 있습니다만 이왕이면 부르기 좋고 품격 있는 이름이 좋겠지요. 반대로 이름이 아무리 좋다 한들 사람 노릇 제대로 못 하면 무슨 소용이 있겠습니까.

이름 부르기가 창피할 때가 있습니다. 사람 노릇 제대로 못 하고 이름값을 못 할 때이지요. 이름이 단순히 누군가를, 무엇인가를 지칭하는 것이라는 관점에서 벗어나 그 이름이 갖는 위상과 가치를 생각해봐야지요. '나는 제대로 사는 것인지', 자기가 자신의 이름을 한 번씩 불러보면 좋을 것입니다.

그것은 모든 걸 거는 것, 늘 떳떳하라!

《가지 않은 길로 도전하라》는 책을 보다가 그 책에 있는 〈면도칼 놓고 식칼 잡은 마장동 사나이〉가 누굴까, 궁금했습니다. 모처럼 서울에 갔다가 점심 먹으러 가는 길, 택시를 탔는데 '마장동 박현규' 식당은 마장동이 아니라 논현동에 있더군요. 그는 이발 기술이 뛰어나 한 달에 1000만 원이 넘는 수입을 올렸다고 합니다. 이를 기반으로 30대 초반 나이에 60평대 아파트를 장만할 수 있었다지요. 하지만 그는 부를 쥐여 준 면도칼을 과감히 버리고 마장동 축산물 시장에서 식칼을 손에 쥐었습니다. 새로운 길에 도전한 것이지요. 너무 오래 한 가지 일을 하다 보니 다른 일을 해보고 싶었다는 게 이유였습니다.

예로부터 '한 우물을 파라'는 말이 있습니다만, 다변화하고 세계화하는 세상에서 한 가지 일로만 살아가기는 쉽지 않은 게 사실입니다. 하지만 그가 전업을 결심한 요식업은 만만한 업종이 아니지요. 그는 우선 마장동 축산물시장에서 2년 동안 뼈를 제거하는 '발골 작업'을 배웠답니다. 이 과정에서 고기에 대해 눈을 떴다지요. 뭐든 기초가 튼튼해야 하는 법, 이때 쌓은 경험으로 육류 유통 사업을 시작했고, 이후 마침내 자신의 이름을 건 '마장동 박현규'라는 식당을 열었습니다. 이 식당이 유명한 '강남 맛집'이 되고 월간 《리더스》에도 소개되는 등 박현규라는 이름을 널리 알렸지요.

우리나라 최초로 이름을 건 브랜드는 1955년 '이명래 고약'이지요. 그 후 '앙드레 김' 브랜드가 있었고, 근래에는 '백종원'에 이르기까지 수많은 사람이 이름을 브랜드화 했습니다. 최근 5년간 개인 이름을 브랜드화한 업종은 2500건이 넘는데, '요식업 등 개인서비스업'이 절반 넘게 차지합니다.

개인 이름의 브랜드화 현상은 상표등록이 쉽기 때문이기도 하지만, 당당함과 선명성을 내세워 소비자의 신뢰를 더 확실하게 얻고자 하는 것이지요. 하지만 이름을 거는 게 쉬운 일은 아닙니다. 자칫 이름에 '먹칠'이 되기 쉬우니까요. 실력도 갖춰야 하고, 사력을 다하는 열정과 자신감도 있어야 합니다.

도전정신과 프로기질을 가진 사람에게 성공의 길이 열리는 세상이 되었지요. 하지만 자신의 이름을 내건다는 건 보통 내공으로는 불가능한 일입니다. 강석, 김혜영 씨는 두 사람의 이름을 걸고 33년 동안 '싱글벙글쇼'를 이끌었지요. 두 사람은 찰떡궁합을 선보이며 이 프로그램을 생방송으로 진행, 많은 사람의 사랑을 받았지요. 이들은 고별 방송에서 "과분한 사랑을 많이 받았다는 걸 새삼스럽게 다시 알았다"며 "과연 사랑을 받을 만한 존재였나 하는 생각이 들더라!"고 겸손해했지만, 수많은 청취자는 아쉬움을 전하며 계속해서 응원하겠노라 격려했습니다. '호랑이는 죽어서 가죽을 남기고 사람은 이름을 남긴다.'는 말이 있지요.

자신의 이름이 부끄럽지 않게 살아야 한다는 말입니다. 이름을 건다는 건 자신감의 표현이자 책임을 지겠다는 자존감의 표출이기도 합니다. 이름을 걸면 불명예스러운 수식어가 붙지 않게 최선을 다하기 마련이니까요. '이름을 걸었는데 거짓말이나 나쁜 짓이야 하겠어?'라고 흔히 말하는 것도 그 이름에 그만큼의 무게가 실려 있으니 신뢰한다는 방증일 것입니다. 이렇게 볼 때 자신의 이름을 거는 사람이 많아질수록 우리 사회도 발전이 되지 않을까 하는 생각도 듭니다. 이름을 건다는 건 대단한 일입니다. 남다른 내공이 있어야 가능한 일이지요. 누구나 태어나면 고유한 이름을 갖습니다. '나는 내 운명의 주인(I am the master of my fate)'이라는 말이 있지만, 굳이 이름을 걸지 않아도 내 이름에 책임을 져야 하는 게 인생이지요. 뭐 거창하게 운명을 들추지 않아도 내 이름이 가까운 다른 사람에게, 적어도 자식에게 부끄럽지 않아야 하지 않겠는지요. 이름 석 자와 함께, 부끄러운 일이 없도록 자기관리 잘하고, 가치 있게 사는 게 잘 사는 인생일 것입니다.

"아무리 어두워도 빛은 있습니다"

"사장님! 죄송한 말씀을 드려야겠습니다. 제가 이번 주를 마지막으로 이발소를 그만두게 됐어요. 이제 다른 곳을 찾아보세요."
머리 염색을 마치고 기다리는데 이발소 주인이 어렵게 말문을 열었습니다.
"왜요? 다른 곳으로 이전을 하시나요?"
"아닙니다. 저는 더 일하고 싶은데 사정이 생겨서 그만두게 되었네요."

그 말을 듣고 만감이 교차했습니다. 시골 촌놈이 청운의 뜻을 품고 공부해 공무원 시험에 합격, 광주군청에서 일하다가 전입시험을 거쳐 경기도청으로 발령을 받았던 때가 1982년이었지요. 그때, 도청에서 가까운 화서동의 작은 아파트를 전세로 얻어 살기 시작했습니다. 도청까지 20분 정도 걸으면 출퇴근이 가능한 곳이었고, 재래시장도 있었지요. 이발소도 이때 인연을 맺었습니다.

그 이발소는 해병대 출신 남편이 머리를 깎고 아내는 면도하는 형태로 운영됐습니다. 부부가 서로 도우며 사이좋게 지내는 모습이 너무 보기 좋았지요. 주인장과는 연배가 비슷해서 몇 번 이발을 한 뒤부터는 자연스럽게 세상 돌아가는 이야기 등을 주고받는 사이가 됐습니다. 저는 과천, 파주, 용인으로 자리를 옮겨 일할 때도 변함없이 이 이발소를 찾았습니다.

그러니 거의 40년 가까이 됐지요. 그때 두 살이던 제 아들도 함께 다녔는데 대학에 들어가 미용실을 이용하기 전까지 이 이발소를 이용했습니다.

"이제 성욱이 아버님도 머리가 많이 빠지시네요."
"어이쿠, 사장님! 사돈 남 말을 합니다, 그려."
그 사이에 이발소 부부도 세 명의 아이를 낳고, 학교 보내고, 모두 결혼까지 했으니 세월이 한참 흐른 것이지요.

이 이발소가 한자리에서 그토록 오래 있을 수 있었던 것은 건물주 덕이었습니다. 부부가 일하는 모습을 지켜보면서 늘 조용히 응원해주었다지요. 그런데 주인이 세상을 떠나고 아들이 건물주가 된 후부터 사정이 달라졌습니다. 『상가건물 임대차보호법』이라는 것이 있는데, 어떻게 임대료를 올려달라고 할 수 있었는지 모르지만, 이발소 손님이 미용실로 옮겨간 지 이미 오래인 데다가 '코로나 19'로 손님이 뜸해 안 그래도 죽을 지경인 그에게는 마른하늘에 날벼락 같은 통보이지요. 결국, 부부는 인건비는 고사하고 임대료조차 못 벌게 생겨 문을 닫기로 했답니다.

그 오랜 세월을 함께한 이발소에 이제 못 오게 됐다고 생각하니 못내 아쉬웠습니다. 마지막까지 열심히 정성으로 머리를 다듬어준 부부에게 '오랫동안 고마웠다, 따뜻한 국밥이라도 사드시라'고 거스름돈으로 받은 3만 원을 건네주고 돌아서는 순간, 부부의 붉어진 눈을 보고 저도 울컥했지요.

광주광역시에서 커피 전문점을 하는 한 자영업자는 최저임금 인상과 주 52시간 근무제 때문에 사업을 할 수가 없다고 하소연했습니다. 돈 더 준다고 사람 구하기가 쉬워지는 것도 아니고, 임금 인상만큼 커피 값을 올릴 수도 없고, 여기에 근무시간까지 제한하니 절망적이라고 했습니다.

그는 공공부문 감축도 주장했는데, 이는 논란도 있을 터이고 저 역시 경제전문가가 아닌지라 뭐라 말할 계제가 아니지만, 자영업자의 불만이 엄청나다는 것은 분명합니다.

다른 글에서도 언급했지만, 수원에서 두 곳 식당을 운영하는 후배는 코로나 19에 따른 경영 악화로 한 곳은 폐쇄하려다가 직원들이 눈에 밟혀 낮 장사만 하는 거로 전환했지요. 이에 직원들이 임금 삭감과 반납으로 화답했다는 훈훈한 얘기를 전한 적이 있는데, 엊그제 결국 한 곳을 닫고 말았습니다. 힘든 시기를 겪는 국민에게 희망을 준 '코로나 영웅'으로 선정되기도 했던 그가 오죽하면 폐쇄 결정을 했을까요. 가슴이 먹먹했습니다. 할 말이 없더군요. 그저 우리가 탄 기차가 이 어두운 터널에서 벗어날 때까지 희망의 끈을 놓지 말기를 진심으로 기도했습니다.

장바구니 든 총리, 시장에서 보고 싶다

"홍 부시장은 퇴임 후 연금을 받지요?"
제가 명예퇴직을 며칠 앞두고 인사차 지사 공관에 갔을 때, 김문수 지사께서 물으셨지요. '지사는 연금이 없는데, 그게 걱정이신 건가?' 그러나 연금이 없어서 걱정되느냐는 제 반문에 돌아온 대답이 의외였습니다.
"전직 국회의원 예우 수당이 나오는데 좀 적습니다. 그동안 사회복지시설에 매월 백만 원 넘게 기부했는데, 그걸 못 하게 되니 마음이 아프지요."
'아!' 놀랍고 존경스러웠습니다. '평소에 청렴영생(淸廉永生), 부패즉사(腐敗卽死)를 강조한 것이 허구가 아니었구나!' 실감했지요. 동시에 3선 국회의원과 재선 경기지사 등을 지낸 분인데 안타깝다는 생각도 들었습니다.

18년간 독일을 이끌었던 메르켈 총리가 퇴임하던 날, 참석자들은 6분 동안 기립박수로 그를 떠나보냈다고 합니다. 그는 출중한 능력과 정치력, 열정적이고 성실하게 일하며 8000만 독일인을 이끌었지요. 재임하는 동안 위법이나 비리가 전혀 없었을 뿐만 아니라 어떤 친척도 가까이 두지 않았습니다. 최대한 필요 없는 말은 자제하면서 정치적인 견해가 다르다고 해서 특별히 다투지도 않았지요. 사진 찍히려고 자신을 일부러 드러내는 일도 하지 않았습니다. 겸손한 말과 행동에 독일 국민은 아낌없는 신뢰와 사랑을 보냈지요.

"당신은 거의 같은 옷만 입고 있는데, 다른 옷이 없나요?"

기자가 묻자 '나는 모델이 아니라 공무원'이라고 말했다는 메르켈 총리, '집을 청소하고 음식을 준비하는 가사 도우미가 있느냐?'는 또 다른 질문에는 '그런 도우미는 없고, 필요하지도 않다, 남편과 함께 우리끼리 한다.'고 밝혔다지요. 시장바구니를 들고 슈퍼마켓에 가 생필품을 사고, 직접 세탁기를 돌리는 총리. 그는 퇴임 후, 총리로 선출되기 전 살던 지극히 소박한 아파트로 돌아갔습니다.

2019년 취임한 페르난데스 아르헨티나 대통령은 취임식 날, 자가운전으로 자택을 나서서 행사장으로 이동해 화제가 되었지요. 그런데 지금도 별다른 행사 일정이 없으면 직접 차를 운전해 출근하는데 3년 전에 산, 개인 승용차라고 합니다. 대통령 관저와 집무실은 상당히 떨어져 있지요. 대통령궁은 연방 수도인 부에노스아이레스에 자리하고 있지만, 관저는 17km 떨어진 곳에 있어서 자동차로 25분 정도 걸린다고 합니다. 출근길에 그를 알아본 직원이 사진을 찍어도 되냐고 했더니 마스크를 잠시 내려준 사진이 SNS에 오를 정도로 친근한 대통령으로 사랑받고 있지요.

가끔 자치단체장이 뇌물 사건으로 물의를 일으키고 처벌받는 일이 생겨납니다. 얼마 전, 경북 군위군수가 '통합 취 · 정수장' 공사를 발주하면서 수의계약 청탁 대가로 2억 원을 받아 징역 7년을 선고받고 법정 구속되었지요. 전북 임실군수는 한 업체 대표에게 관내 '오 · 하수종말처리장' 공사를 맡기면서 그 대가로 2억 원의 리베이트를 지불하겠다는 각서를 받아 기소됐습니다. LH 사태로 『이해충돌방지법』이 생겼습니다만, 하위직보다는 우월적 지위를 이용해 개발 정보에 쉽게 접근할 수 있는 단체장이나 국회의원, 지방의원, 고위공직자의 투기 가능성이 상대적으로 큰 게 사실이지요.

권력은 정당하게 행사해야지요. 그렇게 하지 않으면 금이 가기 쉽고, 그 틈새로 저항의 싹이 움트기 마련입니다. 그런 권력에 권위가 있겠는지요. 권위가 없으면 권력도 제대로 힘을 발휘할 수 없고, 행정 집행을 받아들일 사람의 수용도 기대할 수 없습니다. 완장을 벗으면 권력은 사라지지만, 권위는 평생토록 존중받을 수 있다는 사실을 잊어서는 안 됩니다.

권위는 사랑에서 출발합니다. 사랑이 있으면 겸손해지고 봉사하는 마음을 펼치기 마련이지요. 완장은 권력의 표식이 아니라 사랑으로 두른 존경의 상징이어야 합니다.

민주화 운동 출신이 비민주적이어서야…

노루는 우리나라 전역의 산림지대에 사는데, 바람만 심하지 않으면 겨울철에도 그늘진 곳에서 지낸다고 합니다. 지방이 많은 멧돼지는 태양성 체질이라 양지를 찾지만, 노루는 그 반대라지요. 아무튼 노루라면 제가 국민학교(초등학교)도 들어가지 않은 코흘리개 시절의 어느 겨울날이 생각납니다. 갑자기 할아버지와 동네 사람들이 한바탕 크게 소리치며 뛰는 소란이 일어났지요. 우리 집에 노루가 뛰어들었기 때문입니다. 사람들은 울타리에 걸려 버둥거리는 노루를 잡으려고 막대기를 휘둘렀지요. 그때 갑자기 총소리가 들리고 노루가 나자빠졌습니다.

알고 보니 엽총에 설맞아 도망치던 노루가 마을로 들어왔던 것인데, 뒤쫓아 온 포수가 다시 엽총을 쏜 것입니다. 할아버지와 동네 사람들은 '닭 쫓던 개 지붕 쳐다본다.'는 격으로 죽은 노루를 수습하는 두 명의 포수를 허탈하게 바라볼 수밖에 없었지요. 이런 마음을 아는지 포수 한 사람이 돼지고기라도 사 먹으라며 돈을 쥐여 주고는 노루를 둘러매고 유유히 사라졌습니다.

정작 노루고기 맛을 본 건 이로부터 거의 30년쯤 후인 1980년대 말입니다. 포천에 사는 분이 야생 사향노루를 덫을 놓아 잡았다면서 귀한 것이니 함께 먹자는 것이었지요. 토요일이기도 하고 특별한 일이 없어서 응했습니다. 몸에 좋다며 피를 마시라 했으나 비위가 약해 사양하고, 석쇠에 올려 숯불로 구운 고기를 맛보았습니다. 노루고기는 이때가 처음이자 마지막이었지요. 특별히 맛있다는 느낌은 없었고 몸에 좋다 하니 먹었던 것으로 기억합니다.

여러분은 혹시 사향노루 이야기 들어보셨는지요? 축약하면 이렇습니다.숲속에 살던 사향노루가 코끝에 와 닿는 은은한 냄새를 맡게 됐지요.

'이 냄새의 정체가 뭘까? 어디서, 누구에게서 시작된 걸까?'

사향노루는 냄새를 찾아 나섰습니다. 낭떠러지에 다다르자 그 냄새가 나는 것 같았습니다. 어쩌면 저 까마득한 절벽 아래에서부터 냄새가 시작되는지 모르겠다는 생각이 들어 주저 없이 내려가기 시작했습니다. 그러다가 한쪽 발을 헛디디는 바람에 추락하고 말았습니다. 사향노루가 쓰러져 누운 그 자리에는 오래도록 은은한 냄새가 감돌았습니다. 죽는 순간까지 냄새의 정체가 바로 자신이라는 것을 몰랐던 것이지요.

최근 국회에서는 민주화 운동에 공헌한 이와 그 가족에게 혜택을 주는 내용의 『민주유공자 예우법』 제정안을 발의했다가 철회했습니다. 법안은 유신반대 투쟁, 6월 민주항쟁 등과 관련해 민주유공자와 그 유족, 또는 가족에 각종 지원과 혜택을 주는 내용을 담고 있었지요. 특히, 희생자와 부상자뿐 아니라 유죄 판결을 받은 사람까지 포함했습니다. 그런데 법안에 이름을 올린 국회의원 중 3분의 1가량이 운동권 출신인지라 혜택 당사자가 될 수 있어 '셀프 특혜법안'이라는 비난이 쏟아졌지요. 어느 여당 의원은 "나 또한 민주화 운동 출신 의원이지만, 과도한 지원에 대해서는 납득하기 힘든 개정안"이라고 비판했습니다. 또 다른 운동권 출신 의원도 "특권층이 특혜 하나 더 받겠다는 얘기"라고 지적했습니다. "민주유공자 예우법이 아니라 '민주화 특권법'이다, 민주화 정신을 짓밟는 법"이라고 꼬집은 의원도 있었지요. 그런가 하면 어느 전직 의원은 "가족은 특별법에 절대 동의할 수 없다"며 '광주민주화운동 유공자 증서'를 반납하기도 했습니다. 민주화 운동을 한 사람 중 상당수는 그 경력을 바탕으로 정치인으로 성공했습니다. 고위직 공무원이 됐고, 경제적으로 과실을 누리기도 했지요. 그런데도 하나라도 더 혜택을 받으려고 이러한 발상과 후안무치한 비민주적 구태를 보인 것은 비난받아 마땅합니다. 자신에게서 무슨 냄새가 풍기는지 모르고 죽은 사향노루와 같지요.

'노루 때리던 막대기를 삼 년 국 끓여 먹는다.'는 말은 같은 것을 두고두고 우려내어 쓴다는 뜻입니다. 노루고기를 먹었으면 됐지, 노루 때린 막대기까지 우려먹어 보겠다니, 글쎄요?'

자기 가족 결혼·장례 때만 친한 척

'형님! 어이쿠, 형님! 안녕하셨어요? 그간 잘 보내셨는지요? 느닷없이 제 소식을 받아 놀라셨죠?' 옛날 형님과의 인연이 새록새록 생각납니다. 다른 게 아니라 제 큰아이가 장가를 가게 되었어요. 친구들보단 좀 늦었지만 기쁩니다. 아이 결혼 날짜를 잡아놓고 보니 제가 이제 진짜 어른이 된 것 같고, '부모가 되었다는 것이 이런 것이구나!' 하는 기분이 새삼 듭니다.

돌이켜보니 제가 이곳에서 신문을 발행해온 지 올해로 32주년이 되더군요. 짧지 않은 세월 동안 참 많은 소중한 분들과 인연을 맺었습니다. 뜬금없이 초청해 송구합니다만, 옛날 형님과 함께한 순간순간이 주마등처럼 떠올라 소식 전하니 역정 내지 마시고 넓으신 아량으로 헤아려주시면 고맙겠습니다.'

'카톡'으로 온 메시지 끝에는 '마음 전하는 곳'이라는 문구와 함께 은행 이름과 계좌번호가 적혀 있었습니다. 10년이 훨씬 더 넘은 어느 시의 부시장 시절, 시청 출입 기자들과 다양한 형태로 교류했는데 중앙과 지방 언론사 외에 지역 언론사도 있다는 걸 처음 알았지요. 지역 언론사에서는 대개 일주일에 한 차례 신문을 발행하는데 혼자서 사장, 편집국장, 기자 역할을 도맡아 하고 있더군요. 혼자서 사물놀이를 하는 것 같았지만, 저는 이들도 무시하지 않았습니다. 다만, 일한 기간이 1년으로 짧았고, 그 후로는 서로 연락할 일이 없었지요. 그런데 강산이 변한다는 세월보다 더 많이 시간이 지났는데, 전혀 소식이 없던 사람이 뜬금없이 형님이라는 호칭까지 써가며 '카톡'으로 아들 결혼 소식을 알리니 황당했습니다. 축의금을 보내기는 했지만, 그리 유쾌하진 않았지요.

고향에서 매년 열리는 동창회에는 참석자가 거의 일정합니다. 못 보던 동창이 나타나면 더 반갑지요. 그런데 얼마 뒤 그 못 보던 동창이 청첩장을 보냈습니다. 그동안 동창 경조사에 나 몰라라 하던 그가 느닷없이 동창회에 나타난 목적이 거기에 있었던 게 아닌가 싶어 씁쓸했습니다. 그래도 동창이니 모른 척하지는 않았지만, 기분이 좋지 않았지요. 어느 공무원 선배는 퇴직을 1년 앞두고 봄과 가을 두 차례에 걸쳐 아들과 딸 두 사람을 결혼시켰습니다. 현직에 있을 때 자식 혼사를 매듭지어야겠다고 생각했겠지요. 그런데 퇴직 후 소식이 끊어지고 애경사에도 나타나지 않았습니다. 말은 하지 않았지만, 얄팍한 처신에 좀 불쾌해지더군요.

파주시 부시장으로 2년 일한 후 제가 도청의 국장으로 내정되었을 때의 일입니다. 발령을 앞두고 아들이 결혼하게 됐지요. 이미 6개월 전쯤 양가 가족이 상견례를 마치고 날을 정한 건데, 의도치 않게 시기가 묘했습니다. 자칫 축의금 챙기고 떠난 속칭 '먹튀'(먹고 튄 사람)가 될 판이라 시장과 몇몇 간부에게만 알렸지요. 결혼식을 마친 나중, 알려주지 않아 섭섭하다는 사람도 있기는 했으나 저는 잘한 일이라고 생각했습니다. 지난해 봄, 장모님이 뇌출혈로 쓰러져 갑자기 돌아가셨습니다만, 코로나 19가 창궐하던 때라 가족끼리만 장례를 치렀지요. 외부에 부음을 전혀 알리지 않은 터라 썰렁하긴 했지만, 나름대로 애틋한 마음과 정성을 다해 모셨다는 생각에 마음은 외려 편했습니다.

어느 나라든 혼사는 경사이고 우리나라도 이를 축하하는 미풍양속이 여전하지요. 장례도 마찬가지입니다. 직계가족이 사망하면 빈소를 찾아 조문하는 것이 관례이자 전통 미덕이지요. 그런데 언제부터인지 애경사 소식이 날아들면 세금고지서를 받아든 기분 같을 때가 있습니다. 평소 전혀 교류가 없던 사람이 보낸 청첩이나 부음(訃音)일 때 특히 그렇지요. 더욱이 일을 대행업체에 맡기면 결례를 초래하기도 합니다. 대부분 전화기나 메일에 입력된 모두에게 일괄 통보되기 때문이지요. 이제는 가족이 조용하게 애경사를 치를 때가 됐다는 생각입니다. 상대방이 부담을 느끼면 본래의 의미가 퇴색되는 것이니 조촐하더라도 품격 있게 치르는 것이 낫겠다 싶습니다. 그게 마음 편하고, 조상님도 기뻐하지 않겠는지요.

더 어려운 이를 더 돕는 게 상식

결혼하고 방 2개짜리 아파트를 분양받았습니다. 고향에 내려가 기쁜 마음으로 부모님께 말씀드렸더니 아버지가 한마디 하셨습니다.

"돈은 모아놓은 게 있니?"

"조금 모자라는데 대출을 받으면 됩니다."

"공무원 월급으로 살기도 빠듯할 텐데…."

'아! 맞아. 그렇지.'

갑자기 머리가 하얘지고 뒷덜미가 뻐근했습니다. 남들도 집을 장만할 때는 대부분 그렇게 하는지라 대출 좀 받으면 되겠거니 생각했는데, 구체적으로 따져 보면 아버지 말마따나 그게 만만치 않은 것이었지요. 그래도 아끼고 살면 어떻게 되겠지 하고 아버지께는 너무 걱정하지 마시라고 했습니다. 그런데 중도금을 치를 무렵, 부족한 돈을 마련하느라 정신없이 뛰어다닐 때 부모님이 1000만 원을 선뜻 보태주셨습니다. 지금 기준으로도 적지 않은 금액인데, 그때가 1980년대 초였으니 거액이었지요. 더욱이 말 그대로 '가난한 시골 노인네' 아니었습니까. 그런 처지에 어떻게 큰돈을 마련했는지 궁금했지만, 사실 워낙 궁했던지라 우선 받고 보자는 마음이 컸습니다. 그런데 정작 입주를 몇 개월 앞두고 갑자기 아버지가 돌아가셨습니다. 아들이 겨우 내 집을 마련했는데, 그 집에 사는 걸 못 보고 예순둘 아까운 나이에 세상을 떠나셨지요.

장례를 치르고 난 후, 아버지가 마련해 주셨던 돈이 농협에서 대출을 받은 것이라는 걸 알고 울컥했습니다. 여섯 자식을 위해 논밭까지 팔아가며 공부시키느라 허리가 휘었을 텐데, 자식 대신 빚까지 져야 했으니 얼마나 힘드셨을까요. 박봉으로 살아가는 자식이 빚까지 지게 되는 게 안쓰러워서였을 테지만, 너무나 죄송하고 너무나 감사할 따름입니다. "존경합니다, 아버지!"

하나밖에 없는 아들이 결혼할 때입니다. 마음속으로는 번듯한 집을 마련해주고 싶었지만, 사정이 녹록치 않았지요. 아내와 상의 끝에 직장이 있는 대전에 25평형 아파트를 전세로 얻어주었습니다. 결혼 3년 후, 아들이 30평대 아파트를 분양받았는데, 그동안 맞벌이를 해서 돈을 모으기는 했으나 조금 부족하다는 얘기가 들렸습니다. 모자란 돈을 마련하면서 아버지 심정이 이랬겠다고 하는 생각이 들었습니다. 자식이 빚을 지게 되는 것도 마음이 아픈데, 자식에게 빚을 물려주고 싶은 어버이가 어디 있겠는지요. 저도 아버지처럼 아들 집 마련에 보탠 돈을 갚느라 애 좀 먹었지요.

'코로나 19'로 많은 국민이 어려움을 겪자 재난지원금을 일률적으로 지급해주었습니다. 이에 지원금 없이도 충분히 잘사는 사람에게까지 지원한 것이라는 점에서 비판이 있었습니다. 저도 이 비판에 동의합니다. 물론, 비판을 비판하는 주장도 많지만, 이런저런 학문적 견해나 정치 · 사회 · 경제 · 복지 측면의 시각에서 접근할 게 아니라 상식적으로 생각할 때 어려운 사람을 더 많이 도와줘야 하는 게 낫다고 보는 것이지요. 최근 불거진 기본 소득제 논란 역시 마찬가지라고 생각합니다.

가장 걱정스러운 건 혹시 공짜 심리가 커지지 않을까 하는 것입니다. 실제로 재난지원금이 꼭 필요한 생필품 구매 같은 것에 쓰이지 않고 낭비성 지출을 확대한 측면이 있지요. '뜻하지 않게 생긴 돈'이니 함부로 써도 된다는 생각을 부추긴 셈인데, 소비 진작을 통해 경제의 핏줄이 잘 돌게 하려는 애초의 취지와는 어긋나는 것입니다.

재난지원금 받았다고 좋아할 일이 아닙니다. 그거 다 빚입니다. 나랏빚이 많아지면 그걸 누가 갚습니까. 다 국민 몫입니다. 빚 얻어 살면 잠시 편할지는 몰라도 순식간에 눈덩이처럼 불어나는 게 부채입니다. 더욱이 국가 채무 규모가 1000조 원을 눈앞에 두고 있다는 보도를 보니 빚 갚기가 다음 세대로 이어질 게 뻔해 보입니다. 빚을 줄여주지는 못할망정 늘려서 넘기다니…. 굶주린 배를 움켜쥐며 자식에게 빚을 대물림하지 않으려고 어금니를 악물고 살아온 부모 세대의 처절한 삶을 잊어서는 안 됩니다.

'불가근불가원'이 필요 없어졌으면…

"아버지! 저는 기자라면 동생도 별로입니다."

도청에서 도정 홍보자료를 만드는 일을 맡아 몹시 힘들고 지쳐 있을 때였지만, 그런 말을 하곤 '아차!' 싶어 잠시 움찔했지요. 홍보 일을 하다 보니 기자와 접촉이 많았는데, 미운 짓을 하는 사람이 꽤 많았습니다. 소위 '갑질'에 질린 적이 있었던 것이 잠재돼 있다가 일순 저도 모르게 툭 불거져 나왔던 것이지요. 아니나 다를까 "이놈아! 아무리 그래도 동생을 싫다고 하면 되느냐"고 꾸중을 들었습니다. 동생이 기자였거든요.

그러고 보니 동생에게 '기자로 살지 말고 사람으로 살라!'는 말을 한 적이 있습니다. 어느 곳이든 특권은 있지요. 그중에서도 정치인, 법조인, 언론인, 의료인, 기업인이 대표적입니다. 물론, 공무원도 그다지 다를 게 없지요. 누구든 다 자기 할 탓이긴 하지만, 특권을 가진 사람은 늘 혹시 '갑질'은 아닌지를 조심해야 합니다. 특히, 그 특권은 현직에 있을 때나 유용하지, 그만두면 별것도 아닌 게 되지요. 퇴직 후에도 사람대접을 받으려면 현직에 있을 때일수록 겸손함을 잊지 말고 계급장을 뗀 알몸으로 대해야 한다는 뜻으로 한 말이었는데, 다행히 동생은 욕을 먹는 기자는 아닌 듯합니다.

"홍 과장님! 지금 기자실에서 오락(?)하고 있지요. 당장 치우세요."

27년 전, 고양시에서 공보담당관으로 일한 지 열흘 남짓 지났을 때였습니다. 기자실에서 짜장면 내기 화투 놀이를 하고 있었는데 경찰서 정보과장이 전화했습니다. 점심 내기였지만 그리 자랑스러운 일은 아니라서 서둘러 정리했지요.

"어! 웬일들이야?"
잠시 뒤 들이닥친 사람들을 보고 함께 있던 출입 기자 한 사람이 물었습니다.
"아닙니다. 시청에 왔다가 인사차 들른 겁니다."
알고 보니 사복경찰들이었습니다.
"홍 담당관! 어떻게 알았어?"

자칫 망신을 당할 수도 있는 일이었는데 미리 치운 덕분에 다행이었습니다. 자리에 함께 있던 기자들도 고마워했지요. 이들은 제가 공보담당관을 그만두고 다른 곳으로 갈 때, 금반지와 만년필까지 선물했습니다.

참 많은 언론인을 만났습니다. 그중에는 훌륭한 분도 있었지요. 올곧은 정신으로 불의와 타협하지 않고 중심을 잡으면서 정론 · 직필을 금과옥조로 삼는 분이 생각납니다. 기자는 기사만 잘 쓰면 되는 줄 알았는데 그게 아니었다는 것을 깨닫게 했지요. 그의 어르신은 강직한 법조인이었는데, 그래서인지 그 또한 기품이 만만치 않았습니다. 그런 그가 기자 생활을 시작했는데 그 언론사의 생리에 맞지 않았지요. 결국, 그만두었습니다. 천성이 착하고 심성이 비단결 같아 남에게 아쉬운 소리를 못 하는 분인지라 차마 광고 얘기를 꺼내지 못했던 것이 큰 이유였지요. 그래도 했던 일에 애착이 있었는지 다른 직업을 찾다가 새로 생긴 통신사는 광고 부담이 없다는 말을 듣고 다시 기자 생활을 하게 됐다고 합니다.

저는 그와 30년을 알고 지냈는데 한 번도 부담되는 말을 들어본 적이 없지요. 객관적이고 공정한 기사를 쓰는 분으로도 정평이 나 있는데, 그 인품이며 상대방을 배려하는 마음이 참 인간적입니다. 예나 지금이나 존경스러운 마음에 머리가 절로 숙어지지요. 가끔 만나 기울이는 소주잔에는 따뜻한 온기와 사람 냄새가 넘쳐납니다.

인터넷 언론을 포함해 언론사는 이제 헤아릴 수 없이 많아졌습니다. 다양한 매체가 다양한 목소리를 내는 건 긍정적인 일이지요. 복잡하고 변화무쌍한 세상을 대변하는 올곧은 언론인도 많아지면 좋겠습니다. 공무를 수행할 때 상대방과 '불가근불가원(不可近不可遠)'을 유지해야 한다는 묵시적인 철칙이 있습니다만, 그런 거리가 필요 없이 사람으로 만나면 좋겠습니다.

무거운 짐 덜어주기, 전폭 개선하자

"홍 사장! 순댓국 한 그릇 합시다."

경기관광공사 대표사원 임기를 마친 직후, 친분이 있는 전직 언론인 한 분이 제게 전화했습니다. 이미 대표직에서 물러났는데도 여전히 사장이라 부르면서 말이지요. 그분을 만나 수원역 인근의 순댓국집에 갔습니다. 막걸리를 한 모금 들이키고는 어쩐 일로 불현듯 저를 찾았는지 궁금해서 물었지요.

> "성희가 사표를 써서 가져갔는데 홍 사장이 휴직신청서로 바꿔오라 했다며? 딸이 얼마나 고마웠는지 모르겠다고 몇 번이나 말했는지 몰라! 진작 한번 만나고 싶었는데 현직에 있을 땐 좀 그래서 미뤘거든. 이젠 퇴직했으니 부담이 없으리라 생각해서 점심이나 하자 그랬지."

경기관광공사에서 일할 때 그의 딸이 회계 담당이었는데 착실하게 일을 잘해 평판이 정말 좋았지요. 그런데 어느 날, 불쑥 사표를 내밀었습니다. 이미 육아휴직을 2년간 했는데, 큰아이가 초등학교에 입학해 다시 휴직해야 할 형편이지만, 다른 직원에게 미안해서 그만둬야겠다는 것이었지요. 일 잘하는 능력 있는 직원이 아이 문제로 그만두는 건 아니라고 생각했습니다. 특히, 아이들이 자란 후에 다시 직장을 갖는다는 게 쉽지 않다는 건, 저도 잘 알기 때문이었지요. 사표를 반려하고 대신 휴직으로 처리해줘서 정말 고맙다고, 잊지 않겠다고 했는데, 그때 잘했다는 생각이 들었습니다.

하남시 국장으로 일하는 아내의 친구가 있는데, 그의 아들 주례를 선 일이 있습니다.

"여보! 나도 공무원 계속했으면 국장을 했겠지?"

주례를 마치고 돌아오는 길에 아내가 한마디 던졌습니다. 함께 일하던 동기가 국장으로 승진한 게 부러웠던 모양입니다.

"그럼, 국장하고도 남았겠지!"

한동안 침묵이 흘렀습니다. 정적을 먼저 깬 건 저였지요.

"사실, 살면서 가장 후회되는 게 당신을 그만두게 한 일이야!"

광주군청에서 함께 일하던 아내와 결혼하기 한 달 정도 전쯤 저는 아내에게 퇴직을 권했고, 아내는 사표를 냈지요. 이후 전업주부로만 살아온 아내에게 늘 미안한 마음이 있었습니다. 전업주부라고 해서 가치가 없다는 뜻이 아니라 여자라는 이유만으로 가정만 지켜야 한다는 것은 바람직하지 않다는 생각이 들었던 것이지요.

하나밖에 없는 아들 녀석이 군대 갔을 때 아내가 '정신적 혼란(멘붕)'에 빠졌었습니다. 갑자기 닥친 외로움과 허탈감을 주체할 수 없었던 것이지요. 살짝 우울증 증세마저 보였습니다. 다행히 보육교사 교육원을 다니고 자격증을 따 어린이집 교사로 일하게 되면서 안정을 되찾지요. 아들이 제대 후 어린이집을 그만두고 다시 전업주부로 살았는데, 아들 녀석이 호주로 어학연수를 떠나게 되자 다시 1년 정도 혼란 상태로 지내더군요. 이런 모습을 보면서 공직을 그만두게 한 것이 잘못이었다는 걸 다시 한 번 절감했습니다. 경기관광공사에 있을 때 여직원의 사표도 이랬던 아내 생각이 나 반려한 것이지요. 경기도청 노사연찬회 특강을 할 때면 이런 제 생각을 간곡하게 전했는데 모두 공감하는 표정이었습니다.

'워킹맘(working mom)'은 직장 생활과 육아를 동시에 해나가는 여성을 뜻하지요. 예전엔 전업주부 비율이 압도적으로 높았지만, 사회적 인식의 변화로 여성의 경제 활동 비중이 날로 높아지고 있습니다. 요즘엔 직장여성이 늘어나면서 남성이 일을 그만두고 가사와 육아를 맡는 '가사 전업남편'도 생겨나고 있지요. 워킹맘의 가장 큰 고민은 육아와 일이라는 두 마리 토끼를 한꺼번에 잡아야 하는 부담이지요. 둘 다 척척 잘 해내는 '슈퍼우먼'이 되기가 말처럼 쉬운 일이 아니기 때문에 스트레스가 쌓일 수밖에 없고, 그 스트레스 때문에 둘 다 못 하고 있다는 자책감으로 고통을 겪습니다. 따뜻한 위로와 격려가 필요하지요. 가정에서도, 직장에서도 이들의 부담을 덜어주기 위해 애를 써야 하고, 정부도 전폭적인 정책적 지원이 뒤따라야 할 것입니다.

사육 곰도 건강히 살 수 있게 보호해야

1981년 봄, 팔당 상류 퇴촌면에 반달곰이 나타났습니다. 이 때문에 광주군청에는 전국에서 몰려든 수많은 취재기자로 북새통을 이뤘지요. 전문 엽사(포수)를 동반한 경찰이 추적에 나섰고 언론은 거의 실시간으로 중계했습니다. 저도 상황실이 마련된 퇴촌면사무소에 격일로 상주하며 기자의 취재 활동을 도왔지요. 많은 경찰과 엽사가 일주일 동안 산등성이와 계곡으로 쫓아다닌 끝에 결국 곰은 총에 맞아 숨을 거두었습니다. 곰쓸개는 D제약이 경매를 통해 1600만 원에 사들였는데, 유명 탤런트를 내세워 간 기능 개선 제품 광고를 극대화, 대박을 터트렸지요. 광주군은 판매 대금으로 '반달곰장학금'을 만들어 지금까지 운영 중입니다.

"부시장님! '천리'에서 곰 두 마리가 탈출했다고 합니다."

2012년 7월, 용인시 부시장으로 일하기 시작한 둘째 주 토요일인데 비서실 직원이 아침 일찍 전화했습니다. 차를 보내겠다는 걸 마다하고 급히 택시를 타고 현장으로 달려갔지요. 이미 경찰과 공무원 엽사 수명이 출동해 있었습니다. 주민은 불안에 떨며 안절부절못했고 저도 당황했지요. 다행히 당일 두 마리 모두 사살했지만, 죄 없이 죽어간 곰이 불쌍하다는 생각도 들었습니다.

이로부터 9년이 지난 2021년 7월 6일, 9년 전과 같은 곳인 용인의 곰 사육농장에서 반달가슴곰 두 마리가 탈출해 한 마리가 사살됐습니다. 남은 한 마리는 불법 도축한 사실을 숨기려고 거짓 진술한 것으로 밝혀져 많은 사람을 분노하게 했지요.

경기관광공사에서 일하던 2016년 3월에는 김포공항에서 또 다른 곰을 만났습니다. 삼성에버랜드가 특별항공편으로 중국에서 한 쌍의 판다를 들여오는 환영 행사에 저를 초청해 가게 된 것이지요. 주한 중국 대사, 용인시장, 지역 국회의원 등과 함께 비행기에서 내려온 곰들을 맞이했습니다. 사랑을 주는 보물이라는 '아이바오(愛寶)', 기쁨을 주는 보물이라는 '러바오(樂寶)'라는 곰은 국빈과 다를 바 없었지요. 두 마리 판다는 큰 환영과 극진한 보호를 받으며 지내다가 2020년 7월 아기 판다를 낳았습니다. 이름은 복을 주는 보물이라는 뜻의 '푸바오(福寶)'라고 붙였습니다. 푸바오가 1년 후 첫돌을 맞았을 때는 한 달 동안 특별행사도 열었습니다.

참 달라도 너무 다르지요. 엽사의 총에 맞아 죽은 곰이 있는가 하면 이렇게 보물 대접을 받는 곰이 있으니 말이지요. 펜트하우스와 옥탑방 차이보다 더 극명하게 대비되는 것 같더군요. 아무리 종(種)이 다르다지만 같은 곰인데….

1980년대 초, 정부는 농가의 소득 증대를 위해 사육 곰 수입을 장려했습니다. 이에 따라 농가에서는 새로운 소득원으로 떠오른 사육 곰을 많이 들여와 좁은 철장 속에 가둬 길렀지요. 그러나 곰 사육장과 사육 두수가 엄청나게 늘어났던 이때와는 달리 언제부터인지 곰은 '국제 멸종위기 종'으로 지정됐고, 수출입이 금지되자 판로도 막혔습니다. 더욱이 동물 보호 인식과 제도가 확대하면서 열 살이 넘는 사육 곰의 웅담 채취 허용도 비난을 받게 됐지요. 2012년 용인에서 곰 탈출 소동이 있었을 때, 사살된 곰의 복부에 구멍 자국이 있는 것을 근거로 살아있는 곰에게 호수를 꽂아 쓸개즙을 추출한 것 아니냐는 의혹이 있었지요.

정부는 증식 금지를 위해 중성화 사업을 진행하고, 인공번식을 법적으로 규제했습니다. 그러나 일부 농장에서는 '웅담 채취용'에서 '전시 관람용'으로 용도를 전환하고 사육을 계속했지요. 환경부는 사육 곰의 불법 개체 증식을 적발해도 수용시설이 없다는 이유로 곰을 돌려주었습니다. 사육 허가도 유지됐지요. 이러니 적발된 개체의 중성화가 제대로 이루어질 리 없지요. 최근에야 전남 구례에 2024년까지 자연 상태의 야생 방사장과 의료시설을 갖춘 보호구역을 만들겠다고 발표했는데 계획대로 잘 되기를 바랍니다. 속히 완성돼 모든 사육 곰이 철장에서 나와 야생에서 건강하게 생활할 수 있기를 소망합니다.

자신 있으면
걸치레는 필요 없다

수원에서 여의도로 출퇴근할 때입니다. 그때, 전철 이용객이 많았지요. 하지만 저는 젊었고, 노약자 예우 차원에서 아예 앉을 생각을 하지 않았습니다. 온종일 일에 시달려 피곤할 때면 저도 앉아서 갔으면 좋겠다는 생각이 들 때가 있지요. 하지만 종점에서 타는 게 아닌지라 앉을 기회는 거의 없었습니다.

어느 날, 지친 몸을 이끌고 전철에 올랐는데 역시 만원이었지요. 그런데 몇 정거장을 지나자 자리가 생겼습니다. 앉을까 말까 망설이는 찰나, 갑자기 빈자리로 '휙' 소리를 내며 가방이 날아들었지요. 곧이어 한 중년 여성이 내동댕이쳤던 가방을 집으며 서둘러 자리에 앉았습니다. 잘은 모르지만, 보아하니 명품인 듯한데, '가방이 주인 잘못 만나 하품이 되고 마는구나!' 생각되더군요.

살다 보면 함께해야 할 모임이 적지 않습니다. 남자들만 모일 때는 별 부담 없이 술 한 잔이면 되는데, 부부 동반이면 달라지지요. 일단 입을 옷이 없다고 짜증내고, 단장하는 데에도 시간이 꽤 걸리는 경우가 있습니다. 목걸이와 반지 등의 액세서리를 챙기며 명품 푸념을 늘어놓기도 하고요. 왜 명품을 찾을까요? 다른 사람들에게 자신을 돋보이게 하려는, 상대보다 낫다는 것을 보이고 싶은 몸짓이 아닌지…. 모임에 나가보면 한 여자가 다른 여자를 머리끝에서 발끝까지 샅샅이 훑어보는 경우가 흔하지요. 자신도 모르게 스스로 남과 비교를 하는 것이라서 옆에서 지켜보기가 민망할 때가 있습니다. 때로 분위기조차 어색해지고 불편해지는 일도 있지요. 그런데 아무리 눈총을 줘도 안하무인이니 그도 병이라는 생각입니다.

여자가 명품이라면 남자는 명함이지요. 자신을 나타내는 것이 목적이지만, 자기 과시 용도로 쓰일 때가 많습니다. 그런데 명함에 적힌 것이 빼곡할수록 별 볼 일 없는 사람이 많지요. 돈 좀 있다고 거들먹거리는 사람치고 진짜 부자는 그다지 많지 않습니다. 어쩌다 신도시 개발 등으로 보상을 받은 사람이 대다수이지요. 진짜 부자는 굳이 내세우지 않아도 세상 사람들이 다 압니다.

명품 옷과 액세서리를 두르는 여자나 갖가지 직위가 가득 적힌 명함을 뿌리는 남자나 다 과시욕의 발로입니다. 남이 뭐라 든 자신 있는 사람은 굳이 명품이나 명함이 필요 없지요. 어떤 옷을 입고, 어떤 보석을 두를지 고민할 필요가 없습니다. 무엇을 했고 무엇을 하고 있다고 자세하게 명함에 나타낼 필요도 없습니다. 그런 겉치레가 아니어도 충분히 인정받을 수 있으니까요.

고 정주영 현대그룹 명예회장은 손꼽는 재벌이 됐어도 밑창이 다 닳아빠진 구두를 신고 다녔습니다. 버튼 식 전화가 나오고 휴대전화가 한창일 때도 정주영 회장의 집에서는 손가락을 넣어 번호를 돌리는 다이얼식 전화기를 이용했지요. 빈 수레가 요란하다는 말이 있듯 명품이 많은 사람치고 생각이 건전한 사람 별로 보지 못했습니다. 어른이 그러면 아이들도 명품 타령을 합니다. 책가방이나 운동화도 명품이어야 하고, 심지어 명품 로고가 새겨진 종이가방을 고집하기도 합니다. 자식이 졸라댄다고 사주는 부모가 더 한심하다는 생각입니다.

굽 높은 것을 신는다고 키 커지는 건 아닙니다. 명품을 걸쳤다고 품격이 높아지는 것도 아니지요. 너도나도 명품을 가지고 있다면 명품으로서 가치도 없고, 희소성도 없어집니다. 거액을 들여 명품 사기에 혈안이 되는 건 단순한 욕구, 획일적 유행 추종으로밖에 보이지 않습니다.

명품에 목숨 걸고 사는 건 의미 없습니다. 명품을 걸친다고 사람까지 명품이 되는 건 아니니까요.

회갑을 맞았을 때 아들로부터 제법 값이 나가는 시계를 선물 받았습니다. 하지만 찰 일이 없어 오래 고이 모셔(?) 두었지요. 휴대전화가 있으니 굳이 별도의 손목시계가 필요하지도 않았습니다. 그런데 현직에서 은퇴하고 나서는 머리 염색도 하고, 그 시계를 차고 외출도 하지요. 나를 내세우거나 으스대려는 것은 아닙니다. 그저 나이 들면서 초라해 보이지 않으려는 몸부림일지도 모르지요. 어쩌면 이마저도 남들에겐 구차한 변명으로 들릴까 걱정이 드는데 잘 모르겠습니다.

1등만 알아주고 승자만 독식하는 세상

'오징어 게임'이 넷플릭스가 서비스 중인 90개 국가에서 1위를 차지하는 흥행돌풍을 일으켰습니다. '오징어 게임'에 출연한 배우 이정재 등 4명은 6일 미국 NBC 간판 토크쇼 〈더 투나잇 쇼〉화상인터뷰에도 출연했지요. 넷플릭스가 자체 제작 드라마 '오징어 게임'의 가치를 '오징어 게임'의 제작비 253억원의 42배에 달하는 약 1조원으로 추산했습니다.

이 천문학적 수익은 온전히 설계자인 넷플릭스의 몫입니다. 연출자인 우리나라 감독이나 배우들이 러닝 캐런티가 아닌 약정 캐런티로 계약을 맺었기 때문입니다. 설계자이자 승자인 넷플릭스가 독식하게 된 것이지요.

'오징어 게임' 원로배우 오영수는 유재석이 진행하는 한 예능프로에 출연해 진한 울림을 주는 인터뷰로 위로와 진심을 전했습니다. "'오징어 게임'이란 놀이의 상징성을 통해 사회의 부조리한 현상을 찾아내는 감독의 혜안을 좋게 생각해서 참여하게 됐다."고 하지요.

여든을 눈앞에 둔 58년차 원로배우인 그는 "우리 사회가 1등 아니면 안 될 것처럼 흘러갈 때가 있습니다. 그러나 진정한 승자는 최선을 다하는 사람"이라며 치열한 경쟁사회를 살아가는 이들에게 위로를 전했지요.

그는 지금은 "붕 뜬 기분이고, 스스로 정리하면서 자제심을 가지고 있어야 되겠다고 생각하고 있습니다."고 말했습니다. '오징어 게임'은 자본주의 사회의 벼랑 끝에 몰린 456명이 데스 매치를 벌여 최후 1인이 456억의 상금을 독식하는 서바이벌 게임이지요. 1등만이 대접받는 사회현상과 궤를 같이하고 있습니다. 설계자이자 승자인 넷플릭스가 수익을 독식하는 것도 마찬가지지요. 오징어 게임은 참가자들에게 '공정한 게임'을 약속하지만 그 희망은 무참히 깨지게 됩니다.

첫 번째 게임 '무궁화 꽃이 피었습니다.'에서 탈락한 사람의 벌칙은 목숨이었고, 절반 이상이 첫 게임에서 무참하게 살해당하지요. 돈이 거의 모든 것을 지배하는 자본주의 사회현상을 보여주고 있는 듯합니다.

누군가 설계한 '공정의 법칙'이 과연 공정한 것인가에 대한 의문은 자본주의 사회의 가장 큰 화두이지요. 456억을 차지할 한 사람을 위해 455명이 죽어야 하는 게임의 법칙이 공정한가? 상금을 독차지하려는 참가자들은 이성을 잃어버리고 서로를 속이고 죽이는 일을 서슴지 않으니 난장판이 되어버립니다. 무엇보다 탈락의 대가가 목숨이라는 사실을 첫 게임 이후 공개한 것은 공정한가? 게임 설계가 불공정하니 공정의 의미가 퇴색될 수밖에 없는 일이지요. 빚을 지고 처절한 삶을 사는 사람들은 한 번쯤 목숨을 걸어볼 만하다는 생각이 들 수도 있겠지만 그게 '공정한 게임'인지는 생각해볼 일입니다.

배우 오영수는 "456억 원이 실제로 생긴다면 무엇을 하고 싶냐"란 질문에 "우선 내 주변에 있는 사람들 조금 편하게 해주고, 사회에도 기부하고 싶어요. 내 나이에 나에게 뭘 하겠냐 소유욕은 많이 없습니다. 단지 딸이 편하게 살 수 있도록 해주고 싶네요. 아내에게 못 해 준 것도 해주고 싶다"고 했습니다. 오랜 세월 연기생활과 인생 연륜이 녹아든 그가 간직한 소박한 꿈이고 희망이라는 생각이 들었지요. '오징어 게임'처럼 1등만 알아주고 승자가 독식하는 세상입니다. 대선도 그러하지요. 대통령이 되면 모든 권력을 독식하니 죽기 살기로 선거를 치루는 것입니다. 권력을 독식하면 부작용이 따르게 마련이지요. 장·차관 같은 고관대작은 물론 정부 산하 공기업, 단체의 임원을 모두 독식하는 것도 그 한가지입니다. 독일의 메르켈 총리는 16년 동안 권력을 나눴습니다. 연정(聯政)을 실천한 것이지요. 우리에겐 꿈같은 일입니다. 1등과 2등 차이는 그리 크지 않은데 모든 건 승자가 누리는 세상입니다. 1등과 승자만이 웃는 세상에 '오징어 게임' 배우 오영수의 한마디가 묵직한 울림을 안겨주고 있습니다.

"진정한 승자는 하고 싶은 일을 최선을 다해서 어떤 경지에 이르려고 하는 사람입니다. 그런 사람이 승자고 그렇게 살면 좋겠습니다."

"배고픈 건 참아도 배 아픈 건 못 참아!"

13년 전입니다. 친구는 수원 광교, 저는 화성 동탄 신도시로 이사했습니다. 친구와 이웃할 수 있는 광교를 생각 안 한 것은 아니지만, 광교보다 분양가가 조금 낮은 동탄 신도시를 택했지요.

그런데 지난해부터 아파트값이 천정부지로 치솟았습니다만, 동탄은 별다른 영향이 없었지요. 같은 크기인데 인근 지역과 그 차이가 아주 크게 벌어졌습니다. 동탄이 6억 원을 약간 웃도는 수준인 것과 비교해 광교는 그 배에 이르는 12억 원을 호가했지요. 새롭게 조성된 '동탄2 신도시' 역세권도 10억 원을 훨씬 넘었습니다. 광교나 동탄2 신도시로 갔으면 좋았을 텐데 하는 아쉬움이 전혀 없는 건 아니지만, 그 또한 팔자겠지요.

옛날엔 맏아들 우선이라는 생각이 강했습니다. 맏이가 우뚝 서야 집안을 잘 영위할 수 있다는 믿음, 죽으면 제사상을 차려줄 자식은 장남이라는 인식이 팽배했지요. 이 때문에 여자나 남동생은 희생하는 일이 많았습니다. 누이는 장남을 위해 가발 공장에 나가고, 남동생은 맏형을 위해 부모의 농사를 물려받는 경우가 흔했습니다. 그래도 숙명이려니 이를 따랐고, 서울에 유학해 학교를 마치고 취업한 맏형 역시 동생들 챙기고 집안을 잘 돌보았지요. 그런데 세상이 달라졌습니다. 도로가 생기고 전철이

들어서고 아파트가 들어서는 등 마을이 개발되면서 보상금을 받게 되자 '졸부'가 생겨났습니다. 더는 힘들게 농사를 짓거나 기를 쓰고 취직할 필요가 없어진 것이지요. 하지만 졸지에 부자가 된 집안치고 형제 다툼이 없는 경우가 거의 없습니다. 피를 나눈 형제라도 나보다 잘사는 건 배가 아픈 것이겠지요.

제프리 존스 전 주한 미국상공회의소 회장은 '배고픈 건 견뎌도 배 아픈 건 못 참는다.'는 한국인을 이해할 수 없다고 했습니다. 잘되는 것에는 그만한 이유가 있는 법인데, 이를 불평등에서 비롯된 것으로 생각한다고 덧붙였지요. 미국의 하버드대와 영국의 옥스퍼드대학에서는 이를 연구해 '포모 증후군(Fear Of Missing Out)'이라고 발표했습니다. 자신만 흐름을 놓치고 있는 것 같은 심각한 두려움, 또는 세상의 흐름에 자신만 제외되고 있다는 인식을 나타내는 '고립 공포감'이라는 뜻이지요.

조 바이든 미국 대통령 취임식이 거행되던 1월, 매섭게 추웠습니다. ABC방송 기자가 무료급식을 타기 위해 길게 줄을 지어 서 있던 실직자 중 한 사람과 인터뷰를 진행했지요.

"당신이 한 끼 급식을 얻기 위해 이렇게 추위에 벌벌 떨고 있는데
대통령 취임식은 저렇게 화려하게 거행되고 있다, 어떻게 생각하느냐?"
"나는 취임 파티를 보는 것이 즐겁다. 그들의 성공을 축하한다.
내가 비록 실직자이지만 남이 잘된 것을 원망하거나 시기하지는
않는다. 그건 잘못이다. 죄악이라고 생각한다."
한국인이라면 어떤 반응을 보였을까요? 혹시 어려운 사람을 생각
못 하는 대통령이라고 비난하지 않았을까요?

재산이 많고 높은 지위에 올라있는 사람 중에는 부동산 투기나 아첨 ·

아부가 바탕인 경우가 적지 않은 게 사실이기는 합니다. 그래서 성공한 사람들을 부정적으로 생각하는 불신감이 팽배한 것도 사실이지요. 그러나 재산이 많거나 높은 자리에 있다고 무조건 배 아파하는 건 옳지 않습니다. 이제는 우리도 성공한 사람을 시기하는 구태에서 벗어나야지요. 질투와 시기심은 일을 그르치게 하고 다른 사람에게 피해를 주기 쉽습니다. 쓸데없는 소모일 뿐입니다. 그래서는 밝은 미래를 담보할 수도 없지요.

남 잘되는 것을 배 아파할 것이 아니라 자신의 경쟁력을 높이는 게 중요합니다. 잘되는 사람은 뭐가 달라도 다른 사람들 아닙니까. '같은 건 같게, 다른 건 다르게' 구별하는 상식을 가져야지요.

사라지는 게 아니라
새 생명 잉태 숨결

노을처럼 저물어가는 늦가을 어느 날, 사흘간 소백산과 오대산 자락을 돌아보았습니다. 떠 있는 바위가 있다는 부석사, 조선 유학의 산실인 소수서원 등을 찾았지요. '깨달음, 치유의 천년 옛길'인 '선재길'은 물 젖은 단풍에 고즈넉했습니다. 두둥실 흐르는 구름처럼 길을 걸으니 청아한 물소리가 세상 걱정을 씻어주고 나뭇가지 끝자락 단풍은 너무 아름다워 가슴을 저리게 했지요. 빗방울처럼 날리는 낙엽과 숨죽인 늦가을의 뒤태에 얹힌 노을을 보며 귀를 열고 순리대로 산다는 이순(耳順)을 생각했지요.

물 젖은 아침 햇덩이가 새순 돋아나는 풋풋한 싱그러움이라면 중천의 태양은 질풍노도입니다. 짙푸른 하늘빛은 건드리면 터질 듯 찬란하지요. 하지만 빛이 너무 강합니다. 눈이 부셔서 똑바로 볼 수가 없지요. 저녁노을도 싱그러움이나 찬란함이 없는 건 아니지만, 아침이나 한낮의 그것과는 다릅니다. 용이 붉은 여의주를 입에 물고 황금비늘 번뜩이며 한바탕 휘돌다 사라지는 끝머리, 금빛 여운을 남기는 해 질 녘 노을은 아름답지요. 푸근하고 황홀합니다. 해넘이 후에도 그 빛은 한동안 남아있지요.

노을은 올려볼 필요 없이 앉거나 가볍게 서서 눈높이로 서로 마주 볼 수 있습니다. 넉넉한 마음으로 바라보며 오랫동안 가슴에 담을 수도 있지요. 이순을 넘어선 몸짓처럼 여유로움과 평안함을 안겨주는 저녁노을은 하루의 그림자입니다. 하루의 경계가 다 그러하지요. 비록 해맑은 아침 햇살처럼 화사하지는 않지만, 깊고 그윽한 그리움에 빠져들게 합니다. 가끔 한낮의 햇살이 그리워질 때도 있습니다. 하루를 지내온 순간들이 아무래도 어설프고 서툴렀다는 아쉬움, 그런 것들이 남아있기 때문이겠지요.

'빨리 가려면 혼자 가고 멀리 가려면 함께 가라'고 했습니다. 함께 가야 넘어지면 일으켜 세워 부축해주고 아프면 돌봐줄 수 있지요. 그런 세상이어야 합니다. 지천명을 넘기고 이순에 이르면 생각이 달라지기 마련이지요. 스스로 화두를 던지고 그 답을 스스로 찾기 때문에 삶에 대한 집착이나 두려움이 어느 정도 사라집니다. 한여름 그 붉게 타는 불볕더위와 지루했던 장마를 지나왔지만, 그조차도 그립게 하는 게 가을이지요. 날이 갈수록 새록새록 삶이 소중해지는 건 당연한 일입니다.

사는 게 버거워 정신없이 지냈으나 지천명을 넘기니 삶에 대한 애착과 치열함이 새로 생겨나더이다. 주름살이 늘어나고 벗어진 머리는 그나마 반백이지만, 삶의 의미와 가치를 생각하는 시간이 늘어난 것이지요. 외형은 비록 찌그러졌으나 생각은 넓이가 더해지기를, 빛이 오래 사라지지 않는 여운을 남기는 것처럼 또 다른 삶의 몸짓이 새록새록 생겨나기를, 욕심을 버리고 내려놓고 산다는 게 쉬운 일은 아니겠으나 마음을 비우려 합니다. 시작과 끝의 궤를 놓치지 말아야지요. 노을은 넉넉하고 여유롭습니다. 기쁘고 슬프고 아름답던 순간을 모아 어머니 손길처럼 어루만져 보듬어주고 치유해주지요. 그 빛이 가슴으로 스며들어 찌든 삶의 더께를 말끔히 씻어줍니다. 노을은 사라지는 것이 아니라 새로운 생명을 잉태하는 숨결이지요. 지나 보면 후회되는 일이 있지만, 밤이 지나면 다시 물기 가득한 햇덩이로 솟구쳐 오를 것을, 가슴에 녹아들면 그 자체로 여여하게 살아갈 수 있는 삶의 기운이 생겨날 것을, 노을을 보며 새로운 내일을 풀어내는 꿈을 꿉니다.

전쟁 같았던 삶,
다시 태어나고 싶지 않아

오랜 세월 평생 함께한 친구가 있습니다. 그는 너른 고을 광주(廣州)에서 넉넉지 않은 평범한 농가의 6남매 중 차남으로 태어났지요. 4형제 중 공부를 제일 못했습니다. 머리가 나쁜 건 아니었지요. 게을렀던 것도 아닙니다. 학교 수업이 끝나면 농사를 도우면서 소까지 키웠으니 공부하는 시간이 적었기 때문이었지요. 형은 중학교를 수석 입학 · 수석 졸업 후 서울 한양공고로, 동생은 인천 송도고로, 막내는 수원 유신고로 유학했지만, 차남인 그는 순조롭지 못했습니다. 농사일을 시키려는 아버지 때문에 고교에 못 가게 됐지요. 앞날이 캄캄한 것 같은 절망감으로 하염없이 비를 맞으며 방황하다가 집에 들어가면 돌아오는 건 호통뿐이었습니다. 하소연이라도 하고 싶었지만, 그러다가는 어머니가 더 속상할 거라는 생각에 숨죽였지요. 다행히 어머니의 설득에 힘입어 늦게나마 고교에 진학할 수 있었습니다.

사실, 친구가 아니라 제 얘기지요. 이런 연유로 대학은 언감생심 꿈도 꾸지 못했는데, 연세대학이 주최한 '전국고교생 문학작품 현상공모'에 제 글이 당선돼 국어국문학과 특례입학 특전이 주어졌습니다. 하지만 기쁨은 한동안, 결국 대학에 갈 수 없었지요. 차선책으로 선택한 것이 공무원이었습니다. 열심히 공부해 고3 여름방학 때, 공무원 시험에 합격했지요.

정말 독하게 일했습니다. 그러다 보니 여기저기에서 저와 함께 일하고 싶어 하더군요. 도지사 수행비서로 발탁된 것도 그래서가 아닌가 합니다. 그것도 자그마치 일곱 분의 지사를 모셨지요.

어쩌면 고졸 출신이라는 콤플렉스 때문에 더 열심히 일했는지도 모릅니다. 물론, 서기관으로 승진 후인 나중에 늦깎이 공부를 시작해 야간대학과 대학원을 마치기는 했지요. 행정학을 전공했는데, 사무관 승진시험 때 공부한 내용이 많아 유리했고, 젊은 학생들에게 뒤지지 않으려고 열심히 공부하기도 했습니다. 덕분에 학위 수여식에서 최우수 학업상을 받았지요.

공무원은 저에게 천직입니다. 승진이 빨라서 더 그렇게 생각했는지도 모르지요. 경기도청 국장, 파주와 용인시 부시장을 거쳤고, 1급 지방 관리관으로 명예퇴직 했습니다. 좋은 평가도 꽤 많았지요. 4회 연속 '함께 일하고 싶은 베스트 간부공무원' 선정이 그 대표적인 예입니다. 퇴직 후에도 행운이 따랐지요. 경기도청 비서실장이 돼 일곱 번째 도지사를 모시게 됐고, 3년간 경기관광공사 대표사원으로도 일했습니다.

공직자로는 꽤 성공한 사례라고 볼 수 있지요. 그런데 넘치면 부족함만 못하다고, 그걸로 만족해야 하는데 덜컥 시장선거에 출마했다가 낙선하고 말았지요. 인생 최대의 실수. 정말 머리가 하얗게 돼서 안 보이는 곳에 숨고 싶었습니다. 잠시 방황했지요. 하지만 제가 금이 가면 가족은 무너진다는 생각에 이내 돌아왔습니다.

찬찬히 돌이켜보니 후회되는 일 참 많았지요. 하지만 그중에서도 가장 후회되는 일 세 가지는, '능력이 충분했던 아내에게 공무원을 그만두게 한 것,' '아무리 국가적인 시책이었으나 아들을 하나만 낳은 것,' '정확한 근거 · 정밀한 분석 · 냉철한 판단이 불충분한 상태에서 시장선거에 출마했던 것'입니다. 그러고 보니 공직자로는 꽤 성공한 삶이었지만 가정에선 빵점짜리 가장이었네요. 재테크는 안중에도 없고, '일이냐, 가정이냐?' 아내가 물으면 대뜸 '일이 먼저'라고 했으니…. 가정이 먼저지만 어쩔 수 없지 않으냐는 둥 적당히 돌려 말해도 될 일을...

'다시 태어난다면 무엇을 하고 싶냐?'고 물으면 저는 '다시 태어나고 싶지 않다'고 말할 것 같습니다. 살아온 지난날이 너무 힘들었거든요. 한 번은 견뎌냈지만, 또다시 그런 어려움을 이겨낼 자신이 없습니다. 그만큼 공들여 정성으로 열심히 살아왔다고 자부하지만, 지나온 길을 돌아보면 너무나 아득하지요. 길을 가다 문득 뒤돌아보는 이 순간이 앞으로 얼마 남지 않은 인생에서나마 제가 가야 할 길을 밝히는 귀한 등불이 됐으면 좋겠습니다.

얼음장 밑에서도 늘 물은 흐른다

초판 1쇄 발행 2021년 11월 8일
2쇄 발행 2021년 11월 17일

지은이 홍승표
사진 은산 김양평 (한국사진작가협회 이사장)
편집 · 디자인 홍성주 · 임승연
펴낸곳 도서출판 위
주소 경기도 파주시 광인사길 115
전화 031-955-5117~8

ISBN 979-11-86861-12-7 03190

• 책값은 뒤표지에 있습니다.
• 파본은 구입하신 서점에서 교환해 드립니다.